甘德安 著

中国 *家族企业*

血缘·制度·文化：

传承

Consanguinity, Institution and Culture:
Inheritance of
Family Business
in China

中国财经出版传媒集团

经济科学出版社
Economic Science Press

图书在版编目（CIP）数据

血缘·制度·文化：中国家族企业传承/甘德安著.
—北京：经济科学出版社，2017.9
ISBN 978 – 7 – 5141 – 8352 – 8

Ⅰ.①血…　Ⅱ.①甘…　Ⅲ.①家族—私营企业—企业管理
—研究—中国　Ⅳ.①F279.245

中国版本图书馆 CIP 数据核字（2017）第 201931 号

责任编辑：范　莹
责任校对：王肖楠
技术编辑：李　鹏

血缘·制度·文化：中国家族企业传承

甘德安　著

经济科学出版社出版、发行　新华书店经销
社址：北京市海淀区阜成路甲 28 号　邮编：100142
总编部电话：010 – 88191217　发行部电话：010 – 88191522
网址：www.esp.com.cn
天猫网店：经济科学出版社旗舰店
网址：http://jjkxcbs.tmall.com
北京季蜂印刷有限公司印装
710×1000　16 开　19.25 印张　310000 字
2017 年 9 月第五版　2017 年 9 月第 1 次印刷
ISBN 978 – 7 – 5141 – 8352 – 8　定价：58.00 元

家族企业研究新贡献——李京文院士序

2016 年年底，收到甘德安教授《血缘·制度·文化：中国家族企业传承》的书稿，请我提修改意见，经过多次讨论后，书已成型。鉴于此书具有的开拓性与学生的创新和探索精神，我很愿意，为之作此序。

民营经济在助推中国经济成长的过程中功不可没，作为民营经济的重要成分之一的家族企业，对其研究的重要性不言自明。但家族企业研究长期未被学术界重视，甘德安是中国最早研究家族企业的探索者之一，早在 2002 年，出版了中国第一部家族企业研究专著《中国家族企业研究》；获得国家社科基金关于"家族企业"研究的第一个课题；又召开了第一个全国性的家族企业研讨会议，为中国家族企业研究的兴起起到积极的作用。现在，家族企业已经从一个被忽视的课题成为当前企业理论研究的热点之一，确实令人欣慰。但家族企业研究至今还是一个寻求范式的研究领域，还没有完整统一的理论体系进行系统性研究。甘德安近十年来就这一问题做出了重要的贡献。

本专著继《中国家族企业研究》《复杂性家族企业演化理论》《家族企业复杂性理论深化研究》等著作之后对此领域的深化与拓展。

如果说《中国家族企业研究》是对中国家族企业的一个初步的研究；第二本书《复杂性家族企业演化理论》是借助复杂性科学探究家族企业的机理，是机理理论；第三本书《家族企业复杂性理论深入研究》则是应用研究，是专题理论；那么这本《血缘·制度·文化：中国家族企业传承》则是基于人文社科视角的历史论、宏观论、制度论与文化论。

这部专著围绕家族企业三个核心关键词：血缘、制度与文化展开。探究中国家族企业如何从血缘家族到家族企业的；探究法人制度、财产制度、专利制度与继承制度是怎样决定着家族企业的生老病死的；探究传统文化，即家文化是怎样有效又有限的制约着家族企业的传承与基业长青的；特别探究旧传统与新文化、旧人格与新要求对家族企业的影响；最后指出，家族企业传承的核心是制度的转型与人的现代化。

这次甘德安教授撰写的书稿《血缘·制度·文化：中国家族企业传承》泾渭分明，从"血缘"到"制度"，再从"制度"到"文化"，是三个逐步展开的层次。专著触及中国家族企业研究的本源。"血缘"与"制度"和"文化"汇为一体，集中体现了宗法制。这种有氏族社会父系家长制演变而来的制度，是古代王族借以分配国家权力的纽带，深刻地影响着历代封建王朝。可以说，血缘已经似乎成为一种文化，在历代中国人的心中有着举足轻重的地位。

如今没有了封建王朝和家天下，但宗法这一古老的制度在社会中还有一定的影响，这一体现的重要媒介之一，就是家族企业。家族企业也不仅仅是中国的特产，全球范围众多著名企业都具有浓厚的家族性质。英国的王室也上演着当代的宗法。然而，相比现代公司治理制度的起源地——欧洲，中国的家族企业对"血缘"这个词有着更加深刻和久远的理解。

国企改革建立的现代法人制度决定了与宗法制的逐渐剥离，众多的民营企业一般掌握在它们的创始人手中，家族意味依然相当浓厚。新中国的现代企业制度起步落后西方发达国家太多，中国的家族企业更是多起步于改革开放之后，无论是基础还是历史都逊色于西方企业。甘德安教授用"创一代"这个词来形容民营企业的第一代创始人是有根据的。

"创一代"渐渐老去，子孙后代自然成为企业继承最佳人选。独子全权接管企业；多子者，长子掌控大局，次子们分管各个部门，听从于长子，又一次上演千年之前的轰轰烈烈的宗法大戏。这就面临一个严重的问题：他们是否有如"创一代"般甚至超出其的经营管理能力？实难定论。现代企业制度讲求科学治理，任人唯贤，对企业日后发展的好处远大过于血缘继承。家族企业的治理模式暴露着太多的弊端，表面上看是将财富留给后代，实际上，不恰当的经营是对先辈财富的糟蹋，企业的惨淡经营乃至倒闭比拱手送人更让人叹息。

　　事实上，家族企业也具有一定的程度的遗产性质。"创一代"将企业交到下一代手中而较少关注其经营管理才能，遗产的内涵被灌注到了血缘亲情中。血缘亲情是好过任何嘉奖制度的激励，因为我们有着五千年的文化底蕴，家国观念已经烙在了心里，永生难灭。若是能将现代企业制度与血缘关系完美融合，不失为一种极具中国特色的企业制度，但要将其由理想演变为现实，长路漫漫，待有识之士上下求索。

中国社会科学院学部委员

中国工程院院士

中国管理科学与工程学会理事长

李京文

2017 年元月 8 日于北京

前　言

从书名《血缘·制度·文化——中国家族企业传承》可以看出本专著研究与阐述的内容、创新与特征。本书立足家族企业传承与转型关系的研究，更深层次地研究家族企业的制度与文化问题，研究结构布局与血缘、制度与文化这三组关键词息息相关。

第一组关键词：传承与转型

家族企业传承与产业转型是本书研究的出发点，即探究传承过程中的转型，转型过程中的传承。传承更多是家族内部股权的设计、家族成员传与承的规划与安排，不少专家都做过深入研究，故本书不只研究家族企业内部的传承，还研究家族企业怎样通过转型来成功传承。从这个视角研究的原因主要是时代变了，不同的时代有不同时代的传承特征，只在原产业中传承是没有希望的传承，是富不过三代的传承；创一代与新生代的时代背景差距很大、教育背景差距巨大，不在转型中传承，就会在传承中死亡；一般企业家职业生涯大约在25年，而中国这30多年的社会变迁与经济变化恍然西方工业国家的200年的历程，西方发达国家不含传承中转型的成功案例，比如，丰田、杜邦、西门子等；中国家族企业在这个剧变的时代，更需要转型中传承。所以，我们这本书是探究家族企业传承中转型、转型中传承的著作。

第二组关键词：制度设计

家族企业传承与转型的种种生态不过是国家法人制度、私有产权制度、技术创新背后的专利（包括知识产权）制度及家族财富传承后面的继承制度设计的产物。不研究制度设计，就不是研究家族企业。没有血缘就没有家族，但没有法人制度就没有企业，没有血缘家族与法人制度就没有家族企业。法人制度、财产制度与专利制度是决定家族企业诞生、传承与转型的三个根本制度；研究法人制度，特别是研究企业法的百年演变历程，就是研究中国家族企业传承与转型的百年历程。不仅是血缘决定家族企业的产生与传承，更是制度决定了家族企业的传承，是血缘决定家族企业与非家族企业不同的特征与路径选择，是制度设计决定了家族企业的生、生存、传承与转型。中国法人制度、财产制度、专利制度的设计决定了东西方家族企业的相同点与不同点。只有把这些与企业相关的制度设计探究清楚了，才能把家族企业的传承与转型分析透彻。

谈家族企业不谈血缘就不是谈家族企业。家族企业的特征就是家族＋企业，体现为家族在企业中控制的股权，在企业传承中控制的股权；家族成员在企业中任职、控制家族企业；家族第二代、第三代在家族企业中控制与管理。血缘既有血亲也有姻亲，这主要是家族内部权利分配的问题，是家族企业的核心问题，特别是传承二代、三代下去，家族成员更多、分布更散、价值观更多元的时候，怎样在承认多元化的价值观的前提下，维护家族利益、家族责任是个问题，于是有了家族委员会、家族宪法等举措。对这些问题，众多学者做了深入研究，并提出了富有建设性的回答，我们不在这部著作中再讨论这类问题。我们更需要回答的问题是：与其他民族相比较，是什么原因导致中华民族更注重血缘这一路径选择；是什么原因导致中国家族企业与西方及日本家族企业传承的不同特征与不同的路径选择？

家族传承不仅是血缘问题，也是企业制度问题，首先是制度设计是否允许你生的问题，即是否允许你存在的问题。中国历史悠久，但不允许民间办企业历史也悠久。但西方工业革命影响至深、至远、至广，几千年封建集权制度的中国，在三次经济全球化的进程中一次一次被动地打开国门，又是怎样影响中国经济的转型。例如洋务运动，中国面临三千年未变之局，开始了从兵战到商战的思考与探索。中国企业是从官办企业开始的，只是因为官办企业必然的腐败与低效，官办企业走不通了，政府才允许民间资本进入市场，但也是开一个小口：官督商办。官督商办依然不行，特别是甲午战争惨败后，国家才允许民间办企业，于是才有现在意义的民间企业，当时主要是家族企业。

十年浩劫的"文化大革命"结束后，国家痛定思痛，才有邓小平领导的改革开放，才有允许发展民间企业，才有三十多年的民营家族企业的发展。不仅血缘，制度也是一个家族企业传承的重要因素之一。

家族企业传承过程中的产业转型，也是制度的安排。这个制度不仅是是否让你生的制度，也包括是否让你大的制度。也就是说，家族企业传承过程中的产业转型，貌似家族企业家在选择，实际上是制度在安排。例如，中国企业产业进入制度的安排，国有企业可以进入80多个行业，外资企业可以进入60多个行业，而家族企业只能进入40多个行业，你的产业转型是无奈的产业转型。不能在高利润的产业中发展，只能在低端产业去血拼。

为什么西方家族企业百年传承的一个基本规律就是家族企业有其名、无其实？比如IBM、杜邦、西门子等，公司还是家族的名字，但家族股权在公司的比率逐步下降，下降到10%，5%，以致为零。家族成员在家族企业创办时是董事长、总经理一肩挑；到只能任董事长，不任总经理；再到现在，董事长、总经理都是职业经理人；最后是家族成员全部离开，如IBM、GUCCI等。这背后的原因，一是家族企业成长后的做大、做强，必须要聘请职业经理人；二是国家的遗产税制度。

此外，也涉及家族成员内部难以统一，家族中成员虽多，但人才少的情况，家族办公室，即家族财富信托就是新的举措。这就是财富遗产税导致的家族财富信托的新业态。

第三组关键词：旧传统与新文化

家族企业传承的不仅是家族财富的传承，更是家族文化的传承。如果说美国是自由的文化，法国是浪漫的文化，英国是绅士的文化，那么中国文化本质上是家文化。但中国传统家文化的丧失对家族企业传承的隐性传承会产生多大影响也是值得研究的。

工业革命是在农业革命的基础上发展起来的，是在手工作坊的基础上发展起来的。从农耕文明向工业文明转轨的过程中，城市小手工业作坊向现代企业转型的过程中，最为可行的方式就是从家庭自然经济向家族企业转型。现在，依然还有几百年的家族企业，他们这些几百年传承的家族企业更多的还有很深的家庭经济的痕迹，或许他们的企业性质从自然家庭经济转型到法人企业形式，但他们本质还是家庭经济的形式，绝大多数家庭经济转型到家族企业的

形式。

三十多年前的改革开放之初，体制内的人几乎都不会创办家族企业，反而是那些体制外的人创办家族企业；或者是那些在体制内"不安分"的人逃出体制创办家族企业；还有是集体企业难以为继，最好卖给某个能人办，最后转型成家族企业；或者是国有企业发展不下去了卖给能人，最后转型成家族企业。

创业之初，创业者为了家庭的生存，为了家族的使命，创办家族企业，具有家族的情怀无疑是对的，现在依然是对的。但是，我们要探究家族企业家是否只有家族的情怀，是否只有光宗耀祖的情怀；是否需要有社会责任感，是否还需要有超越家族情怀的家国情怀、社会情怀。中国家族企业诞生之初的第一代企业家如张謇、荣氏家族都是实业报国的典范；第二代企业家中的卢作孚也是企业家中具有家国情怀的典范。与改革开放后成长的民间企业家的在商言商、个人情怀相比，我们家族企业传承是否存在问题。

从传统家族企业向现代家族企业转型的过程中，在家族企业成为上市公司时，其股份也会不断分散，这是趋势，也是必然，即是从独享、分享到共享的过程。这个共享首先是全体股东共享企业的权利与利益；其次是家族企业的利益相关者要共享企业发展的权利与利益，我们需要从独占到共享的新文化。

在家族企业发展的过程中，要做大、做强，必然要聘请职业经理人，这是一个从独占向分享转化的过程，是所有权与管理权分享的过程。在做大做强的过程中，在化竞争对手为战略合作伙伴的过程中、在传承的过程中，必然也是一个股权分散的过程，这是一个从独占到分享的过程，也是文化的从家族情怀到家国情怀的过程。

这个共享是家族观念转变。家族企业不仅要创造财富，还要分享财富。当然，这个共享不是打土豪分田地的共享，不是股权送人与被剥夺的共享，而是承担社会责任的共享，是学习比尔·盖茨与马克·扎克伯格那样拼命挣钱、拼命省钱、拼命捐钱的共享。

所以，家族企业传承与转型的过程也是超越家的情怀的问题。家国情怀应该包括关注贫富差距的情怀、关注弱势群体的情怀，更是学习张謇、卢作孚的国家使命的情怀。

本专著从三个层面探究问题。

　　第一个层面是探究人与物的关系，就是血缘、血缘家族、家族企业自身的问题，也就是家族企业自身生存与可持续生存的问题，特别是通过转型探究家族企业的生存问题。

　　第二个层面是研究人与人的关系，也就是研究与家族企业相关的制度问题，因为，所有的制度都是规范人与人的关系。从家族到企业实际上是从人与物的关系上升到人与人的关系。家族企业背后是公司法与法人治理结构问题，是法人治理后面的产权制度与财产制度问题。企业转型的核心是技术创新，技术创新背后是专利制度与知识产权制度，这是一个家族企业传承的生命线，我们为什么富不过三代，一个核心问题就是缺乏原创的技术创新。最后是财产继承制度与遗产税制度的设计，中日同属东方，都受儒家文化熏陶，但中日家族企业传承走向如此不同就是因为继承制度设计的不同。

　　第三个层面研究的是身与心的关系。成功的家族企业家最后怎样处理好财富传承与社会责任的问题，如何处理好个人情怀与家国情怀的问题，是怎样看人生、看财富的问题。每位人本是赤条条地来到这个世界，也赤条条的离开这个世界，我们怎样处理自己通过一辈子努力积累的财富，实际上是自己的身与心的博弈，我们必须探究这个问题。

　　实际上，我把家族企业传承与转型看成企业家从家族之人到单位之人再到文化之人的不断提升的过程，一个凤凰涅槃的过程。

目 录

Contents

第一章 血缘家族与家族企业传承

第一节 血缘家族 …………………………………………………… 1

  一、血缘家族的产生 ………………………………………… 1

  二、血缘家族运行中的社会功能 …………………………… 7

  三、从血缘家族到家族企业 ………………………………… 11

第二节 中华民族为什么比其他民族更看重血缘 ……………… 26

  一、从图腾谈血缘 …………………………………………… 26

  二、从血缘到地域：东西方文明路径的分叉 …………… 28

  三、不同的生存环境导致不同的民族道路 ……………… 30

第三节 传子还是传贤：不是一个黑白分明的选择 ………… 34

  一、王安电脑：传承失败是子承父业模式的失败吗 …… 34

  二、黄河保卫战：保卫的是子承父业模式吗 …………… 37

  三、IBM：从传子到传贤，从传技到传道 ……………… 40

第二章 产业转型与家族企业传承

第一节 家族企业为什么要在传承中转型 ……………………… 46

  一、家族企业传承与企业转型的紧迫性 ………………… 46

  二、产业转型的界定与产业结构的演变 ………………… 49

  三、家族企业传承过程中产业转型的理论支撑 ………… 53

第二节 家族企业产业分布 …………………………………… 56

  一、家族企业从事行业分布特征 ………………………… 56

  二、大陆上市家族企业传承情况 ………………………… 58

  三、案例一：广东与浙江家族企业传承与产业转型 …… 60

  四、案例二：武汉市家族企业传承与产业转型 ………… 61

第三节 家族企业传承与产业转型中的经验与建议 ………… 65

一、从丰田家族企业传承中一代一业看产业转型的必然性 ············ 65

二、从方太二代传承看家族企业传承中产业转型的必然性 ············ 66

三、从海鑫破产看传承与传承中产业转型的必然性 ············ 69

四、家族企业转型中传承的对策建议 ············ 70

第四节 从生老病死寻找家族企业产业转型新方向 ············ 74

一、从生老病死看中国经济新常态 ············ 74

二、从生老病死看家族企业新常态 ············ 85

三、从生老病死看家族企业传承中的转型 ············ 90

第三章 **家族企业治理与传承**

第一节 治理优化与家族企业传承 ············ 99

一、私募股权投资在行动 ············ 99

二、私募股权融资对家族企业传承转型的意义 ············ 103

三、家族企业传承转型中怎样进行私募股权融资 ············ 105

第二节 股权融资与家族企业转型 ············ 110

一、从南存辉家族股权稀释看正泰集团跨越式发展 ············ 110

二、从俏江南股权融资看张兰家族发展的得失 ············ 112

第三节 组织模式创新：家族企业传承与产业转型的可实现战略 ············ 115

一、中国家族企业从创建到传承中组织构建的利弊分析 ············ 116

二、从三个案例看家族企业传承与产业转型中的组织转型 ············ 119

三、面对传承与产业转型、打造新型组织 ············ 125

第四章 **法人制度与家族企业传承**

第一节 中国企业法人制度的创建 ············ 129

一、中国家族企业研究的起点在哪里？ ············ 129

二、中国公司法百年演变 ············ 131

三、从郑观应的商战思想到甲午战败 ············ 143

第二节 中国家族企业传承百年风云的几个节点 ············ 146

一、晚清王朝的中国企业发展脉络 ············ 146

二、民国政府时期（1912～1949 年） ············ 151

三、共和国时期（1949 年至今） ············ 155

第三节　产权保护：家族企业发展的基石 ……………………………… 158

一、公司法人与私人产权 ………………………………………… 158

二、私人财产制度建立的艰难历程 ……………………………… 161

三、私有产权保护与家族企业健康发展 ………………………… 166

四、中国家族企业形成的三条演化路径看产权制度 …………… 169

五、从制度设计看荣氏家族企业三代传承 ……………………… 172

六、从制度成本看曹德旺美国投资 ……………………………… 175

第五章　**专利制度与家族企业传承**

第一节　创一代传承的是怎样的家族企业 ………………………… 180

一、创一代创立的家族企业基本是山寨企业 …………………… 180

二、创一代创立山寨企业之必然 ………………………………… 183

三、创一代传承山寨企业之陷阱 ………………………………… 187

第二节　技术创新与知识产权 ……………………………………… 190

一、技术创新是人类社会发展的不竭动力 ……………………… 190

二、专利（知识产权）制度与技术创新 ………………………… 193

三、技术创新的激励制度设计 …………………………………… 197

第三节　从三个案例看中国家族企业技术创新 …………………… 201

一、创新激情：西门子百年传承的一条金带 …………………… 201

二、范旭东的"永久黄"：技术创新才是企业传承之要 ……… 205

三、工匠精神：保时捷家企传承之魂 …………………………… 207

四、家族企业传承与转型中的技术创新的战略选择 …………… 211

第六章　**继承制度与家族企业传承**

第一节　诸子均分制对家族企业传承的影响 ……………………… 217

一、中国家族财产继承的诸子均分制及其合理性分析 ………… 217

二、从案例看诸子均分制 ………………………………………… 223

三、从日本松下百年传承看家企传承 …………………………… 225

四、简要的评论 …………………………………………………… 229

第二节　遗产税是怎样改变一个家族的财富 ……………………… 229

一、世界发达国家遗产税的基本规律 …………………………… 229

二、众说纷纭遗产税 ································ 232

三、合法避税知多少 ································ 235

第三节　家企传承的家族与企业平衡战略 ············ 243

第七章　**传统文化与家族企业传承**

第一节　中国传统文化是家文化 ·················· 246

一、文化的简要界定 ···························· 246

二、中国家文化的五大要素 ······················ 251

三、中国家文化的局限性与困境 ·················· 254

第二节　旧传统与新文化：家文化的有效性与有限性 ···· 257

一、从傻子瓜子的三代传承看家文化的有效性与有限性 ···· 257

二、从 GUCCI 失败的家企传承看家庭教育 ·········· 261

三、家企传承的社会责任：李锦记的五代传承 ·········· 265

第三节　旧人格与新要求：家企传承的企业家转型 ······ 268

一、从东星航空的破产看企业家人格的缺陷 ·········· 268

二、从德国汉高爱的传递看家企传承之本质 ·········· 272

参考文献 ······································ 277

后记 ·· 288

血缘家族与家族企业传承

第一节　血缘家族

一、血缘家族的产生

（一）从自然血缘到社会关系

从人类诞生的二三百万年前算起，一直到 5 万年前母系氏族社会开始形成。这段漫长的时期，当时的人类群体虽然也是由那些有一定血缘关系的人组成的，但是当时的血缘关系只具有"自然属性"——父母生育子女的"生育关系"，而不具有"社会属性"——社会通过各种政治、经济、法律、思想等措施，确立的父母与子女之间的各种权利和义务。

当时的血缘关系是比较淡薄的，没有婚姻制度，子女常常一辈子不知道其父亲，只在童年由其母亲抚养。当子女成人之后，母亲就会抛弃自己的子女，让他们凭借自己的能力自由成长。从 5 万 ~1.5 万年这段时间是母系氏族社会阶段。在母系氏族社会阶段，血缘关系已经有了一定程度的增强。当时的人类群体是氏族。一个氏族实际上就是由具有共同血缘关系的一群人组成的一个群体。在这个氏族之中，常常有一个威望最高的女性统治者。这个氏族的其他成员常常和这个女性统治者有着紧密的血缘关系。但是，这时的子女只知其母、不知其父。从大约 1.5 万年前到大约五六千年前这一期间是父系氏族社会阶段。在父系氏族社会里，氏族的首领由女性改为男性，并且进一步加强了血缘关系。在父系氏族社会里，子女不再只由母亲单方面养育，而是改为由父母共同养育。在其子女成人之后，父母不再是抛弃其子女，而是继续和其子女保持着血缘关系。并且逐渐确立了子女养活父母的义务，及子女继承父母的社会地位和财产的权力，等等。因此，在父系氏族社会里，血缘关系不再只是一种"自然关系"，而是被发展成了一种"社会关系"。

从大约五六千年前到大约二三千年前这段时间，血缘关系通过各种政治、经济、法律、思想等措施，建立起了非常完善、非常严密的体系。这一时期，整个国家的社会成员的社会地位的高低，都是按照血缘的贵贱来区分的。国家也是通过政治、经济、法律、思想等措施，确立子女继承父母财产的"财产继承权"和子女继承父母社会地位的"社会地位继承权"。

据世界范围内的考古资料和研究成果表明，血缘家族组织具有一定的普遍性、惯常性或流行性。据此而言，血缘家族组织也是人类历史上体现组群结队习惯或社团习俗的最早形式，故追溯人类社团习俗的渊源，血缘家族组织应是第一界碑。正如马克思曾经指出的：血缘家族是第一个"社会组织形式"，是早期人类从原始群乱婚状态中解放出来的组织形式和进化形式。

按百度百科的定义：血缘家族是原始群生存能力发展到一定高度的必然产物，是人类社会诞生的必然产物，也是人类社会最早的生产关系适应最早的生产力发展的必然反映。血缘家族集团的形成，标志着"正在形成中的人"已完成了向"完全形成的人"的质变过程，标志了人类历史上第一个真正社会组织形式的诞生。它是具有较严格意义的人类社会最早的、最原始的社会组织，也是人类家庭发展史上的第一个形态。

据中国学者研究，血缘家族的形成产生，主要是自然选择原则发生了作用。这种自然选择原则促使最早的人类群体逐步地、有意无意地摆脱原始的杂乱性交状态，进而产生了最早的排除长辈与晚辈的相互性交关系，实行族内同辈男女互婚的婚姻规例。在这种最早的、原始的婚姻规例制约下，由同一血缘关系组成家族成员，除长辈女性多少继承并稍有发展地拥有原始群时期母权作用与地位外，其他所有成员均具有相同的生活和生产权利，即族内成员共同生产劳动、共同消费、相互依赖、相互提携，过着共产主义的集体生活。这种由血缘家族生存必需而产生的共产生活方式，事实上是一种共产制公社，故学者亦称为血缘家族公社。

血缘家族就是一个生产单位和经济共同体。在它的内部，两性间的社会分工已经开始，人与人之间的关系是平等的，人们集体生产，共同消费。血缘家族是氏族社会产生的基础。

（二） 血缘家族——中国社会的细胞

血缘关系是由婚姻或生育而产生的人际关系。如父母与子女的关系，兄弟姐妹关系，以及由此而派生的其他亲属关系。它是人先天的与生俱来的关系，在人类社会产生之初就已存在，是最早形成的一种社会关系。血缘关系的远近是根据带有相同遗传基因的概率来判断的，根据概率可以分为：一级亲属——父母和子女之间及同胞之间，其基因相同为 1/2；二级亲属——一个人和他的叔、伯、姑、舅、姨、祖父母、外祖父母之间，基因相同为 1/4；三级亲属——表兄妹和堂兄妹之间，基因相同为 1/8。人类由生育而自然形成的血统关系。郭沫若在《中国史稿》第一编第二章第一节中道："一个部落内部的各个氏族交互通婚，构成一个相当大的血缘集团。"①

家族，不像一般社会团体那样，其成员只不过某个时期、某种方面的共同利益、共同愿望、共同感受或相同的信仰而形成的群体，如宗教团体、慈善事业中的教友、会友；军队或其他作战团体中的"战友"；同时拜师学艺的师兄师弟，等等，他们之间的关系，都具有局部性和短暂性的特点。家族则不然，家族是传统社会中一个最强固的制度或机构。家族成员是同一祖先的后代，身上流着同一祖先的血，血浓于水；家族成员资格是自动的，永久的；一代一代的人死去了，但家族永存。死去的先人有几种存在形式，一种是有形的存在，即埋葬其遗体的坟茔；另一种是无形的存在，即灵魂；还一种是以祖灵象征物的形式存活于后人生活之中，如家堂上的祖先牌位、家庙宗祠中的灵牌等。

中国家族文化酿造出具有中国特色的家族精神。这种家族精神的主要表现为凝聚性，即家族成员之间具有向心倾向。著名美籍人类学家许烺光认为："中国人所遵循的生活方式基本准则的外部表现形态"，是"情境中心取向""情境中心取向最基本的心理基础是相互依赖"，以一种持久的、把近亲连接在家庭和宗族之中的纽带为特征。他认为：以情境为中心的中国家庭，培养了中国人一种向心的世界观。这种世界观在人际关系中的基本表现是相互依赖。

---

① 郭沫若. 第一卷中国史稿［M］. 北京：人民文学出版社，1976.

它使中国人能够轻松自如地在向心的中国宗族结构和"人与人之间关系完全调和"这一理想的框架内满足其社交、安全和地位的需要①。中国家族精神的另一个重要表现是具有大家庭理想。大家庭的理想强调家庭的整体性，希望所有的儿子都生活在同一屋檐下，即便因客观条件限制而不能生活在同一屋檐下，也得遵守家规家法，尊重族长的权威，服从族长的领导，保持家族成员之间相互依赖的紧密关系，按照古规供奉祖先，祭扫坟茔，因为家庭供奉的共同祖先和容纳世代家庭成员的坟地也是家庭整体性的重要组成部分。

浦永春教授指出，在血缘家族的基础上形成的家族血缘思维在中国上下五千年的历史中产生了如此巨大的影响，以至于当我们思考任何问题时都不能不考虑其自觉不自觉的影响，它已成为我们民族思维方式的一个圆心、一个出发点、一个基本的立场。②

林耀华、庄孔韶在《父系家族公社形态研究》一书中指出，在中国传统社会中，几乎没有割裂了血缘纽带而能真正独往独来的个人，即便有也被视为特例甚至被人另眼相看；也没有形成真正民族意义上以地域性为主要特征的非血缘国家，一切人几乎都与自己的家族脐带相连，家族或家庭是中国人的生存单位。像所有物种都面临着残酷的生存竞争一样，人类最早以天然血缘为纽带联系起来的氏族也是这样最本能地维持本种族生存的基本单位。③

（三）中国家的形成

许多学者对家庭做过研究，提出不同的"家庭"定义。有基于人类共同的生物学上的特质来界定"家庭"，认为"家庭"可以解说为一种制度化的、至少由没有血缘关系的男女二人缔结婚姻所组成的"社会生物群体"，包括他们的后代。如麦基弗（R. M. Maclver）认为："家庭是由一种性关系结合而成的团体，此种团体恰好是以维持并提供子女的生殖和养育。"④ 美国人口统计局的定义：两个或者更多由于生育、婚姻或收养而相联系并居住在一起的人们

① 许烺光. 宗族·种姓·俱乐部［M］. 北京：华夏出版社，1990：235.
② 浦永春. 从家族的观点看［J］. 浙江大学学报（社科版），1997（2）：20－26.
③ 林耀华，庄孔韶. 父系家族公社形态研究［M］. 宁夏：青海人民出版社，1984：34－41.
④ 朱凤瀚. 商周家族形态研究［M］. 天津：天津古籍出版社，1990：11.

组成的群体①。

我们知道，家庭不仅具有生物功能，还有文化功能。于是有专家从家庭的生物功能和社会属性来界定家庭。认为家庭既以婚姻和血缘作基础，同时又具有共同的社会生活，家庭是社会的基本单位。这类家庭定义很多，比如，《中国大百科全书·民族卷》给家庭下了这样的定义：家庭是"建立在婚姻和血缘基础上的社会组织形式，构成人类最基本的社会生活内容之一"。美国人类学家默多克（Geroge Peter Murdock）于 1949 年写成《社会结构》一书对家庭做了定义式的解说：家庭是具有共同居住、经济合作、性的、生殖的和教育功能的一个社会团体，它包括男女两性的成人，其中至少有两人维持着社会所认可的婚姻关系，并且包括这具有性关系同居之人所生所收养的一个或多个孩子。归纳家庭有四个要素：性、生育、教育与生活。日本学者上子午次认为：家庭是"为了实现生理、心理的生存和福利而共同居住并共同经营日常生活的近亲团体"②。有的学者还强调家庭的社会功能如劳动主体、生活的相互保障等。《家庭》的作者 W·古德也认为："家庭是由个人组成的，但它又是一个社会单位，是一个庞大的社会网络的一部分。"③ 著名思想家韦伯在解说宗族定义时，注意到宗教崇拜和孝德的纽带作用，他说："宗族乃是来源于同一祖先的家庭依靠血缘关系的结合，以祖先崇拜和孝德为纽带的宗法组织"。④ 宗族是家庭延伸扩展的社会组织，宗族特质也包括了家庭特质。古德认为："家庭是人类情感的主要归宿"，除宗教之外，家庭是在所有社会得到正式发展的唯一社会机构，它是统辖五花八门的社会行为和社会活动的特殊社会机构。⑤

关于中国"家"字的出现，是由上面的"宀"与下面的"豕"组成。"宀"，山洞之象形，可以认知为洞穴和房屋；豕，指猪。远古时期，人没有定居之时，过着游猎生活，而在游猎的过程中，抓到了野猪，就把捉来的猪绑在山洞里，与人同居一洞。这样一来，人也因训化猪而定居下来，不再游猎，

---

① 美国人口统计局. 家族定义 [J]. 国外社会科学，1986（6）.

② 上子武次等. 理想家庭探索 [M]. 台湾：台湾中央研究院民族研究所，1984.

③ W·古德. 家庭 [M]. 北京：社会科学文献出版社，1987：5.

④ 苏国勋. 理性化及其限制——韦伯思想引论 [M]. 上海：上海人民出版社，1988：153.

⑤ W·古德. 家庭 [M]. 北京：社会科学文献出版社，1987：5.

所以家取音为枷，即枷锁，人在给猪带上有形的枷锁的同时，也给自己带上了无形的枷锁，使自己再也没有游猎时那样自由了。另外，家音佳，即定居下来，比游猎好；家，音甲，即从此以后，安家成了首要任务。不管这些依据是否被全部认同，不可否认的是，中国人对于家的认知是深刻而全面的，同时对于家的重视也是无法比拟的。

萨孟武在《大家庭制度的流弊》一文中指出：中国人不论修身、入官、治国、交际、出战，一切善的行为均由孝出发，以孝为德行之本。一是由爱敬父母，自应爱敬父母的父母；推此而上，爱敬可达到远代的祖宗。因之祭祀祖宗也成为做国人的道德行为。祭祀祖宗与祭神不同，祭神出于畏惧心理，祭祀祖宗出于爱敬心理。二是从爱敬父母，则对于同根所生的兄弟，自应友爱，推而广之，凡是同一祖宗生下的昆仲，亦宜予以爱护。

但在这种道德观念之下，中国家庭就成为大家庭，然而数代同居未必快乐，传代既久，血统关系已经稀薄，而人口众多，难免发生摩擦，而引起勃溪之事。张公艺九世同居，唐高宗"亲幸其宅，问其义由。其人请纸笔，但书百余忍字，高宗为之流涕"。由此可知数代同居，只是互相忍耐，而为家长的更要忍耐，未必出于孝悌之心。①

（四）中国宗法制度的形成

家族由若干个具有亲近的血缘关系的家庭组成，而若干出自同一男性祖先的家族又组成宗族。家族和宗族密不可分，有时甚至合二为一。所以，我国古代的家族制度在一定程度上就是宗法制度。

所谓宗法，是指一种以血缘关系为基础、标榜尊崇共同祖先、维系亲情，而在宗族内部区分尊卑长幼并规定继承秩序，以及不同地位的宗族成员各自不同的权利和义务的法则。

宗法制度是由父系氏族社会的家长制演变而来的。进入阶级社会以后，宗法制度逐渐形成，它主要实行于统治阶级内部，成为调节统治阶级内部关系、维护贵族世袭统治、治理国家和管理臣民的国家机器的代名词。它是封建社会以家族为中心、按血缘远近区分嫡庶亲疏的一种等级制度，萌生于殷商，定型

---

① 萨孟武：红楼梦与中国旧家庭 ［M］．桂林：广西师范大学出版社，2005：1－2．

于周朝。一般人们所讲的宗法制度，主要指以西周为典型代表的宗法制度。

父系组织法则可以以《红楼梦》的贾氏家族为例，见图 1 – 1。

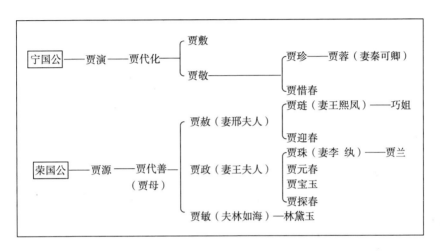

图 1 – 1　《红楼梦》贾氏家族关系

资料来源：百度图片。

二、血缘家族运行中的社会功能

（一）血缘家族是宗教信仰的替代物

中国的历朝历代平均时间很长，很多都能超过 200 年，汉朝长达 400 年、唐朝 300 年、周朝高达 800 年。究其原因，就是血缘家族的原因。我们知道，封建社会一项重大举措就是株连九族。

所以，在一般情况下，社会成员即便对社会秩序不满，想采取什么对抗行动，也会顾忌牵连其他家庭成员。在封建社会时期，一个人敢于挑战社会秩序，可能带来满门抄斩、株连九族的严重后果，因此大大遏制了反抗冲动。封建社会都实行"株连制"，这一制度确实厉害，使得家庭成员互相牵制；使得控制一个人就相当于控制了一个家庭；使得中国人比较容易统治。另外，这也使得中国一直以来依靠着血缘关系和家庭纽带而较为和谐安定，更能长治久安。

中国古代士大夫为什么有大义灭亲之举，实际上大义灭亲背后是株连九族的翻版。传统社会，当"亲亲相隐"触及皇权时，"亲亲相隐"就不堪一击，即使你想大义灭亲，皇上依然要株连九族的，这也是秦以后的"连坐制"、"保甲制"盛极的原因。我们必须理解为什么那么多智者都要"大义灭亲"，表面上是大义灭亲，实则是保存血脉，不被株连九族而已。

　　由于中国人缺乏宗教信仰的原因，血缘关系更能成为家庭团结的联结纽带：中国人对家的依恋举世无双，大部分都依附于一个家庭或家族。心有所托，情有所属，便不太需要建立其他信仰。而且，绝大多数家庭的所有成员政治立场和取向是一致的。也因为这一点，中国人实际上爱家胜于爱集体和爱国。所以，无论怎样进行爱国主义教育，也最多说到以国为家，没有说以家为国的。这使得血缘关系在社会上与家族意识相结合，有着更多的约束力。这种凝聚力也能带来社会的和平稳定发展。

　　中国是一个血缘社会，也就是一个熟人社会。对熟人热情似火，对生人冷若冰霜，人与人之间缺少契约。这也是很多中国家族企业生存的原因。有血缘关系的人在一起，比没有血缘关系的人之间更易产生信任，更易精诚团结。当然这也是中国家族企业做不大、活不长的根本原因。

（二）血缘家族的一个案例：贾氏家族

　　中国文化的起点是血缘，中国古代宗法制度的纽带是血缘关系。同一家庭的人们，以家长为中心，形成血亲与等级交织在一起的家族关系网。家庭中的每一代人，都被编织在这个家庭的血亲网中。这是中国人赖以生存的"根"，并由此形成了以家为本的意识。

　　《红楼梦》虽写了几百个人物，涉及各个阶级、各个阶层。在《红楼梦》中人物之间的关系主要是以血缘为纽带。从血缘关系看，其人物主要分属四大支，贾家、史家、王家、薛家。家是《红楼梦》中控制每个人行为的基本单位，在这种宗法文化背景下，形成了家长制的统治模式，并且向下一代延续。在四大家族中生活的人们在思想意识、行为模式等方面受影响的主要就是尊卑等级制度、礼教制度、嫡子继承制度、宗庙祭祀制度。《红楼梦》里传统的大家庭逐渐被核心小家庭取代。因为中国社会是个群体化社会，中国人特别注重血缘关系，并与周围人组成一张关系网。《红楼梦》中人物的社交圈是以家庭网为中心，以这个中心进行家庭交际、亲属交际、商业交际、官场交际、僧道交际等。

《红楼梦》中交际圈如此广泛，通过家族的关系网可以透视和联结整个社会，"以一家而及天下"。古训道："欲治其国者，先齐其家。"中国人的最高理想是家国同构。而在中国现代小说中，"家"是作为家族制度和封建礼教的象征物而被否定和批判的。①

（三）中国血缘家族的演化

无论是谁都难以摆脱血缘的维系，自然属性的血亲关系的先天性与不可更改性，使得血缘关系维系着的关联变得无可逃离。在漫长的文化审美中，人们赋予了血缘以种种温暖而美丽的文化隐喻，所谓"血浓于水""落叶归根"等都表明由血缘而衍生的血缘亲情是所有感情中最温馨最牢靠的一种感情；而另一方面，当纯生物的血缘与尖锐的传宗接代、门第、等级、财产继承、权力分配等纠缠在一起时，血缘就成为一个令人不寒而栗的魔力的代名词，如血亲仇恨、血族械斗等血光之灾比比皆是。

中国社会组织中的血缘纽带关系是中国历史文明的特点之一。它贯穿中国历史发展的全过程，一直到现代。中国自古以来，以血缘为凝聚力的社会组织是宗法制度，这是中国传统社会的主轴，其特色是父系、父权、外婚（同姓不婚）、从夫居、嫡长子继承。

但是，数百年以后，血缘组织受到地缘化的影响，宗法制度分解，中国文明进入一个新的历史阶段。始于秦始皇、成于汉武帝、终于辛亥革命，形成封建郡县双轨一体的皇帝制。

其实，血缘家族中的姓与氏是有区别的。姓更侧重于血缘，而氏则有很重要的地缘性，这导致宗族血缘凝聚力减弱，唐宋以后更出现以行业为名目的行会组织或以地缘为结合的同乡会，社会结构中的基层，则以家族和家庭为实体。

秦始皇废封建建郡县就是考虑到李斯的建议："后属疏远"，即亲属关系会随世代而疏，作为封建制基础的血缘内聚力则会随之解体。但秦二世而亡，

---

① 冒建华. 论《红楼梦》宗法文化与中国现代小说［J］. 红楼梦学刊，2008（5）.

就是没有启用血缘制度；西楚霸王项羽分封异姓十八王，五载而亡；刘邦刑白马盟："非刘氏而王，天下共击之"。但血缘制度一是世代传递而疏远；二是借助血缘也导致分支对主干的反叛。不实施血缘制度，导致二世而亡；实施血缘制度也导致三世必反。血缘制度的主干在不断封王，而非主干则坐大造反。

刘邦大封刘姓王而导致七王之乱，晋武王分封子弟导致八王之乱；明有靖难之师。中国血缘制度第一阶段在周代是单血缘支配的封建社会；第二阶段是始于秦、成于汉、终于辛亥革命的血缘郡县双轨制。[1]

社会发展越大，血缘内聚力则越小。家庭与家族的血缘制度与企业的经济组织是一对矛盾的制度设计。企业小时血缘制度是有效的组织，企业大时则是阻碍企业发展的瓶颈。企业传承不借助血缘则企业不安全，依赖血缘做大做强做久则血缘就可能成为"瓶颈"与危害。所以，家族企业传承应该在血缘与职业经理人之间找平衡。血缘团队中有能人则可以子承父业，没有则请职业经理人。此外，请职业经理人的进度也与中国社会诚信制度建立同步才好。

从对经济观念的影响看也很明显，旧式大家庭同居、共财、合爨（cuàn，合灶），产权既不明晰，家庭成员的权利与义务也不明确，无自由自主的选择权，亦难有尽心尽责有职有权地负责。人人坐吃山空，富不过三代，即使内囊子尽上来了，谁又能斩断血缘，重新合理地调整组合？家族时代自给自足自然经济的惯性，还使人一味追求小而全、大而全；且不患贫而患不均的观念也与目前的市场观念相抵牾。在区域经济上则表现为具有排他性的地方保护主义。

萨孟武在《大家庭制度的流弊》一文中指出：中国人不论修身、入官、治国、交际、出战，一切善的行为均由孝出发，以孝为德行之本。一是由爱敬父母，自应爱敬父母的父母；推此而上，爱敬可达到远代的祖宗。因之祭祀祖宗也成为做人的道德行为。祭祀祖宗与祭神不同，祭神出于畏惧心理，祭祀祖宗出于爱敬心理。二是从爱敬父母，则对于同根所生的兄弟，自应友爱，推而广之，凡是同一祖宗生下的昆仲，亦宜予以爱护。

但在这种道德观念之下，中国家庭就成为大家庭，然而数代同居未必快乐，传代既久，血统关系已经稀薄，而人口众多，难免发生摩擦，而引起勃溪

---

① 管东贵. 从宗法封建制到皇帝郡县制的演变［M］. 北京：中华书局，2010.

之事。张公艺九世同居，唐高宗"亲幸其宅，问其义由。其人请纸笔，但书百余忍字，高宗为之流涕"。由此可知数代同居，只是互相忍耐，而为家长的更要忍耐，未必出于孝悌之心。①

儒家经典的核心是"父母存，不有私财"。但财产既是公有，谁愿爱护财产。财产既然不是个人私有而是全家公有，那么，有权势的就可从中舞弊，将公产变为私财，凤姐的作风就是如此。贫穷的则利用红包，讨好富的，假其权势，分润微利。当建筑大观园之时，许多杂务均由贾家子弟担任，贾家子弟不是单尽义务而已，盖欲从中牟利。②

辛亥革命后，血缘的凝聚力更加消退，代之而起的是事业理想的凝聚力渐渐增强。这反映在政治制度上是封建制及皇帝专制的消失，也即血缘支配力在形式上被清除，而改为民主立宪制，政党取代血缘团体。

作为四大文明古国，只有中国文明得以传承，也可以说中国绝对是一个极其独特的国家，这个独特性就在于中国人更重视血缘家族。中国社会的人际关系也基本是按照血缘的相关度一层层由近及远向外延展，即费孝通先生所说的差序结构。

三、从血缘家族到家族企业

（一）家族企业是企业的主要形态

从世界范围来看，家族企业具有数量多、分布广、历史悠久的特点。家族企业已经成为一种普遍的公司存在形态。众多西方经济发达国家的部分研究成果认为：家族企业在企业总量中的比例超过2/3，估计全球范围内65% ~80%的企业是家族企业。例如，沃尔玛、杜邦、摩托罗拉、松下电器等。世界500强中有40%左右的家族企业。美国家族企业占96%，创造美国GDP的64%，雇佣美国劳动力50%以上，是产业结构调整的主要力量；在欧洲，家族支配了许多中小型公司；亚洲的家族企业虽然因各个国家的历史、文化不同而有所

---

① 萨孟武：红楼梦与中国旧家庭 [M]．桂林：广西师范大学出版社，2005：1 - 2．
② 萨孟武：红楼梦与中国旧家庭 [M]．桂林：广西师范大学出版社，2005：7 - 10．

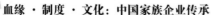

不同，但有一点可以肯定，即除中国大陆之外所有经济发达的亚洲地区，家族企业都在数量上和规模上占据了主导地位。而中国改革开放后，90%私营企业都采用了家族企业组织和家族式管理。而温州大小不一的13万家家族企业占据温州企业总数的99%以上。①

家族企业不仅在各国经济中具有数量上的巨大规模，而且在质量上也有突出的表现。按10年平均值计算，美国家族企业的股票投资回报率为15.6%，而非家族企业只有11.2%。在资产回报率、年度收入增幅方面，家族企业分别达到5.4%和23.4%，非家族企业则为4.1%和10.8%。②

家族企业之所以成为一个重要的研究课题其原因在于多数私人企业为家族所有。在目标的优先选择上，家族企业所有者可能不同于非家族企业所有者。在管理方式上，家族企业与非家族企业可能存在着区别，家族企业所有者可能更关注企业在家族成员中的代际传承等。

虽然家族企业这种组织形式有两百多年的发展历史，并显示出了多种特征，如以个人产权或家族产权为主体的业主个人产权，所有者、经营者、管理者、生产者的三位一体或四位一体；以亲友为主体，亲情为纽带的治理结构，业主控制一切，没有更多的管理层次；业主个人说了算或基本说了算的决策机制，承担一切责任和风险；企业行为易受短期行为与投机心理干扰；血缘为本、地缘为基，从血缘到地缘的关系网络，等等。

这些特征显示出家族企业作为一种企业组织形式是有其特殊性的。首先它是企业，是现代经济运动和发展的一个基本单位和载体，具有经济性；其次它又是和家族联系到一起的企业形式，不论我们如何去定义和界定这个概念，它与家族、家庭这一社会的基本细胞是紧密相连的，因此又具有社会性。所以，假如单单从经济学的角度，从"经济人"的假设、企业经济利润最大化的基本前提来研究家族企业肯定是不够的。因此我们应当从多种学科、多种角度来研究这种有着悠久历史的企业组织形式。

---

① 杨光飞. 家族企业的关系治理及其演进——以浙江异兴集团为个案［M］. 北京：社会科学文献出版社，2009：1.

② 王晓亮. 家族企业："不老松"？"旧庙宇"？［J］. 世界知识，2004（8）.

（二）怎样界定家族企业

根据美国著名企业史学家钱德勒的定义，企业创始者及其最亲密的合伙人（和家族）一直掌有大部分股权。他们与经理人员维持紧密的私人关系，且保留高层管理的主要决策权，特别是在有关财务政策、资源分配和高层人员的选拔方面。从钱德勒的定义看，这种家族企业并不是指由家族成员掌握全部所有权和经营控制权，而是一种大部分和基本掌握上述两种权利的企业组织形式。① 中国台湾学者叶银华认为具备以下三个条件就可认定为家族企业：家族的持股比率大于临界持股比率；家族成员或具两代亲以内之亲属担任董事长或总经理；家族成员或具三代亲以内之亲属担任公司董事席位超过公司全部董事席位的一半以上。② 哈佛大学唐纳利教授认为同一家族至少有两代参与这家公司的经营管理，并且这两代衔接的结果，使公司的政策和家族的利益与目标，有相互影响的关系，满足七个条件中的某一个或数个条件，即可构成家族企业：（1）家族成员借他与公司的关系，决定个人一生的事业；（2）家族成员在公司的职务影响他在家族中的地位；（3）家族成员以超乎财务的理由，认为其有责任持有这家公司的股票；（4）即使家族成员没有正式参与公司管理，但他的行为却在反射这家公司的信誉；（5）公司与家族的整体价值合而为一；（6）现任或前任董事长或总经理的妻子或儿子位居董事；（7）家族关系为决定继承经营管理权的关系。③ 中国台湾学者王光国教授则从家族企业的发展阶段与组织形态，对家族企业做出了自己的理解。第一类形态是只用亲属的"纯粹"意义上的家族企业，以饮食、杂货、文具、日用品的小商店，以及制造食物或简单日用器具的小工厂居多，人员几乎来自同一家族的成员，只有在忙不过来时才会雇用少数几个帮手予以协助；第二类形态是采用"人治"管理方式的家族企业，由创业者掌管大权，次要管理职位则可由其家族成员担当；第三类形态是从"人治"过渡到"法治"的家族企业，规章制度成为其

① 小艾尔弗雷德·钱德勒. 看得见的手——美国企业的管理革命［M］. 北京：商务印书馆，1987：7.
② 叶银华. 家族控股集团、核心企业与报酬互动之研究——台湾与香港证券市场之比较［J］. 管理评论，1999（2）.
③ 王学义. 家族财富［M］. 成都：四川科学技术出版社，1999：64.

重要的特点；第四类形态是"经营权"和"所有权"相分离的现代意义上的家族企业，自己拥有所有权，但经营权可交由非家族成员支配。从定义的实质上看，以上这些定义无非就是家族参与企业的三个维度的不同组合而已。①

其实，这些家族企业的定义中实际上暗含一个假设，就是这些家族企业是现代公司、有限责任公司，所以我们说研究家族企业，不如更准确地说是研究家族公司。这就要把公司与企业的概念梳理清晰，更重要的是家族公司不是中国文化与经济孕育出来的产物，是学习、借鉴与模仿西方文明的产物，学习、借鉴与模仿的核心是公司法，而公司法在中国的百年风云决定了公司的百年风云，更决定了家族公司，或者说家族企业的百年传承风云。所以，我们首先梳理企业史方面专家对中国公司法的百年历史的研究成果，作为中国家族企业研究的起点。

（三）从复杂性的视角看家族企业

应当说，家族企业不是静态的，而是个持续发展和演进的系统。因此，甘德安（2002）从系统论的角度来定义家族企业：一个以传统文化为核心、注重人际关系网络、两权没有完全分离、企业生命周期与创业者和家族周期息息相关、决策常以集中的方式由财产所有人做出、企业的重要职位通常由家族成员担任的一个开放的非稳定的系统。② 现在，我们从复杂性科学的视角在原定义的基础上进一步界定家族企业。

第一，家族企业是家族与企业两个性质截然不同的子系统组成的一个复杂性适应系统。当家族成员创办企业时，实际上是把家族与企业两个子系统整合成一个更高层次的系统，具有复杂性、层次性与非线性的系统。它的非线性来自于两个不同的子系统。家族是一个以血缘与亲情为基础的社会组织，不以赢利为目的；而企业是配置社会资源以赢利为目的的社会组织，是以契约为基础、以经济互惠为前提的经济组织。此外，中国家族的差序结构实际上是系统层次的体现，正是系统的层次性导致家族企业的产生。复杂系统具有对环境的自适应特征。正是国家政策的演变，家族企业才从无到有，从小到大，从弱到

---

① 王学义. 家族财富 [M]. 成都：四川科学技术出版社，1999：64.

② 甘德安等. 中国家族企业研究 [M]. 北京：中国社会科学出版社，2002：49 – 54.

强。家族企业作为复杂系统还是具有适应性与主动性的企业，家族企业是具有智慧的组织体——有思想、有主动适应和影响环境的能力，具有强烈的家族特征的企业。①

第二，家族企业是一个通过惯例、搜寻与创新实现的企业。作为复杂适应系统的家族企业内部知识可以分成两类，即隐式的（tacit）和显式的（overt）知识。② 实际上，隐式内部模型相当于企业的惯例、默会知识。而显式模型相当于企业的契约与规章制度等。所以，复杂适应系统可以把企业看成是一个由可操作的科层组织惯例组成的异质性实体；可以把企业看成是一个开发、利用和创造知识、能力的科层组织的具有适应性的主体；企业在市场竞争过程中组织、配置和创造资源时具有能动性。③

由于中国是一个熟人社会，在自组织的过程中，以血缘为本、地缘为基形成新的组织自然比非家族企业更容易。创业资本的获得，创业团队的形成，治理机制、决策模式、契约关系方面都与非家族的企业不一样。这种异质性的内部惯例最集中的表现就是家族精神。一是具有凝聚性，即家族成员之间具有向心倾向，它以一种持久的、把近亲连接在家庭和宗族之中的纽带为特征。它使中国人能够轻松自如地在向心的中国宗族结构和"人与人之间关系完全调和"这一理想的框架内满足其社交、安全和地位的需要。二是具有大家庭理想。大家庭的理想强调家庭的整体性，保持家族成员之间相互依赖的紧密关系。三是老人崇拜。中国家族文化强调家长的权威，强调老年人在生产劳动和家庭生活中的指导作用，强调长辈的道德教化，强调子女对父母的孝行，而孝的最高标准是继承父母的事业和德行，从而形成崇拜家长、崇拜在世长者的心理定式。这种团体意识具有强烈的人文关怀、人本思想、和谐精神、求实精神、吃苦耐劳、勤奋自强的民族性格、求索和开拓精神，这是家族企业生成的关键因素之一。④

第三，家族企业是一个关系治理为特征的企业。关系治理与正式的制度、契约一样能够使企业中委托—代理双方目标一致，起到减少代理成本、降低交

① 甘德安. 复杂性家族企业演化理论 [M]. 北京：经济科学出版社，2010：4.
② 约翰·H·霍兰. 隐秩序——适应性造就复杂性 [M]. 上海：上海科技教育出版社，2000：32.
③ 陈敬贵. 企业性质的演化经济学解释—基于对正统经济学解释基础的批判 [J]. 经济问题，2005（2）.
④ 甘德安. 为什么家族企业比非家族企业更容易诞生 [J]. 中国高新区，2010（5）.

易风险的作用。在家族企业发展过程中，其治理主要特征表现为关系治理和契约治理。所谓关系治理，就是指企业重视关系，以互惠为交易的基础，其运作主要是以企业所有者和管理者与企业其他内部成员之间存在的关系为依据，具体表现为企业所有者和管理者将员工区分对待，从而造成在决策参与、管理方式和利益分配等方面的差异。① 由于儒家文化是"缘约"文化，以血缘、亲缘、姻缘、地缘、学缘等关系组成的群体之间比较容易获得彼此的认同和信任。所以，以中国传统文化为底蕴的关系治理，也是中国家族企业显著区别于其他国家家族企业及其他类型企业的一个显著特征。目前，在中国家族企业中，关系治理仍然是主要的管理方式。关系治理能存在，也是有它合理的地方的。中国家族企业的关系治理不是哪个决策者主观设计的结果，而是社会文化自然选择的结果，是适应制度资源变动的结果。关系治理的广泛被采用，说明它在一定程度上是符合中国当前的社会文化传统的。②

第四，家族企业是一个演化开放的系统。家族企业创办之初由于资金、人才、信息、资源都受到限制，最能调动的还是家族中的资源，所以家族企业创立之初是一个开放有限的系统。但是，随着企业的发展、市场的开拓、社会网络的建立、企业规模的扩大，需要更多的员工进入，于是，大量低端工作向社会开放；企业进一步发展，企业的中层也逐步向社会开放；再后随着企业的资本密度的增加、技术含量的提高，必须引进高层专业人才进入家族企业；家族企业的所有权与管理权开始逐步分离，随着家族企业代际传承，家族企业的内部股权向兄弟姐妹分散、向堂兄弟姐妹分散，以至家族企业上市，向社会极度开放。所以说，家族企业是一个逐步演化的开放系统。逐步从平衡态走向非平衡态，引起企业成长的巨大涨落，导致一部分企业进一步发展成长青企业，而另一部分企业走向死亡。③

第五，家族企业是一个具有正负反馈的系统。正反馈即报酬递增，反映事情愈做愈好的事实。一个系统的正反馈表现了该系统的抵抗外界侵犯能力、自我调适能力、自我组织成有秩序能力，以及不断更新系统的能力。它具有规模经济、知识积累、锁定、信任与合作、文化与惯例等性质。而负反馈则是随着

① 杨光飞. 家族企业的关系治理及其演进 [M]. 北京：社会科学文献出版社，2009：162.
② 甘德安. 构建家族企业演化博弈研究基础的初探 [J]. 学海，2006 (5).
③ 甘德安. 复杂性家族企业演化理论 [M]. 北京：经济科学出版社，2010：5.

企业成长，有很多的消极因素抑制企业的进一步成长，成为企业成长负反馈的内因。它包括管理人员的经验主义、保守思想滋长，损害其进取心；因退出困难导致技术老化，降低其竞争力；内部裙带关系形成，减弱企业内部管理的有效性；企业内部机构增多、管理层次增加，影响企业效率；对企业资源的需要增多，抑制企业扩大再生产的能力。①

所以，从复杂适应系统的角度定义家族企业应该是一个以传统文化为核心、注重人际关系网络、两权没有完全分离、企业生命周期与创业者和家族周期息息相关、决策常以集中的方式由财产所有人做出、企业的重要职位通常由家族成员担任的一个开放的非稳定的复杂适应系统。该系统具有非线性、层次性、适应性与主动性的系统。此外家族企业在内部还是一个通过惯例、搜寻与创新实现的企业。所以，我们可以把家族企业理解为一种以家族文化为惯例、以生存竞争为搜寻、以企业所有权和管理权演变为创新的制度演变。在家族企业演变的过程中既有最优反应动态、快速学习能力的小群体成员的反复博弈，其相应的动态机制称为"最优反应动态"；也有复制动态，即学习速度很慢的成员组成的大群体随机配对的反复博弈，策略调整用生物进化的"复制动态"机制模拟。家族企业是一个关系治理为特征的企业；是一个演化开放的系统，并具有正负反馈的功能。②

（四） 家族企业为什么比非家族企业更容易产生

我们知道，改革开放三十多年，中国经济发展的主要贡献来自民营企业，而民营企业 90% 都采用了家族企业的形式产生；在温州，民营企业更是 99% 以上是家族企业。③ 那么，我们自然会问，为什么中国的家族企业比非家族企业更容易产生、更普遍、更持久、更广泛呢？

我们知道，三十多年前，当整个国家还是计划经济一统天下时，没有发达的市场经济，没有发达的信息空间，没有发达的人力资源，更没有发达的金融市场。创业者能占有的资源有限，唯一能依靠的是家族的力量。借助家族的人力资源，通过家族融得创办企业的启动资金。所以，他们只能是以家族企业为

---

①② 甘德安等. 中国家族企业研究 ［M］. 北京：中国社会科学出版社，2002：51－52.
③ 杨光飞. 家族企业的关系治理及其演进 ［M］. 北京：社会科学文献出版社，2009：1.

出发点。也可以说是用信任替代契约，或者说，利用心理契约替代文本契约。此外，中国是一个哑铃型的社会，缺乏中间组织，特别是工商企业。计划经济时代，特别是工业企业的发展历史说明国有企业是不适合市场经济的。如何在市场经济背景下形成市场的主体？那么，企业的创业者，从家族到国家的通路只能是家族企业。借助家族管理的经验创办与管理企业是非常有意义的。

　　企业要素聚集多寡是导致家族企业更容易生成的原因之一。从企业要素构成看，家族企业与非家族企业的主要区别在于企业加入了家族的要素。所以，从复杂适应系统涌现理论看，由于系统中具有更多的要素（家族与市场两个不同子系统），家族这种以亲友为主体，亲情为纽带，多个相互间具有亲族关系的家族成员深度参与的企业组织更容易涌现新的事物。而家族产权在诸多要素的自组织的过程中的特殊性，使得企业的生成体现了家族产权的特征，因此，家族企业相对于非家族企业更具有优先性。中国民营企业为什么主要以家族企业的形式生成？从创办者创办企业的外部环境看，改革开放初期，国有企业产权制度和管理模式逐渐崩溃，而现代企业制度和管理模式尚未确立，家族制度自然而然承担着整合社会资源的作用。①

　　家族企业非线性相互作用明显大于非家族企业之间的相互作用是家族更容易产生的原因之二。从心理背景看，家文化体现了中国传统文化的突出特征，几千年家文化传统的社会心理积淀对企业的组织与经营行为，对家族企业产生着重大的影响。这种"家"要素导入到企业，必然会产生更多的共鸣。家庭所有或经营的公司能够从家庭成员处获得资金、经验和情感上的支持，它们共有的传统、价值观念和语言，使得口头和非口头的信息能在家庭、企业内迅速传递和沟通；配偶及兄弟姐妹由于共同的成长环境和长期的相互了解，更能懂得彼此说话的主要意义和隐含内容；建立在家庭血缘、亲缘基础上的企业合作更加可靠。这些共鸣与共同的语言、共同的理解及共同的价值观等大大加强。通过不同要素的相互作用及员工之间的沟通与交流渠道，协调企业的各种专门知识，形成了企业系统内部组分之间基于知识的特殊耦合方式，与生产要素的所有者的市场行为相比，这些耦合方式只有在企业这样的经济组织中才能实现，这就是企业生成的又一机理。

---

　　①　甘德安. 为什么家族企业比非家族企业更容易诞生［J］. 中国高新区，2010（5）.

　　差序格局的层次性是导致家族企业更容易生成的原因之三。我们知道，复杂性科学可以把企业看成是一个由可操作的科层组织惯例组成的异质性实体；可以把企业看成是一个开发、利用和创造知识的科层适应性主体。但是家族企业在一般的企业的科层上又多了家族的层次性。正如费孝通先生所说：富有传统文化的中国人，总是以自我为核心，以血缘、姻缘等亲缘关系为纽带，形成由近及远、由亲至疏的差序格局，由此形成社会关系网络。家族企业主利用这种社会关系网络来配置资源和经营扩展业务，哪个家庭或家族社会关系网络越大，推及得越远，它的势力也就越大，活动能力也就越强。可见，崇尚家族主义文化的民族创办家族企业是带有必然性的。再如，初创的家族企业不论在经营范围还是组织结构都是很小的，但是在多层次的相互非线性的多层次的作用下，复杂适应系统存在于与其共同演化的其他复杂适应系统之中，是其他复杂适应系统的一个单元或环境一部分。

　　创业者的家族使命及企业家精神是家族企业较非家族企业更容易产生的原因之四。熊彼特认为，创业机会的发现与企业家的动态创新有关。创业机会的发现取决于企业家所独有的创业精神。企业家与只想赚钱的普通商人或投机者不同，个人致富只是他们的部分目的，而最重要的创业动机则是其"体现个人价值"的心理，即"创业精神"。哈佛大学的心理学家大卫·麦克利发现家族小企业主的成就欲一般高于普通人群，追求成功的行为则表现为独立创业并自主经营。其次愿意承担风险也是创业企业家普遍具有的个性。对这些个体来说，通过创业所获得的利润并不是最重要的目标，最重要的是找到一种能够控制自己生活的感觉。运用社会学的理论能够较好的解释为什么企业家的行为对家族的产生至关重要。家族企业家对创业机会的发现是创业过程的起点。从委托—代理关系看：家族企业的创业者更多的是投资者加管理者，通过委托—代理一体化降低代理成本。这也就是为什么家族企业会优于非家族企业的生成与产生。

　　企业的生成是企业家的主观想象，是企业家的发现和创新的产物，是企业家基于其对利润机会进行成功策划的结果。企业既不是像科斯所认为的那样是市场机制的抑制物，也不像阿尔欣和德姆塞茨所坚持的是一个准市场，企业只能是企业家精神的产物，是市场过程的产物。企业中的创业者既不能被投资、搜寻，也不能被其他人所雇佣或利用，他只能创业、组织家族成员、运用社会资源创立家族企业。实际上，作为复杂适应系统机制之一的标识的创业企业家也是企业生成的机制之一。因为企业家的创业的激情、梦想与市场机遇的把握，吸纳大量人才、信息、资源，这些人才、信息、资源的聚集导致企业的生成与企业的发展，所以说企业是企业家的企业，企业是企业家的人格表现。此外，家族的使命导致家族中具有创新与创业精神的人才，通过发现市场机会、整合家族及社会资源及履行家族使命创办了家族支持的企业，即家族企业。家族使命是家族企业更容易产生的另一原因。

家族企业较非家族企业产生的原因之五是，家族企业是自组织的产物，是自组织临界状态的产物。从自组织过程来看，中国当代家族企业具有明显的自发性。在改革开放初期，国家经济还在计划经济的环境下，金融市场、人才市场、市场发育都不健全，唯一能借助的还是与自己同在生存线挣扎的兄弟姐妹与父母子女，家族企业与非家族企业一个重要区别是借助亲缘利他而不是互惠利他。因为只有自己的亲属愿意提供帮助或做出牺牲，在父母与子女关系上表现得尤为动人和充分。此外，20 世纪 70 年代末，传统集体经济农业已经无法调动农民的积极性，于是，农民自发创造了家庭联产承包责任制。十一届三中全会后，农村兴起了多种形式的家庭联产承包责任制，它是以市场为取向的经济体制改革的起点，不仅使农民受益，继而，又促使乡镇企业异军突起，专业户、重点户纷纷涌现，这是民营私有企业的主要存在模式——家族企业复兴的内因。以市场为取向的经济体制改革的理论突破，党和政府的政策调整是中国当代家族企业迅速发展的外因，外因与内因的相互作用将这种自组织性推到了临界态，因此，中国当代家族企业是适应转轨期中国市场、法律、政治、文化环境的自然产物。①

（五）子承父业的七种模式

为了充分理解家族企业权力转移过程，西方学者构建了一系列模型，而且他们在研究过程中把理论模型的构建提到一个非常重要的位置，正如西方一学者所说：要对一个观察到的现象或系统做出解释，必须构建一个关于这个现象或系统的结构或特征的模型，否则我们就不能说真正理解了这一现象或系统。以往关于家族企业权力转移问题的研究大致可以分为两类："标准研究"和

---

① 甘德安. 复杂性家族企业演化理论 [M]. 北京：经济科学出版社，2010：3-6.

"过程研究"。所谓标准研究，是努力提出一个成功管理继任过程的标准。过程研究则集中于对权力转移过程的研究，比较多的研究集中在标准的研究上。以下是几个比较有影响的继任模型。

1. 角色相互调整模型

角色相互调整模型是亨得勒（Handler）在经过与多个家族企业继任者深度访谈的基础上提出的。他认为，继承过程是创始人与继承人之间角色相互调整的过程。这个过程包括四个阶段的角色相互调整，其中创始人的角色转变为唯一的执行者、统治者、监督者到顾问四个角色，而继承人的角色转变为无角色、助手、管理者到领导者，此过程中创始人对公司的影响力逐渐减少而继承人的影响力不断增强。他指出，角色调整的最后两个阶段是决定企业继承能否成功的关键，大多数继承往往在第三、第四个阶段出现问题。由于其重要的理论和实践意义，该理论一经提出，便受到广泛关注。但该理论过于强调创始人在继承过程中的作用，而忽视了继承人的作用和影响。该理论进一步认为：儿子的角色是由父亲塑造的，父亲在此过程中处于主动地位，如父亲角色是君主，儿子的角色就对应为帮助者。此外，他还从继任者的角度提出了有利于成功交接的继任者应当具备的素质。

在众多的理论中，亨得勒的角色调整理论无疑是最有影响力的理论。第一次从角色这一角度，动态的解释了继任过程中父子关系的变化，具有较强的理论和实践意义。但由于此理论是基于对继任者访谈的基础上提出的，着重强调了领导者在继任中的作用，却对继任者的作用认识不足，因此，该理论有明显的缺陷。[①]

2. 认知归类模型

马修斯等人运用心理学中的认知分析方法，从父辈领导人的角度，运用认知归类法对父辈和子辈接班人进行评估。该模型假设在继任过程中也同样存在这种归类，并从认知角度提出了四个命题：一是领导者的自我评价归类。父辈通常即使是感受到，也不愿接受自己在体力和新知识上的局限，而潜在的对儿女的妒忌导致不愿放权，并坚持施加更多的对公司的影响力，直到死亡或衰老

---

① Handler W·C·Succession in family firms：amutual role adjustment between entrepreneur and next - generation family members［J］. Entrepreneurship：Theory and Practice，1990，15（1）：37 – 51.

的威胁感增加或是有了新的兴趣培养点。二是领导者对子辈的评价。领导者对子辈的评价受其自身框架效应影响。桑南菲尔德（Sonnenfeld，1988）根据领导者对权利的控制欲望把领导者分为四类：国王、将军、大使和长官。前两者的控制欲强，视子女为竞争对手和新手，容易给传承带来负面影响。后两种类型才能有较少的冲突。将子女归为哪类要受性别角色的影响，如女儿一般易被归为孩子和学习者，很少被归为领导者。三是子辈的自我归类。子辈对自己的评价会受到其身份的影响，如经理人的继承者对自己能力的看重程度较父辈对其能力的看重程度要低些，而那些企业主兼经理人的继承者，对自身能力的看重程度则和父辈差不多。此外，教育程度、能力和新技能的获得也能很大程度地影响子辈的自我评价，子辈是否能接受继任者的角色，基于其自我评价是否能胜任此项工作。四是子辈对父辈的归类。子辈对父亲的归类评价很大程度影响其自身的能力，当子辈对父辈的领导能力积极赞成时，就可能导致消极的接班，并愿意接受父辈的领导，反之，当子辈与领导者的意见相反时，就积极准备接班。

认知归类模型从心理学认知归类的角度阐述继任过程，有助于加深对继任过程的理解，同时，有助于理解父辈和子辈各自不同的心理归类对其行为和接班过程的影响，有较强的现实意义，但应当看到继任还会受到其他因素的影响，归类的途径也应当更多，同时，父子间的认知归类会受到其年龄周期的影响，因而也是一个动态的过程，这点从杜恩（Dunn）的焦虑理论中可以更深入地了解，见图1-2。①

3. 焦虑分析模型

杜恩等人在"鲍恩家族系统学说"的基础上，构建了基于个人、家族与企业需要的接班研究模型。鲍恩家族系统学说的主要精髓是提出了自我鉴别的概念。所谓自我鉴别，就是家族企业中的个人必须通过有意识地思考某个问题，并产生给定条件下的观点，并本能地表达出自己感受。按照他的理论，"自我鉴别"能力，表示了个人在家族里面能否畅所欲言的水平。因此，那些自我鉴别水平低的家族企业，很可能过分迁就第一代领导成员的感受而很少进行变革。那些自我鉴别水平较好的家族，其成员可以很清楚地了解自己在接班过程中的作用

---

① 恩纳斯托·J·珀扎（Ernesto J. Poza）. 家族企业［M］. 北京：中国人民大学出版社，2005：28-35.

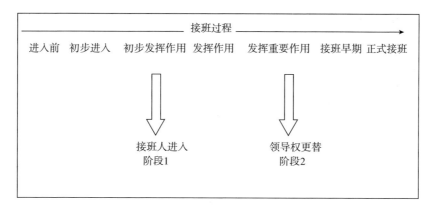

图 1-2　Longenecker 和 Schoen 七阶段接班模型

以及自己对家族企业的贡献，可以表达他们的观点，并且不畏艰险克服危机，迎接挑战，因而更容易成功地实现第二代的接班目标。该模型认为，两代间的相互尊重和家族管理是决定家族企业接班成功与否的关键因素，而父子间的关系也是动态变化的过程。戴维斯（1982）对 89 对父子展开调查发现，不同的生命周期影响父子工作关系质量。结果表明：当父亲年龄为60~69 岁，儿子年龄为34~40 岁时，父子关系最为紧张。同时，不同生命周期具有不同的工作目标和个人渴望，而对家族生意不太感兴趣的个人渴望将会导致接班过程的混乱，一般发生在接班人 30 岁和 38~45 岁的过渡期，见图 1-3。[①]

4. 多代传承理论

兰贝茨特对传统的企业、家庭和所有权三环模型提出质疑，认为它忽略了一个事实：有些家庭不再拥有企业所有权却还在进行日常管理。兰贝茨特提出了一个新的模型：家庭成员个体、家庭和企业由内到外构成三环，时间轴贯穿其中。这三环相互作用，并非静止不变。因此，继承不是一个短期的过程，它很早就开始，而且永远没有结束。换言之，继承并非在大约 25 年（一代的持续期）的不连续时间间隔里从一代向下一代的传承，而是向更多代不断的传承过程。六种基石为该过程铺平了道路，它们是企业家精神、学习、正式的内部教育、外部经验、企业角色的正式开始、书面计划和协议。在这个传承过程中，企业中的家庭应当坚持的原则是家庭成员个体属于家庭，而家庭属于企

---

① 苏启林，欧晓明. 西方家族企业接班模型评介 [J]. 外国经济与管理，2003 (07).

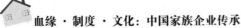
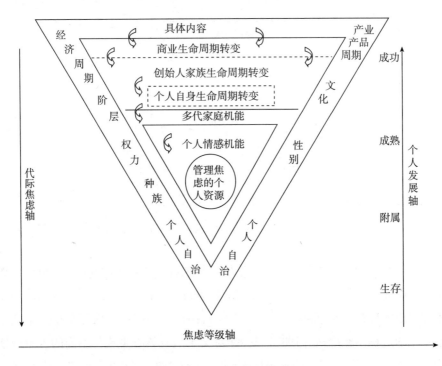

图1-3　焦虑分析模型

资料来源：苏启林. 家族企业 [M]. 北京：经济科学出版社，2005.

业。多代传承理论突破了以往研究把继承看成一个短期的过程的观点，考虑了家族企业的特殊形式——家族管理型企业，对多代继承具有较强的指导意义，但缺乏实证研究。[①]

5. 交接班的系统模型

该模式认为，家族企业实际上是由两个重叠的系统构成：家庭和企业。这两个圈子各有自己的标准、成员身份准则、价值结构和组织结构，因而形成了家族企业独特的继承机制。而继承过程就是两个系统不断相互调整、相互作用，由平衡走向不平衡，再由不平衡走向平衡，并最终完成继承过程的动态过程。双系统模式开辟了从家庭和企业两个角度来理解继承过程的视角，为后续研究奠定了理论基础，但过于简单。在双系统模式基础上，盖尔斯克等人

---

① Lambrecht J. Multigenerational transition in family businesses：a new explanatory model [J]. Family Business Review, 2005, 18 (4)：267-268.

（1997）构建了三极发展模式来分析继承过程。该模式把家族企业表示成三个独立而又相互交叉的子系统：企业、所有权和家庭。把时间因素考虑进来，这三个子系统都有一个独立发展的进程，就形成三极发展模式：企业的所有权发展进程、家庭发展进程和企业发展进程。该模式的中心观点是，继承远远不只是老领导人的退出和新领导人的进入，继承是沿着所有三极而进行的复杂的转变过程。相对于双系统模式，三极发展模式考虑了所有权的继承，更能揭示继承过程的复杂性，也是当前被广泛接受的理论。①

此外，兰德尔·S·卡洛克等在《家族企业战略计划》中指出，家族企业包含企业、家庭和领导者等系统，其中企业和家庭是最基本的两大系统，并各自有其子系统，家族企业就是这两大系统相互影响和作用的结果，因而形成了家族企业独特的治理模式和传承机制。家族企业的两个系统均有其独特的文化、属性和冲突，且每个系统都很看重保持本系统的完整性和平衡性、抵制异化和分离。在一般情况下，尤其是领导人在位时，两系统均处于平衡状态，但当有引发事件如职务的提升或接班人选的选拔和确定等，系统间就会出现冲突、混乱和纠纷，且所波及的组织和个人会努力谋求更多对家族、企业的控制，从而打破这种平衡，进入一个相对混乱不易管理的阶段。这种混乱的消除依赖于两系统各自的属性及其相互作用的模式，如成员间的相互依赖性、信任度和财产利益分配状况，企业管理模式的成熟度和经济发展势头等。而继任过程就是两个系统不断相互调整、相互作用，由平衡走向不平衡，再由不平衡走向新的平衡，并最终完成继任过程的动态过程。

系统模型是从家族企业独特的治理模式角度来对继任过程做出描述的，较好的阐述了两系统间和系统内部的相互作用对继任过程的影响，打破了把继任过程研究仅限于父子两人的局面，并提出继任过程是由一个个平衡走向不平衡和不平衡走向平衡的动态过程。但此理论缺乏一个更具体而清晰的模型。

6. 生命周期模型

通过父子两代的生命周期描述了家族企业"子承父业"的继承过程，继承过程分为四个阶段：所有者管理阶段、培训和发展阶段、父子合作阶段和权

---

① Beckhard R, Dyer W G. Managing Continuity in the Family – Owned Business [J]. Organizational Dynamics, 1983（2）：5 – 12.

力传承阶段。该研究从生命自然规律角度阐述了继承过程的推动力量，但仅考虑了父子两代间的继承而忽略其他可能的继承形式。有学者通过家族企业的生命周期将继承过程描述为一个动态的过程。家族企业由家庭、管理、产权和企业四个部分交织而成，因此继承问题是在它的历史中所面临的最复杂的问题之一。继承过程可以通过两个生命周期来分析：企业所有者的生命周期和家族企业的生命周期，每个生命周期分为开始、发展、成熟和衰退四个阶段。有学者认为，如果继承能及时进行，企业将进入另一个生命周期重新繁荣发展，反之会导致不良后果直至关闭。该研究从跨学科的角度把继承看成一个动态过程，具有开拓性意义，但在实践上缺乏操作性。[①]

7. 接力赛跑模型

戴克等学者把继承过程形象地比喻为接力赛跑，因此，继承过程受四个因素影响：次序、时机、技巧和沟通。该理论的观点是家族企业在进行继承决策时，要根据企业所处的历史阶段和企业面临的任务选择合适的继承人，尤其要根据企业所处的环境合理地考虑权力传递的时机、技巧和沟通。接力赛跑理论为我们理解继承过程提供了一个新的理论框架，但目前缺乏实证支持。[②]

这些研究从不同侧面让我们深入了解继承过程的复杂性，并且形成了一些逻辑严密的理论，为后续研究提供了理论依据，具有重要的实践和理论意义。但是，还缺乏对这些理论的整合研究和实证研究。

第二节　中华民族为什么比其他民族更看重血缘

一、从图腾谈血缘

要讲血缘或许要从图腾开始。一是与亲属有关；二是人类关于血缘最早的

① 兰德尔·S·卡洛克，约翰·L·沃德. 家族企业战略计划［M］. 北京：中信出版社，2002.

② Dyck B，Mauws M. Passing the baton：the importance of sequence，timing，technique，and communi-cation in executive succession［J］. Journal of Business Venturing，2002（17），143–162.

关键词，我们的研究就希望找到一个原始的出发点，这个出发点就是图腾。

图腾是古代原始部落迷信某种自然或有血缘关系的亲属、祖先、保护神等，而用来做本氏族的徽号或象征。这一词来源于印第安语"totem"，意思为"它的亲属"。原始民族对大自然的崇拜是图腾产生的基础。

本氏族或者部落认为，族群来自于该图腾，图腾是祖先性质的对象，因此是信仰的对象，是宗教起源之一。图腾一个重要功能是作为一种识别，与婚姻制度有关，即外婚制度密切关联，同图腾氏族不婚姻，即同姓不婚。

图腾是氏族时代的产物，随着氏族的分化，图腾也有所变化。远古时候，中华大地上到处都是沼泽。人们生产力和武器都十分的落后，人经常遭受到猛兽的攻击，所以就用猛兽来做自己的图腾以求神灵的保佑，例如，狼、熊、鳄鱼等。著名学者闻一多考证，龙图腾的最初原型是蛇图腾，在消灭了牛图腾、鹿图腾的氏族之后，就把牛角或鹿角加在了蛇的头上，后来又加上了猪的头或马的头，加上了虎或鳄鱼的腿、鹰的爪子、鱼的鳞、花的尾巴，经过长期的发展，众多图腾的集合就形成了中华龙图腾的形象。[①]直至今日，我们常说"龙的传人"或"龙的子孙"，这些都是图腾祖先观念的传承。

人类脱胎于自然界，但早期人类在精神上却留有一根未被剪断的原始"脐带"，这就是自然崇拜，最为典型的莫过于图腾崇拜。例如，像中国古代神话中的伏羲、神农、黄帝、颛顼、尧、舜、禹、契等传说中的人物，他们与自然界具有一种奇特的"血缘关系"，这种"血缘关系"其实与所在部落的图腾崇拜有关。

图腾就是原始宗教的雏形。杨堃先生认为，原始宗教可分为三个时期：一是宗教的起源时期；二是氏族宗教（包括女性生殖器崇拜）；三是部落宗教。宗教起源于旧石器时代中期，氏族宗教主要存在于母系氏族时代。到了部落社会，氏族宗教便发展成为部落宗教。而氏族宗教的主要形式是图腾主义。氏族宗教过渡到部落宗教之后，图腾主义逐渐衰落，或仅保留一些残余形式。部落宗教的形式和内容比氏族宗教更为复杂和多样，自然崇拜、灵物崇拜、祖先崇拜（包括男性生殖器崇拜）、偶像崇拜、英雄崇拜、巫教和萨满教等均属部落

---

① 闻一多. 神话与诗 [M]. 上海：上海古籍出版社，2006.

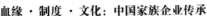

社会的宗教形式。①

有必要进一步分析图腾崇拜与神灵崇拜乃至宗教信仰之间的关系？学术界对此主要有三种观点：一是以英国人类学家泰勒为代表的学者认为，图腾崇拜反映了早期人类对世界万物进行分类的愿望，但它与宗教无关；二是以法国社会学家迪尔凯姆为代表的学者认为，图腾崇拜虽不同于宗教活动，但前者是后者的基础和根源。三是图腾崇拜本身就是宗教活动的最初形式之一。②

陈炎则认为：图腾崇拜虽然可能成为宗教活动的基础，但却并不必然地转化为宗教，因为从图腾物与氏族之间的"血缘关系"中，完全可能演化为祖宗崇拜，乃至世俗伦理。从逻辑上讲，作为原始的人类活动，图腾崇拜本身便包含着向三个方面转化的内在可能，一是强化其自然的成分，弱化其血缘的成分，从而将其转化为一种与人类血缘无关的宗教信仰；二是强化其血缘的成分，弱化其自然的成分，从而将其转化为一种与宗教信仰无关的世俗伦理。前者是西方人选择的文明路径，后者是中国人选择的文明路径。

二、从血缘到地域：东西方文明路径的分叉

无论中国人还是西方人，家庭都是共同的文化基础，发展的基础，许烺光用初始集团表示家庭。许烺光指出，东西方的"初始集团"都是一样的；"在各种人类集团中，家庭对任何社会都是至关重要而且是无处不在的"。然而，中国人与西方人在"二次集团"的选择上却有着很大的不同："以家庭为起点，我们的分析转向各个社会中的二次人类集团。在中国，我们发现极为重要的"二次集团"是宗族；与之对照，在美国则为俱乐部（在最宽泛的意义上，它指的是亲族集团之外的所有无论出于何种目的而结成的自由协会或团体）。正是由于"二次集团"的不同，导致了中国人的"情境中心主义"和"相互依赖"，美国人的"个人中心主义"和"自我依赖"。③

许烺光在人类学研究的基础上试图从社会组织形式中找到中国、印度、西方三种文化之不同的关键所在。他认为，人之所以不同于野兽，源于人有着超

---

① A. E. 海通著，何星亮译. 图腾崇拜（中译本序）[M]. 上海：上海文艺出版社，1993：3.
② 陈炎. 古希腊、古中国、古印度：人类早期文明的三种路径 [J]. 中国文化研究，2003.
③ 许烺光. 宗族·种姓·俱乐部 [M]. 北京：华夏出版社，1990.

出生理需要之外的社会需要，如社交、安全、地位等。这些需要不是任何一个个体的人能够独立实现的，要满足这些需要，必须借助于社会集团的力量。人类的社会需求首先要在"初始集团"中得到满足，当"初始集团"满足不了这些要求时，人们便要在"二次集团"中寻求满足。①

陈炎指出：在海洋文明的基础上，希腊人抑制了"图腾崇拜"中的血缘因素，而将其中的自然因素神秘化，从而导致了西方式的宗教文化；在"亚细亚的古代"这一黄河文明的条件下，中国人抑制了"图腾崇拜"中的自然因素，而将其中的血缘因素世俗化，从而导致了儒家式的伦理文化。②

中国人为什么特别重视血缘，就是中国人特别重视祖先崇拜，并将图腾对象进一步人化的结果，这也是中国人所选择的文明路径。中国著名学者章太炎、王国维等诸多知名学者对此进行了考证与研究。从甲骨卜辞看，大约在殷商武丁时期，中国人就开始有了对"帝"的信仰；但中国人所信仰的上帝显然与西方人不同，历史学家和文字学家从不同角度都对此进行了考证。我们以中国人常用的几个词分析。一个是有几千年传统的皇帝制度的"帝"字。有学者认为，"帝"字是受义于太阳；有学者认为，"帝"字是从飞鸟的形状中引申出来的；还有学者认为"帝"字即"花蒂"之蒂，此亦生殖崇拜之一；还有学者认为，"帝"是部落联盟的首领人物。综合以上观点，可以提炼以下三层含义：一是"帝"与某种特殊的自然对象有关；二是"帝"与生殖血缘有关；三是"帝"与祖宗和先王有关。"帝"是由图腾崇拜向祖宗崇拜转化的过渡形态。我们知道，有关三代及三代之前的神话传说中，不少氏族始祖的名字之前都冠有"帝"的称号，如帝颛顼、帝喾、帝尧、帝舜、帝禹等。

我们还可以分析中国血缘文化中两个关键字：祖宗。"祖"字从"示"从"且"。姜亮夫指出："考甲骨文中表示有宗教'灵感'一类的字，都以示为偏旁，为先人精灵之所寄，则示字当即原始神字。"③

"宗"字，从"宀"从"示"。王筠认为："宗者，室中之神也，天地神祇，坛而不屋，人鬼则于庙中祭之。"如此说来，对祖宗的祭祀，也已不同于崇拜天地神祇等超自然对象，而只是对死去的前辈们的顶礼与膜拜。由于每个

---

① 许烺光. 宗族·种姓·俱乐部［M］. 北京：华夏出版社，1990.

② 陈炎. 古希腊、古中国、古印度：人类早期文明的三种路径［J］. 中国文化研究，2003.

③ 姜亮夫. 古文字学［M］. 杭州：浙江人民出版社，1984：83.

人在血缘关系上与死去前辈的远近不同，因而与被祭祀的对象之间并不是等距离的。这便是中国之宗法文化不同于西方之宗教文化的关键所在。①

许倬云先生在《中国古代文化的特质》一书中指出：人类大多数的经验里面都是以生理的需求结合在一起的，这是亲缘性或血缘性的团体。许倬云先生认为：希腊这种城邦的人群结合原则是地缘的、合约的，不是亲缘的。因为城邦本身为中心，地点固定，财富收集也固定。地缘性可以扩张，因为它是合约式的、共享式的，可以一个城邦与另一个城邦联盟，可以许多城邦联盟成一个国家，甚至可以从王国变成帝国，到最后可以统一两河流域，并超越两河流域到达以外的地区。

古代中国的移民形态是填空隙，而不是长程移民。这是血缘为主、地缘为辅的同姓特性。例如，炎帝和黄帝之间的关系，这两个族群号称兄弟关系，一个生在河这边，一个生在河那边，这当然是后来的融合。另一个例子是古代的祝融八姓，八个不同的姓之间有共同的符号，尊奉共同的神祝融。这种结合的过程是以亲缘作为结合的方式。结合时是说我这一宗和你那一宗，来自同一个祖先，或是通过婚姻关系。周代以来选择以血缘来结合人群，这个选择形成中国很大的特色，反映在词汇上是"天下一家"。②

恩格斯在《家庭、私有制和国家的起源》一书中，曾把国家按血缘关系划分与组织国民，转变为按地缘来划分与组织国民，看作是人类社会发展史上具有重大意义的历史性进步的标志。③ 我认为，中国社会的特征就是建立在以血缘为主、地缘为辅，在血缘与地缘的共同作用下建立起来的社会与国家。

三、不同的生存环境导致不同的民族道路

为什么古代的希腊人、中国人会在共同的人类学前提下选择不同的文明路

---

① 陈炎. 古希腊、古中国、古印度：人类早期文明的三种路径 [J]. 中国文化研究，2003 年冬之卷。

② 许倬云. 中国古代文化的特质 [M]. 北京：新星出版社，2006：3 – 17.

③ 恩格斯. 家庭、私有制和国家的起源 [A]. 见：马克思恩格斯全集（第4卷），北京：人民出版社，1972：166.

径呢？要回答这一问题，必须去考察其各自不同的自然环境和历史背景。特别要指出的，我们不是环境唯一决定论者，但我们必须承认，人类越是在生产力发展的初级阶段，环境对人类的影响与制约就越重要。

先看中国地图。虽然中国版图有大小之变化，但地处东亚的自然环境，基本特征未变，就是中国自古以来就在地球上的一个相对独立的地理单元上。东临浩瀚的太平洋，好不容易走到海边的人们不得不止步，"望洋兴叹"。西有戈壁沙漠，再往远是雪山，多为无人地带，生命禁区。北有寒冷多风的荒原或冻土，无法农耕，望之令人心灰意冷。南方是多山地带，崇山峻岭，猛兽出没，多乌烟瘴气，南行一步都不得不"辟荆拓莽"或"筚路蓝缕，以启山林"。人在这样一种四周天然屏障之内，自然形成相对独立的文明生长环境。以黄河流域进而以黄河、长江两流域为中心的震旦古盆地，就如整个人类文明园里的一个"单门独院"，一个孤僻山村。这一独特自然环境下的文明生长留下了中国人的基本特征封闭性。在中国古文明生长圈之外基本上没有较大规模或较高层次的人类生活圈与之接壤或竞争，更没有较明显的文明交流。因此，中国古代文明的发展基本上是自己的作品，没有什么外来文化的影响因素。[①]这也导致中国古代历史学家的笔下"中国历史无世界"，世界历史无中国的现象。[②]

再看欧洲地图。其文明发祥地——希腊，处在地中海、爱琴海和爱奥尼亚海的包围之中。以远洋运输的方式将自身的影响播撒到克里特岛乃至爱琴海的周边地区。

作为希腊城邦制度的准备阶段，有两件事值得注意：一是有了铁器；二是大量移民。铁制农具的出现大大提高了生产力，创造了更多的剩余产品，从而为私有制社会创造条件。而大规模的海上移民导致怎样的后果，用汤因比的推测："跨海移民的一个显著特点是不同种族体系的大融合，因为必须抛弃的第一个社会组织是原始社会里的血缘关系。一条船只能装一船人，而为了安全的缘故，如果有许多船同时出发到异乡去建立新的家乡，很可能包括不同地方的人——这一点同陆地上的迁移不一样。在陆地上可能是整个的

---

① 甘德安等. 中国家族企业研究［M］. 北京：中国社会科学出版社，2002：71 – 72.

② 许倬云. 中国古代文化的特质［M］. 北京：新星出版社，2006：1.

血族男女老幼家居杂物全装在牛车上一块儿出发，在大地上以蜗牛的速度缓缓前进。跨海移民的另一个显著特点是原始社会制度的萎缩，这种制度大概是一种没有分化的社会生活的最高表现，它这时还没有由于明晰的社会意识形态而在经济、政治、宗教和艺术的不同方面受到反射，这是不朽的神和他的那一群的组织形式。""在海上迁移中，移民的社会工具一定也要打包上船然后才能离开家乡，到了航程终了的时候再打开行囊。所有各种工具——人和财产，技术、制度和观念——都不能违背这一法则。凡是不能经受这段海程的事物都必须留在家里，而许多东西——不仅是物质的——只要携带出走，就说不定必须拆散，而以后也许再也不能复原了。在航程终了打开包裹的时候，有许多东西会变成'饱经沧桑的，另一种丰富新奇的玩意了'。"接下来，这种"新奇的玩意"又反过来对希腊本土产生影响，从而引发了一系列的社会变革。①

本来，新的生产力水平所导致的私有财产的出现已经从根本上动摇了氏族社会的存在基础；现在，跨海移民的行为方式更进一步加剧了血缘纽带的断裂。在这个行为方式下形成的组织及城邦中，任何人也不能凌驾于他人之上，任何人也不用依附于他人之下。公民在城邦中的地位，主要取决于他的财产和能力，而不取决于他的家族和血统。

就这样，希腊人一方面在虚无缥缈的奥林波斯山上创造着与人类毫无血缘关系的神学世界，另一方面又在坚硬的海岛和岩石上创造着完全不同于氏族社会的城邦制度。

这一切看似并无关系的偶然创造，实质上都是必然的、有条件的、彼此密切相关的，是希腊人在特定的自然环境下所做出的符合生产力发展水平的历史性选择。这便是西方从自然与血缘的神秘统一的图腾崇拜到人类与自然的神话的神灵崇拜再到自然神话的加工的宗教精神的文明路径。正如《人类简史——从动物到上帝》的作者尤瓦尔·赫拉利所指出的："智人优于动物之处，在于智人可以构建共同的'想象'/谎言/神话，而共同神话使得人类的族群认同得以突破150个的数量上限，能够达成更大范围的合作。"② 没有宗

---

① 汤因比. 历史研究（上卷）[M]. 上海：上海人民出版社，1966：130.
② 尤瓦尔·赫拉利. 人类简史——从动物到上帝 [M]. 北京：中信出版社，2014.

教文明的想象，就没有现代工业革命。

作为华夏文明的发祥地，黄河流域的冲积平原的两大特点为古代先民提供了安居条件。一是其松软的土壤而为铁质农具发明以前的古代先民们提供了耕作的可能性；二是其频繁的洪涝又使得人们必须建立大规模的社会组织才能加以治理。这导致华夏文明主要靠天吃饭，以土地为生，对土地和水源的重视甚于金银。由于农作物生长期长的原因，一年中只有一次或几次收获时，才能获得收益，所以一般忍耐力较强，比较稳定、封闭、保守，追求安定，不喜欢冒险，对外交流少。幅员广大，众多人口经常占有整个流域，农民对土地依附性较大，导致对统治者依附性较大，一般都是中央集权，文明比较稳定持久，或者说发展缓慢。

生活于黄河流域的中国人的天职不是去海上冒险，而是要兴修水利。这种工作不仅不是少数人所能完成的，而且也不是某个部落群体单独所能胜任的，它需要大量的人力和高度的社会组织结构。从仰韶文化的一些遗址来看，其社会基层结构已相当完善，传说中夏代的创始人禹就是以治水起家的。作为夏后氏部落的首领，禹联合其他部落一同疏浚河道，并在这一过程中将部落联盟演变为国家制度，致使他的儿子启废除了部落首领靠选举、禅让产生的原始制度，最终建立起以血缘沿袭王位的国家制度，从而使中国古代的第一个奴隶制国家集团过早地诞生了。过早地诞生，也就是"早熟"；而"早熟"，也就是不成熟。由于当时生产力水平的低下，使得剩余产品不会很多；剩余产品的匮乏，又导致了私有财产不可能得到充分的发展。

中国历史的核心观点"普天之下，莫非王土"。就是说土地属于皇权而非私有，虽然土地皇权所有否定私有，但对王侯领主们留了一个对土地有一个控制和使用的世袭权力。也就是，一方面根据血缘和亲疏关系，将一部分土地分给自己的子弟；另一方面则承认地方宗族势力的合法地位。这就在中国长期的历史演变的过程中形成了一种血缘性、地域性很强的"宗法"管理体制。这便是华夏民族从自然与血缘的神秘统一的图腾崇拜开始，转向以血缘人化祖先崇拜的路径上来，最后通过对血缘关系的提炼而形成的儒家伦理精神的文明路径。

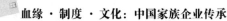
第三节　传子还是传贤：不是一个黑白分明的选择

一、王安电脑：传承失败是子承父业模式的失败吗

（一）王安及王安电脑公司的成就

21 世纪的中国，当其 GDP 迅速成为世界第二时，当提出"一带一路"等伟大战略时，当我们大张旗鼓推进"千人计划"时，当我们提出很多伟大的战略时，还是不敢拟定一个培养与比尔·盖茨、乔布斯比肩的"大人物"的宏伟计划。

然而，20 世纪 80 年代，一位华裔科学家则是一个与比尔·盖茨和乔布斯比肩的"大人物"。他创办的计算机公司的广告词是这样的："请让我们试一试，我们就会在阁下的订单上把 IBM 一风吹走！"。也是在 80 年代，这家计算机公司在美国政府公开招标中，一举击败 IBM 公司等许多大型 IT 公司夺标。这就是王安电脑公司，创办人就是王安博士。

至 1986 年前后，王安电脑公司达到了它的鼎盛时期，年收入达 30 亿美元，在美国《幸福》杂志排列的 500 家大企业中名列第 146 位，在世界各地雇用了 3.15 万员工。而王安本人，也以 20 亿美元的个人财富跻身美国十大富豪之列。1986 年 7 月 4 日纽约自由女神 100 周年纪念仪式中，王安被选为全美最杰出的 12 位移民之一，接受了里根总统颁发的"自由奖章"。在 20 世纪 80 年代前荣获此奖章的华人，只有王安。他成了美国的文化符号，是亚洲移民的偶像和代表。他以发明家的身份与爱迪生共享荣誉；以资本家的身份登陆富豪榜与洛克菲勒巨头比肩齐名。

1986 年 10 月，邓小平在人民大会堂会见王安时，握着他的手赞赏地说："你在美国很出名，现在是家大业大。这可是你自己奋斗出来的啊！"

中国人创办家族企业的历史与中国王朝的历史极其相似：其兴也勃焉，其亡也忽焉。王安，一个到美国闯天下的中国人，用短短 20 多年的奋斗，创造了一个价值几十亿美元的现代神话。但不到 10 年的时间，这个现代神话又破灭了。在王安博士患上绝症的同时，王安电脑公司也患上绝症，由兴盛走向衰退，直至破产。

（二）王安电脑公司传承失败岂止在子承父业

王安公司传承失败的案例分析层出不穷，主流观点是：王安受中国传统文化的影响，把一个伟大的公司传承给一个平庸的儿子，导致公司衰败、破产。王安让 36 岁的长子王烈出任公司总裁，王烈没有交出一份合格的答卷，这确实是一个重大的决策失误。1989 年 9 月 3 日，垂暮多病的王安下令大儿子辞职，并高薪聘请爱德华·米勒接任。

如果认真分析王安公司衰落直至破产的过程，我们可以发现，王安公司衰落及破产的根本原因，并不完全是主流观点传子不传贤与子承父业导致的。王烈不过是王安公司的总裁而已，最后拍板人依然是创始人王安。其实王烈在美国受到良好教育，他曾在 20 世纪 70 年代末劝说父亲进军 PC 领域，也可见还是有一些独到见地的。客观地说，王烈既非英才，也非纨绔，一个中国家族后代正常的接班人而已。王安电脑公司的衰败与破产实有他因。

回看历史，王安公司的神奇崛起是因为顺应美国社会从工业社会转向信息化社会。我们知道，虽然，美国科学家艾肯研发出世界第一台大型计算机 Mark Ⅰ，但计算机存储问题一直困扰着他，使得臃肿的 Mark Ⅰ 放置在哈佛的实验室内无法移动，是王安从理论上解决了这个难题；并发现磁场振动原理可以应用于电脑存储系统，随即发明了磁芯存储器。王安的磁芯存储器发明大大缩小了电脑的体积，使得计算机从科研迈入商用领域。

随后，王安通过自己发明的专利费创立了王安电脑公司。随后 10 年，他的实验室推出了一项接一项发明创造，从纸孔式记录仪、自动打字机、无线电打字印刷机、记录带辨认机，等等。包括影响力最大的 1964 年问世的洛赛台式电脑。其实，洛赛提供了现代 PC 机的雏形。如同 IBM 公司的广告词一样，王安一小步，改变 IT 产业的一大步。王安改变了 IT 产业的历史。

但是，在面临的计算机 PC 新浪潮时，王安没有先知先觉地把握住，他的对手 IBM 也没有及时把握住；但他的对手 IBM 在失去先机，还能亡羊补牢，后知后觉；而王安对苹果公司掀起的 PC 浪潮不屑一顾，拒绝接受新浪潮，使得王安公司的神话破灭。

王安公司的失败可以说是时代的使然。王安公司是一个计算机公司，是一个处于既生亮又生瑜的时代。在那个时代，乔布斯和比尔・盖茨横空出世。IT产业从出生时就是红海，充满血腥的残杀，总是一代新人换旧人，总是江山代有才人出、各领风骚数十年。信息产业因一技名倾天下，不持续创新几年后就被大浪淘沙。可以说，20世纪70年代是计算机时代的春秋战国时代，群雄并起，最后是乔布斯与比尔・盖茨分别在计算机与计算机软件方面一统江湖。大卫（David S. Landes）在《世界上最伟大的家族企业》一书指出，成功的家族企业基本分布在三个领域：银行业、汽车业、传统能源行业，在这些领域，家族的声望和社会影响力可以传承，家族拥有的资源不会轻易被竞争对手夺走。这个判断在香港家族企业传承也是可以印证的。香港家族企业除了继承祖宗基业，除了传承传统的地产、基建、零售外，在新产业方面实无太大建树。

其实王安及王安公司的失败不是孤例。肖克利及肖克利实验室股份有限公司的成功与失败与王安的失败是可以相互印证的。

时至今日，半导体产业已经对人类社会产生了巨大的改变。而它的辉煌，起源于肖克利发明的晶体管和他的晶体管理论。实际上，晶体管、集成电路奠定了第三次产业革命的基础。不过，肖克利虽是一个天才物理学家，确是一个糟糕的企业家。当肖克利在硅谷建立了肖克利实验室股份有限公司，他在科研上的巨大成功并没能复制到商业上来。他对管理一窍不通、不通人情世故，同时还非常专横。同样，王安是一位杰出的科学家与科技发明和创造家，但也不善于管理，不了解人们的心理而导致了管理、经营上的失误。王安认为，因为我是公司的创始人，我要保持我对公司的完全控制权。晚年的王安，不仅失去了敏锐的判断力，更是固步自封，刚愎自用，成为事业发展的障碍。比如，王安年轻时受到IBM公司不公正的待见，使得王安在不与IBM为伍的信念驱动下，做出产品不与IBM PC兼容的决定。当围绕IBM PC和IBM PC兼容机的应用软件相继被开发出来。3年后，IBM的个人电脑已经可以运行100多种软件，而王安的个人电脑却没有任何一种软件可以运行。

（三）传承失败的文化背景：不同国度孕育不同的传承模式

即使王安公司衰落是子承父业的结果，那么子承父业传承的失败也只是在美国的失败，不能证明子承父业模式在中国就一定失败。家族企业传承模式是不同文化的产物。正如中国历史上著名政治家、外交家晏婴所言：橘生淮南则为橘，生于淮北则为枳，叶徒相似，其实味不同。所以然者何？水土异也。

美国企业产生的文化是以新教伦理为基础的美国文化。新教伦理和市场经济结合，催生出以信任、秩序和责任为核心的基本信念，其核心是个人主义。而美国家族企业在传承方式主要表现为能力优先原则。所以，美国家族企业传承中自然是接班人有能力则接班，没能力则聘请职业经理人；或者是做财富信托，什么时候后代有能力则接班，没能力则继续请职业经理人。从20世纪50年代开始，美国家族企业聘请职业经理人的传承模式在快速上升，而子承父业的传承模式则不断下降。从家族企业30%传承给家族后代，降到了80年代的10%。

中国家族企业是中国儒家文化孕育的产物，重视血缘。在中国家族企业传承模式中多采取子承父业。中国人是血缘的熟人的社会关系，就是费孝通先生说的差序结构。往往会把企业内的员工划分为自己人和外人两个圈子，只信任亲近的自己人而疏远外人。按许烺光先生的看法，中国人就是一种透过紧密的以血缘为纽带，以父子轴为形式的亲属关系，进而影响其他社会关系的运作与内涵，最终形成支配社会组织、制度及文化倾向的主观意识形态，这自然也包括现代企业制度。王安虽然生活在美国，但事实上他的行事风格仍然是个地地道道的中国人。他不主张开放投资、不相信美国的公司制度。王安公司在身处日新月异的美国电子行业，没有吸纳美国公司的两权分离的管理模式，而是要延续保守的中国传统血缘模式管理与传承。这不是家族企业传承模式之错，而是在美国传承中重血缘而不中契约之错。

二、黄河保卫战：保卫的是子承父业模式吗

（一）黄河变局

1999年11月6日，中国上市公司历史上发生了一件破天荒的稀奇事：同一家上市公司，同一天时间，在不同的地方召开了两个董事会会议。一个会议是由黄河集团公司创办人杨纪强召集的，地点在兰州西北宾馆。由11名董事

组成的董事会只有 3 名董事参加，缺席董事超过半数，会议开成了情况通报会。另一个会议是由副董事长、总经理王雁元同日在北京翠微宾馆召集董事会。也在 6 日这一天，王雁元在宾馆被人叫走，后来证实，王雁元被兰州警方依法拘留。实际上早在 9 月 15 日，黄河集团已向警方报案，指控王雁元利用职权，非法转让兰州黄河股权。

在王雁元被拘留后，才经中国证监会兰州特派办批准，黄河集团公司的监事会和三大股东于 12 月 29 日召集了临时股东大会。这次会议通过了免去第三届全部董事和监事的议案，选举产生了第四届董事及监事。第四届董事会选举杨纪强为董事长，杨世江（杨纪强的二儿子）为副董事长。解聘了公司原聘全部高管人员，由杨世江兼任公司总经理，董秘和财务总监也全部换马。

这是中国改革开放以来，家族企业聘请职业经理人最为失败的案例。这是一场家族企业与职业经理人之战，是两个家族利益之战，也是中国家族企业是否启用职业经理人之问。这场纷争导致家族企业黄河集团回到家族全面控制，黄河集团的传承也选择了子承父业的道路。

（二） 黄河保卫战保卫的是什么

其一，有媒体把黄河集团这次控制权之争称为黄河保卫战。我想这场黄河保卫战首先是保卫私有财产神圣不可侵犯。黄河集团是杨纪强带着四个儿子白手起家打拼下来的。如果公司财产权得不到保护，不仅动摇市场经济运行的基础，也动摇人类社会的基础。所以说，杨纪强家族的黄河保卫战是正义之战。

其二，黄河保卫战也是家族间企业控制权之战。杨纪强和王雁元之争，从表面上看是个人的恩恩怨怨，实际上是两个家族在争夺公司的控股权，因为两个人背后的嫡系公司，都是完全意义上的家族企业。在黄河集团变局中，黄河集团组建的第四届董事会中，"杨家军"明显壮大，除了杨纪强和他的二儿子杨世江，还有三儿子杨世汶；王雁元家族有：王雁元之子孟祥魁、王雁元之父王敏政、王雁元之母何怀璧、王雁元之妹王友元。当然，曾在第三届董事会中颇惹眼的独立董事在第四届董事会中销声匿迹。

其三，黄河保卫战是保卫家企传承之战。黄河集团变局之后，完全走到另一个极端，完全启用家族成员。有媒体报道，兰州黄河董事会六位董事清一色的家族成员！这在 2000 多家上市公司中极为罕见的，包括创办人杨纪强及其 4

个儿子。到 2013 年，黄河集团（兰州黄河，000929）公告称，因年龄及身体原因，杨纪强辞去公司所属黄河啤酒集团总裁职务。同时，根据公司经理层公开招聘结果及总裁提名，兰州黄河聘任杨世涟为黄河啤酒集团总经理。正式完成子承父业的家族企业的两代间的传承。

其四，这次黄河保卫战保卫的是家族企业治理结构与管理模式。黄河变局之后，黄河集团高层大换血，回到家族治理结构的老路上。杨纪强对公司治理机制的看法发生了 180 度大转弯，从启用能人、设立独立董事，重新回到了血缘家族。新组成的董事会中，上届 11 名董事只有 3 名留任。非出资人董事比例大大减少，独立董事也出局了。董事中有杨家父子 3 人，其中父子 2 人囊括了公司董事长、副董事长兼总经理的职务。可见，这次黄河集团保卫战，就是狙击职业经理人之战，就是家族控股资本的保卫战。

（三）中国家族企业传贤不传子的路还有多远

杨纪强是甘肃企业界的风云人物。像其他应运而生的弄潮儿一样，他从"三锅一槽"起家，到年产啤酒 1 万吨。他把蛋糕做大了，但蛋糕也在"变馊变味"。其原因一就是大家长杨纪强独裁制，一人说了算。此外，他对现代企业制度一知半解、似懂非懂。用他自己到证监会检讨时的话来说，就是"我是文盲、法盲加股盲"。所以，黄河集团需要职业经理人。问题反过来看，当时如果不是王雁元的才能与人脉，坐落在西部落后地区的，又缺乏科技含量的黄河啤酒公司能否成为西部唯一的上市公司？所以，这里我们不能否定王雁元的贡献，更不能否定家族企业做大做强、企业长青必须需要职业经理人模式。

职业经理人模式我称为传贤模式。从企业看，什么是贤者？我想应该是能技术创新者、能产业创新者、能开拓市场者、能塑造品牌者，等等。

十五年过去了，我们现在拉长历史镜头看走向家族治理企业模式的黄河集团是怎样逐步衰落的。黄河集团虽然上市，但主营还是啤酒生意。在全国啤酒行业竞争激烈之时，当黄河集团遭遇啤酒发展"瓶颈"之后，黄河集团似乎早已无心经营主业，转而开始依赖炒股撑公司业绩，和大部分股民一样，过上了"靠天吃饭"的日子。而公司每年都会在年报中做出关于啤酒行业整体环境不景气，公司就环境变化做出经营策略改革的报告，在 2015 年年报中也表示在 2016 年继续坚持啤酒业务集团化改革，但一边画着改革蓝图的兰州黄河一边却计划着离开资本市场。

2013 年 2 月黄河集团抛出了一份重组预案，转向房地产。不过兰州黄河拟变身房企的路途并不平坦，重组方案披露不久之后深交所便向公司下发了问询函。这也是黄河集团困境突围过程中缺乏贤者出招，缺乏职业经理团队的集体智慧，这更是家族企业传子不传贤之路的困境。

虽然，黄河变局是家族企业与职业经理人合作双赢的失败，但不能否定职业经理人是家族企业规范管理、传承发展的合理模式。这次合作失败只能说目前中国职业经理人的职业道德素质还不过硬，王雁元事情发作以后，家族企业的老板们更是对职业经理人的诚信和忠实度产生了严重的疑心，谈职业经理人而变色。把职业经理人这些"外人"看成道德低下、坑害老板、卷款而逃、中饱私囊、架空老板、另立山头之人。有这样的职业经理人，但不全是，更不能否定职业经理人在家族企业发展中的作用，其存在性也是发达国家工业化几百年探索的成功经验。

更为重要的是，中国正在从传统的乡土社会向工业社会转型。固然企业的法人形态、企业硬件设施及其功用都进入工业化以致后工业化。中国人依然携带着乡土特征、农耕文明、封建集权、唯我独尊的"基因"。几千年沉淀下来的中国这些"基因"在转型期，必然存在传统规则失范与新规则残缺并存。自然传子与传贤是一个并行的模式，或许，现在子承父业的传承模式更多些，更是主体。但随着市场经济体制不断完善，法治社会不断完善，诚信准则不断建立，职业经理人的传承模式必然会大行其道，这也是世界所有发达国家共同的企业传承的基本模式。

三、IBM：从传子到传贤，从传技到传道

IBM 公司太有名、太传奇，人类科技史上许多伟大的创新和发明，都出自 IBM 之手。比如第一台印刷制表机、第一台打字机、第一个成功商用的电子计算器、第一台磁硬盘驱动器、第一个动态随机存储器（DRAM）、人工智能的第一个范例、第一台采用集成电路的计算机、第一个条形码、第一台激光打印机，在地球人登上月球，分形几何研究都能看到 IBM 的身影。在 IBM 发展的

100 年历史上，曾经有 5 人获得诺贝尔奖，6 人获得图灵奖。现在，IBM 依然是世界上最大的服务公司、第二大软件公司、第二大数据库公司。有当今工业界最大的实验室 IBM Research，是世界第一专利申请大户，到 2002 年 IBM 的研发人员共累积荣获专利 22358 项，远远超过 IT 界排名前十一大美国企业所取得的专利总和，这 11 家 IT 强手包括惠普、英特尔、Sun、微软、戴尔等。2014 年公布的美国专利获得量年度排名中，IBM 连续 22 年排名第一。它还是世界上最大的开源的 Linux 服务器生产厂商。IBM 公司今后的总目标是使公司成为全面提供网络系统硬件、软件、系统服务等全方位服务的国际超级网络产品公司。

这个家族与企业创奇故事的创始人是托马斯·约翰·沃森。他从一文不名的乡下人，靠推销起家一手把 IBM 这个当初生产磅秤、屠刀和穿孔机的小公司发展为世界超一流的硬件公司。他的长子小托马斯·沃森继承了父业，引领世界的信息革命。随后是一系列的职业经理人传承这个故事的传奇，从郭士纳到彭明盛再到罗睿兰，一路传奇。

或许，IBM 的广告词"无论是一小步，还是一大步，总是带动世界的脚步"最能表达 IBM 的日日进步，带领世界 IT 行业前进的形象。我们有必要分析沃森家族是怎样成功传承到成功隐身的，有必要分析传奇背后的成功要素对中国家族企业以至中国企业的借鉴与指导作用。

（一）父与子

从家族传承看，沃森家族企业的传承与中国家族企业传承的四个阶段很相似：小沃森在家族企业工作却得不到认同，离开家族企业充分发挥个人能力，回到家族企业与父亲争取权力；独当一面后却失去了父亲。与中国富二代一样，小沃森有一位有权有势的父亲，但一开始总是遭遇失败，可能是因为他觉得自己完全被这位老人的光环遮蔽了；在学校的成绩很糟糕，高中时他转了两次学，直到 19 岁才毕业；高中成绩很差，是在父母的干预下才被布朗大学录取；毕业后还找不到工作。

在自家公司工作后，父子冲突与分歧不断。主要是集中在两代人不同的管理理念上，比如老沃森不愿贷款，怕背债，但 IBM 特有的租赁服务模式又对资金有很大需求；基于老沃森年轻时在 NCR 的经历不愿和政府就垄断达成协议；不愿放弃他成功的基石的打孔卡为主的产品主线；不愿将公司只给长子小沃森掌管。尽管父子为公司的每一个细节争吵不断，而却又是一对让人尊敬的组合。小沃森从父亲那里学到了管理公司必须用到的重要知识，学会高度重视公司的销售队伍，给他们提供奖励；学会要为未来考虑，尽管公司发展会出现高峰和低谷，仍应坚持对那些公司长期发展有利的事情；还学会尊重别人，比如在公司实行门户开放政策，让员工直接到高层投诉，还制定就业保障政策和不随意裁员政策等，这些都使 IBM 公司获得巨额利润。总之，父亲创立公司，儿子改进；父亲给儿子创造一个平台，儿子传承并创新。

到 1956 年 5 月，老沃森正式将 IBM 的权力之柄移交给小沃森时，父与子握手的镜头出现在《纽约时报》上，代表 IBM 公司新的时代，也代表 IBM 从机械时代走向电子时代。1956 年底，小沃森召开高层经理会议，制定了著名的威廉斯堡计划，决定投资发展计算机，并请来冯·诺伊曼做顾问。这个计划使 IBM 在 20 世纪带领世界走入了大型计算机时代和 PC 时代。到 1961 年时，小沃森仍未止步，而是领导了一场足以载入史册的"惊天豪赌"，即投入 50 亿美元、6 万名员工、5 个新工厂进行兼容机"IBM 360 系统"的研制与开发。小沃森最终成了这场赌局的赢家——1964 年 4 月 7 日，"IBM 360 系统"横空出世。《从优秀到卓越》的作者柯林斯看来，System/360、福特的 T 型车、波音公司的第一架客机 707，是有史以来最伟大的三项商业成就。这之后，IBM 进一步确立了在大型机领域的霸主地位。在小沃森执掌 IBM 的 20 年里，IBM 的平均年增长率高达 30%，这在世界上可能是绝无仅有的，他的父亲也没有做到这一点。

小沃森对世界最大的贡献不是将 IBM 变成一个非常成功的公司，而是将计算机从政府部门和军方推广到民间，将它的功能由科学计算变成商用。这两条使得计算机得以在公司、学校和各种组织机构中普及起来。2011 年，IBM 在全球范围内发起了声势浩大的百年庆典宣传。在一段仅有十几分钟的影像中，IBM 百年历程 被浓缩成一个个关键的成就：机械制表机、原子重排技术、Fortran、RISC、大型机、个人电脑、小型机、深蓝、沃森、智慧地球……这里的每一项成就，都产生了远超公司边界的深远影响，也奠定了这家伟大公司的地位。除了前后部分贡献外，最大部分的成就产生于小沃森领导时期的 IBM。

IBM 传承第一个值得我们学习与借鉴的是，不仅把创新作为公司传承的

"基因"，而且要把创新与资本有机结合。我们知道，机械革命从 300 年前开始到第二次世界大战结束，一般认为其高峰是 19 世纪末期。当时很多人认为机械可以代替一切，就如同今天不少人认为计算机可以代替一切一样。第二次世界大战作为机械时代和电子时代的分水岭。英国在"二战"后恢复它的机械工业，做到了，但落伍了。而一片焦土的日本，被美国炸成一片焦土，已经没有剩下什么工业基础，只得另起炉灶，发展电子工业，结果成为了西方世界中的佼佼者。"二战"后，IBM 也面临这类选择，是继续发展它的电动机械制表机，还是发展新兴的电子工业。恰恰是小沃森则坚持电子工业是今后的发展趋势，从此 IBM 开始领导世界的电子技术革命的浪潮。如果说 IBM 在上一次的机械革命中不过是一个幸运的追随者，它在从"二战"结束开始的电子技术革命中完全是一位领导者。IBM 百年来在历次技术革命中得以生存和发展，自有其生存之道。迄今为止，它成功地完成了两次重大的转型，从机械制造到计算机制造，再从计算机制造到服务。

（二） 从"家天下"到"公天下"

IBM 成功传承第二个值得中国家族企业传承学习的是科学与民主管理。我们时时、处处可以看到中国许多家族企业老板在企业做到一定规模后，自信心膨胀，自大而目空一切，独断专行，唯我独尊，企业成功都是自己的，失败都是下属执行不力造成的。实际上，老沃森创办的 IBM 也是专权和个人魅力带领 IBM 走过创业期，也导致了一些管理、发展盲点，也阻碍了高级管理人才的发展。当小沃森接管 IBM 后，便意识到父亲的管理方法不能适应越来越大的 IBM 和以后发展的要求。在小沃森的领导下，IBM 人员逐步建立起一套完整的组织架构和专业化的管理方法，包括如何做计划和制定业务政策。而正是从这次管理转型开始，小沃森的放权和建立符合世界级大企业规模的组织架构和管理规范，使 IBM 走上了现代企业之路。这样的改变让每个员工，尤其是高级管理人员，可以更大程度地发挥他们的作用，也促进他们的成长，最终为 IBM 培养大量合格的职业经理人和接班人。

沃森家族的传承传奇第三个值得我们学习与借鉴的是家族企业传承可以传子，更可传贤，最终把"家天下"变为"公天下"。从百年历史看，IBM 百年传承可以分成三个阶段：第一阶段，老沃森创立 IBM 公司；第二阶段，小沃森把 IBM 公司做成伟大的公司；第三阶段，郭士纳等职业经理人不断变革保持并发展 IBM。小沃森在年富力强的 56 岁就决定放弃 CEO 岗位，淡出了 IBM 的经营。自 20 世纪 70 年代起，随着小沃森的退隐和兄弟姐妹的离世，沃森家族逐渐消失在 IBM 帝国身后。目前，沃森家族基本退出了对 IBM 的管理，只剩下小沃森的儿子托马斯·约翰·沃森三世负责管理家族基金。小沃森的女儿苏珊是目前沃森家族中唯一在 IBM 任职的家族成员。1983 年作为程序员加入 IBM，1997 年被任命为网络和个人电脑业务总经理，如今担任 IBM TeleWeb Transformation 副总裁，负责 IBM 集团网站和在线商务。如果说，老沃森是 IBM 公司的创业一代、小沃森是创二代，那么郭士纳职业经理人则是创业的新时代。1971 年后，IBM 开启了真正意义上的职业经理人时代，使 IBM 公司从家族企业转型成为一家真正意义上由职业经理人管理的公众公司。

沃森家族与 IBM 传奇第四个值得我们学习与借鉴的是，IBM 百年传承史就是人才的发现史。我们常常看到中国家族企业老板也听不得半点不同意见，否则就对那些持不同意见者进行打压，优秀人才无法在家族企业施展才干。而 IBM 不同，如果在 IBM 做一个民意调查，谁是对 IBM 贡献最大的人，那么除了沃森父子外，一定是路易斯·郭士纳（Louis Gerstner）。1993 年，从未在 IBM 工作过的郭士纳临危受命，出任 IBM 的首席执行官。1995 年，郭士纳首次提出"以网络为中心的计算"（简称 NCC），他认为网络时代是 IBM 重新崛起的最好契机。并成功地帮 IBM 完成了从一个计算机硬件制造公司到一个以服务和软件为核心的服务性公司的转变，复兴了这个百年老店，并开创了 IBM 的十年持续发展。自从郭士纳掌权 IBM 以来，公司的股票上涨了 1200%。

郭士纳的接班人彭明盛在 2008 年第一次正式提出"智慧的地球"（Smarter Planet）战略。随着"智慧的地球"战略的提出，IBM 又开始了一次坚定的转型。依据彭明盛的构想，人类可以把感应器嵌入和装备到电网、铁路、桥梁、隧道、公路、建筑、供水系统、大坝、油气管道、河流、武器甚至太空等各种物体中，并且被普遍连接，形成一个"物联网"。通过超级计算机和云计算将"物联网"整合起来，可实现人类社会与物理系统的整合，实体基础设施和信息基础设施正在形成统一的智慧全球基础设施。

从 2012 年开始，罗睿兰接任彭明盛，成为这家拥有百年历史的 IT 巨擘的首位女掌门。罗睿兰曾说，我不相信必然，从不认为事情必然是怎样，结果必然是怎样。不管你身处何种行业，最后会逐渐商品化，因此你必须坚持向更高价值的领域迈进，乐于改变。或许正是她这种勇于改变、乐于改变的心态，与正在转型中的 IBM 不谋而合。

第二章

Consanguinity, Institution and Culture

产业转型与家族企业传承

三十多年的改革开放，使中国经济社会从农业社会向工业社会转型，从乡村社会向城镇社会转型，从同质的单一性社会向同质的多样性社会转型，从伦理社会向法理社会转型。在整体性的社会转型过程中，一部分把握改革开放政策契机的先驱者，成为中国改革开放以来的第一代的创业者、第一代企业家、第一代的财富持有者。问题是，第一代企业家们用他们的勤苦、智慧与胆识创就的企业与财富，其后代，社会称谓的"富二代"是否愿意接班，是否有能力接班，用怎样的方式接班？有研究表明，多达82%的"富二代"表示不愿主动接班。这不仅是青年一代不愿接班问题，更是时代变迁、产业转型的问题。产业不转型，接班就是死亡。所以，青年一代不愿接班是问题之表，接班过程中不能产业转型才是本。

第一节　家族企业为什么要在传承中转型

一、家族企业传承与企业转型的紧迫性

（一）家族企业传承的紧迫性

三十多年前，中国先富起来的那批人，主要精力都放在如何发展事业上；三十年后，当他们感受到时间的无情、自己的衰老，接班问题就变得极为迫切和严重。不仅是自己一生或半辈子的心血，更是一个家族企业基业长青的问题。现在中国第一代企业家的平均年龄达55～75岁。未来5～10年内，全国将有300多万家企业面临企业传承问题。传给与自己有血缘关系的子女，成为了大多数第一代企业家的首选，"富二代"接班潮汹涌而来。

现在，当我们说到家族企业传承时，更多的说这个家族企业或者家族财富的传承；实际上，这个传承是一个时代的传承。第一代创业者是在农业社会向工业社会转型过程中创业的；是在中国从乡村社会向城镇社会转型过程中创业的；是从同质的单一性社会向同质的多样性社会转型过程中创业的；是从伦理社会向法理社会转型过程中创业的。而现在，我们说到的中国经济新常态时，实际上是说一个经济高速发展的时代结束了，一个靠资源驱动的经济结束了，一个靠山寨驱动的经济结束了；下一个时代是创新驱动的时代，是互联网、物联网思维的时代。创一代已经无法应对急剧变化的社会经济形势，已经力不从心的应对移动互联时代；而创一代的接班人具有与移动互联时代共生的基因，在某种意义上说，他们不是父母生的，是借助父母"从互联网下载"的。所以，传承中的变革基因对他们来说恰是天之降大任于斯人也。

我们知道，家企传承涉及最多的话题是，第一代传承到第二代只有30%，第二代传承到第三代不过13%，而再传承下去不过3%。这句话我们引用的很多、频次很高，但理解是否深刻；是否是黑格尔所说的，虽然熟知，但不深知。为什么家族企业传承会最后传承不过3%？其实这是人性的使然。也就是说，成为富二代是人性使然，成为创二代是人性的偶然。创一代的后代含着金钥匙出生，没有生存的压力、没有求学的动力、没有找工作的驱动力。所以，成为富二代是必然，是大数统计规律；成为创二代是偶然，是小概率事件。这是因为，创字右边是个刀，是要破除创一代的思维模式、创业模式、产业定位的，这是很难的，成功概率是很低的。

从好的方面看，这些富二代受国外时髦教育的影响，陶醉于资本运作、金融手段。在他们看来，制造业10%（甚至更低）的利润积累，远不如上市、融资、重组、并购来得快，华尔街的财富神话已经在他们的脑海里深深扎根。这一状况的形成，显然与我们国内过分推崇海外"先进"方式有关，包括国内房市、股市的不正常状态，也使得一些富家子弟宁愿将资金投入利润泡沫化的房市、股市，也不愿从事父辈的传统行业。他们往往不愿意去接传统的企业，而更希望通过产业创新、模式创新来大刀阔斧地改革家族产业。

从不好的方面看，他们一生下来，创一代就为他们准备了巨额财富。虽然，媒体报道不少创二代的故事，但相对于1000多万的家族企业，4000多万的个体私营户来说，创二代的成功的故事只是小概率事件而已。作为财富的继承人，在年轻时就继承了一笔巨大的财富，这会使得他们感到生活很无聊，不具备必要的生活技能去处理好家族带给他的财产。创一代的后代虽然大多有着很高的学历和知识素养，但他们还有没有父辈那种吃苦耐劳、不畏艰险、敢于打拼的创业精神？说得尖锐些，如果离开父辈创下的基业，他们还能否独自打出一片天地？如果不能，他们就只能是平庸的富二代；如果能，他们就是真正的创二代。

（二）家族企业传承过程中产业转型的紧迫性

传统行业企业转型的迫切需求，来源于企业面临的生态圈的适应性挑战。

一是中国经济正在面临较大的下行压力。拉动经济的"三驾马车"（投资、消费、进出口）都在面临严峻的挑战。投资不振，拉动投资的基础设施正在关闭疯狂建设的状态，因为高铁、公路修得差不多了，房子的库存量已经够我们消化几年了。基础设施建设量已经超出了经济生态的需求，不得不放缓脚步了。消费不足，中国的老百姓是典型的不安全感最强烈的人民，即便是经济繁花似锦的时刻，他们还在银行存着大笔的定期，以应对各种缺乏保障的需要，何况现在消费疲软，已是不争的事实。进出口依然低迷，世界经济恢复仍然缓慢、增长仍然脆弱，是因为国际金融危机深层次影响还在继续，世界经济仍然处在深度调整期，旧的动能正趋于消退。

二是民众的生活意识和习惯正在改变。近几年，社会形态的变化正在日新月异。一些领域的变革，正在改变民众的生活意识和习惯。以滴滴、优步为代表的日常出行方面，正在用共享主义的理念，整合民众资源，分享低碳生活，将传统的出租车行业逼到转型的拐角；以天猫、京东、唯品会等为代表的电商，正在取代传统商超在居家消费中的地位，大型的商超开始出现"门前冷落鞍马稀"的境况，不少商超和大型 CBD 关闭；甚至一些最最基础的生活服务，例如，买菜、家政等，都可以通过京东到家、阿里到家等享受便捷的服务。企业的社会生态圈正在快速变化，真正的买方市场已经形成。

三是需要传承的家族企业基本是改革开放之初创办的家族企业，他们一般都是低端制造业。他们在低端已经没有成本优势，只能进入高端服务业与智能制造业才能生存。转型既是必然，也是求生的选择。

此外，近年来，国内制造业受到来自欧美日高端制造业回流和东南亚低端

制造业崛起的"前后夹击"，市场空间大幅缩小，再加上国内劳动力成本持续
上升、土地成本上涨、环境和资源保护要求不断加大等投资环境条件的限制，
使得制造业利润持续下滑。2015 年春节前后，一些制造业大省相继出现"倒
闭潮"现象，中国制造面临空前危机。[①] 实际上，制造业困境与"倒闭潮"现
象背后是家族企业的困境与家族企业难以传承的困境，因此家族企业传承中必
须转型，首先是产业转型。

如何在传承中进行产业转型是摆在每一位中国家族企业的实践者和研究者
面前的共同问题。国务院总理李克强于 2015 年 3 月提出"中国制造 2025"，
意在从国家战略层面部署和推进制造业转型升级。然而，要真正转化为现实，
必须经由企业层面去实施，特别是以家族企业为主体的中小企业去实施。

二、产业转型的界定与产业结构的演变

（一）产业转型再界定

在讨论产业转型之前，首先界定一下产业的概念。在英文中，产业（in-
dustry）既可以指工业，又可以泛指国民经济中的各个具体产业部门，如工业、
农业、服务业，或者更具体的行业部门，如钢铁业、纺织业、食品业、造船业
等。产业是介于宏观和微观之间的集合概念。从微观经济的角度来说，产业是
具有相同性质企业群体的集合；从宏观经济的角度而言，产业是国民经济中基
于共同标准而划分的部分。其实，产业是历史范畴，是伴随生产力和社会分工
的深化而产生和不断扩展的。在社会生产力发展的不同阶段，主导产业会是不
同形态的产业。产业作为复杂经济系统中的子系统，产业和产业之间存在着复
杂的相互关系，这也是为什么有产业转型与产业升级之说。

要界定好产业转型的概念，首先要理解什么是转型。以前是什么"型"，
要转成什么样的"型"？如果这些基础性的概念不清，谈转型，就是在问题不
清的前提下谈转型，谈产业转型。

---

① 制造业倒闭潮来袭"中国制造"面临空前危机［EB/OL］. 2015 - 02 - 09［2015 - 2 - 11］.
http://finance. qq. com/a/ 20150209/057597. htm.

产业转型的"转"到底指的是什么？有学者指出：从宏观角度看，产业转型是国家根据国际和国内经济、科技等发展现状，通过特定的产业、财政金融等政策措施，对其现存产业结构的各个方面进行直接或间接的调整。从行业角度看，则是资本、劳动力等生产要素从衰退产业向新兴产业转移的过程。[①] 有学者认为：产业转型的概念，理论界目前尚未形成一个比较权威和统一的定义。[②]

从我们研究的主体企业的视角理解，产业转型应该理解为转型是结构形态的转变，是产业结构演化趋势与产业结构演化调整。是一个自动生成与主动求变的一个过程。产业转型应包括如下核心内容：产业转型是从低附加值产业向高附加值产业逐步演化的过程；是生产方式从粗放式向集约式发展的演化过程；是高投入、高消耗、高污染、低产出、低质量、低效益逐步转型为低投入、低消耗、低污染、高产出、高质量、高效益产业的过程；是粗放型产业转为集约型产业的过程；是传统产业加新技术的过程；也是形成新产业的过程；工业革命200多年来的产业革命与产业转型都是旧产业加新技术的过程。所以，我们侧重研究产业转型，而把产业升级作为产业转型的体现形式。

（二）产业结构演变的一般趋势

产业是专业生产或专业服务的集合，是社会生产分工发展的结果。随着知识在经济社会化大生产的深入，新的产业不断从原有的经济体系中独立出来，改变着产业的构成，同时，每个产业质与量的变化，又在不断赋予产业结构新的内容。在现实经济中，产业结构总是在动态地运动着，但是，产业局部的、较小的数量变化，不会直接改变产业结构的性质，只有当产业数量比例关系的变化积累到一定程度时，产业结构才从一种状态演进到另一种状态，相应地，带动经济从一个发展阶段进入另一个发展阶段。

从历史进程来看，各国的产业结构大致沿着相同的路径演变。经济学家费希尔、克拉克、库兹涅茨及钱纳里等人，用三次产业分类法来研究产业结构的演变规律，并进一步研究了产业结构同经济发展的关系。他认为，产业结构经

① 徐洁. 产业转型：溯源而求索 [J]. 城市开发, 2015 (7).
② 邓伟根. 20世纪的中国产业转型：经验与理论思考 [J]. 学术研究, 2006 (9).

历了三个阶段，相应的，社会经济形态也发生了三次大的变化。

在农业经济时代，人类社会的生产活动以农业和畜牧业为主，尽管当时也存在手工品和商品的销售活动，但是这些活动都依附于农业生产，比重很小，还没有形成产业。

产业革命加速了手工小商品从农业中分离的过程，在工场手工业时期，一些国家形成了独立的工业体系，在工业技术的推动下，纺织工业、机械工业、钢铁工业相继成立并不断发展，最终工业取代农业，成为经济中新的主导力量。

机器的大量使用使得人类社会进入了工业经济时代。在工业经济时代，工业内部各个产业比重不断变化。在工业化初期，轻工业比重快速上升成为社会生产的主导产业。随后重工业的比重依次提高，特别是基础工业部分。到工业化成熟阶段，一般机械、重工业的增长速度放缓，汽车制造业、计算机制造业、机电产业等比重迅速上升，成为新的主导产业。在工业化后期，整个产业结构的演变具有"后工业化"和"非工业化"的特征，即金融、贸易、信息等服务型产业的产值比重不断上升，并且超过工业生产的比重，成为社会经济发展中第三个取得主导地位的产业群。由于这一时期，工业生产的比重和工业发展的作用都在下降，所以也称为"后工业化阶段"。

产业转型本质上是康氏长波理论的体现，是技术革命的产物。康氏经济长波理论也称康德拉季耶夫（Kondratieff）周期，是苏联经济学家康德拉季耶夫在 1926 年提出。康氏长波理论是指：为期 50～60 年的经济周期。该理论认为，市场经济发展历时 140 年，包含了两个半长波周期，显示出市场经济发展中存在平均长度为 50～60 年的经济长周期波动。这种长期循环关注的是人口的增加、地理上的新发现、新技术的开发、新资源的开发、战争等因素，如图 2－1 所示。

（三）产业构成的新变化和新的产业分类

目前得到广泛认同的三次产业划分方法，以及产业结构的重心沿着第一二三产业的顺序演进的规律，是费希尔和克拉克在 20 世纪三四十年代做出的贡献。当时，经济最发达的美、英、法、德等国，还处在以工业为主导的阶段。美国的工业虽然从 19 世纪末就有所下降，但是下降的速度微乎其微，直到 20

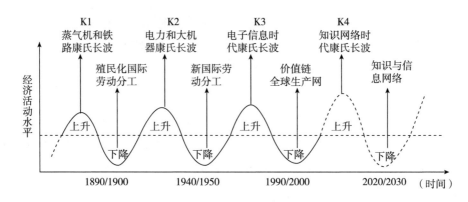

图 2-1 康氏长波理论发展轨迹

资料来源：百度图片。

世纪 60 年代，工业都处于举足轻重的地位。日本工业比重上升的趋势保持到 20 世纪 60 年代中期。德国保持到 70 年代。所以，费希尔—克拉克—库兹涅茨的三次产业分类方法，仅仅揭示出过去的产业结构演变规律，他们难以精确预见后来产业构成的变化和产业间比例关系的演变趋势。

20 世纪 80 年代，经济发达国家和新兴工业化国家的第三产业比重均在 60% ~ 70% 以上，而且第三产业的比重还在不断上升。第三产业所包含的经济范畴也在不断扩展，既有纯粹的服务型产业，也有特殊的生产产业——教育与科研。这种变化使第三产业的内涵越来越难以确认，边界越来越模糊。更重要的是，很难理清第三产业与第一、第二产业之间的关联，很难把握产业结构演变的新变化。

产业结构的演进有以下五个阶段：前工业化时期、工业化中期、工业化后期和后工业化时期。在前工业化初期，第一产业产值在国民经济中的比重逐渐缩小，其地位不断下降；第二产业有较大发展，工业重心从轻工业主导型逐渐转向基础工业主导型，第二产业占主导地位；第三产业有了初步发展。在工业化中期，工业重心由基础工业向高加工度工业转变，第二产业仍居第一位，第三产业比重逐渐上升。在工业化后期，第二产业的比重在三次产业中仍占有支配地位。在后工业化阶段，产业知识化成为主要特征。产业结构的发展就是沿着这样的一个发展进程由低级向高级化的。

三、家族企业传承过程中产业转型的理论支撑

（一）罗斯托的经济起飞理论

美国经济学家罗斯托曾提出一个经济"起飞理论"，或称为经济成长阶段论。他将一个国家的经济发展过程分为 6 个阶段，依次是传统社会阶段、准备起飞阶段、起飞阶段、走向成熟阶段、大众消费阶段、追求生活质量阶段。

在传统社会阶段，生产功能是围绕生存而展开的经济，而且通常都是封闭或者孤立的经济，社会似乎对现代化毫无兴趣。准备起飞阶段，摆脱贫穷落后走向繁荣富强的准备阶段，这一阶段的主导产业则通常是第一产业或者劳动密集型的制造业。走向成熟阶段，国家的产业以及出口的产品开始多样化，高附加值的出口产业不断增多，厂家和消费者热衷新的技术和产品，投资的重点从劳动密集型产业转向了资本密集型产业，国民福利、交通和通信设施显著改善，经济增长惠及整个社会。大众消费阶段，主要的经济部门从制造业转向服务业，奢侈品消费向上攀升，生产者和消费者都开始大量利用高科技的成果。人们在休闲、教育、保健、国家安全、社会保障项目上的花费增加，而且开始欢迎外国产品的进入。追求生活质量阶段，主要目标是提高生活质量，美国正处于这个阶段。

（二）钱纳里的产业结构理论

罗斯托的经济"起飞理论"一个最大不足就是缺乏量化指标，而钱纳里标准产业结构理论则弥补其不足。按钱纳里产业结构理论：当人均 GDP 在 3000～6000 美元，即经济起飞阶段；当人均 GDP 在 6000～10000 美元，产业结构就走向成熟阶段转型；当人均 GDP 超过 10000～20000 美元，就进入大众高额消费阶段；而当人均 GDP 超过 20000 美元时，就进入追求生活质量阶段。

可以说，中国在改革开放之初的 10 年，1977～1987 年经济就实现了起飞。根据 2015 年国家统计局公布，2014 年中国人均 GDP 约为 7485 美元，其中有北京、上海、天津、深证等 7 个省市进入人均 GDP "1 万美元俱乐部"。

这标志着中国经济社会发展进入了一个重要转折时期，将逐渐由生存型社会进入发展型社会，经济也从经济起飞阶段开始或者进入走向经济成熟阶段。北上广等地区人均 GDP 突破 10000 美元，似乎已经进入大众消费阶段。而深圳 2014 年人均 GDP 已经突破 20000 美元，显然已经进入追求生活质量阶段。可见，不同地区的家族企业传承中的转型可以是经济起飞阶段向成熟阶段转型，有些地区可能是从经济成熟阶段向大众消费阶段转型，而深圳等地的家族企业传承转型可能是从大众消费阶段向追求生活质量阶段转型。这为不同地区的家族企业传承中的产业转型提供了多样化的选择。

（三）霍夫曼定理与中国产业变迁的经验

霍夫曼定理指出，在一个国家，一般是食品和纺织品等消费品总是率先发展起来，冶金和机械等资本品部门总是随后得到发展，后者虽然起步较晚，但发展却快于前者。发达国家也是如此，工业化之初是纺织业，随后是化工业。例如，重化工业家族企业有，火药大王——杜邦家族、钢铁大王——卡内基、汽车业大王——福特；再后是服务业的英雄——摩尔根；现在称雄于世的是信息业的状元——比尔·盖茨、乔布斯、马克·扎克伯克与谷歌的创始人谷林与佩奇。

不同时代有不同的行业，不同行业在不同的时代有不同的发展路径。先看看美国产业变迁的规律。1860 年以前，美国农业部门的重要性远超过工业部门，农业部门是行业的状元；而在工业部门内部则以轻纺产业为状元。此后，状元则是钢铁大王、煤炭大王。1900 年汽车是不可能成为大王或者状元的。到了 20 世纪七八十年代，美国钢铁、汽车、工具机、消费型电子及办公事务设备等令人瞩目的产业等迅速衰落，马上"产业变幻大王旗"。20 世纪 90 年代以后，美国大力发展信息产业，乔布斯、比尔·盖茨成为时代的状元了。现在，世界上最具有创新精神的公司都是美国的，与信息产业相关的产业，例如苹果、微软、facebook、谷歌等。

再看中国 20 世纪 50 年代的行业状元是纺织业的郝建秀、农业状元是饶新礼；60 年代出的石油行业的状元王进喜；80 年代是太阳神的怀汉新、玉环集团的王定吾、攀枝花钢铁集团的赵忠玉；进入 21 世纪，我们行业状元是电子商务的马云、腾讯的马化腾。今天的腾讯，市值相当于 2 个阿里巴巴、3 个百度，比三大门户新浪、搜狐和网易加在一起的总和还要多1倍。马化腾，这位年仅34岁的年轻人缔造了一个风靡中国的"网络神话"。他让2亿中国人改变了沟通习惯。信息时代才是21世纪产业的状元，马云、马化腾才是行业的状元。

回看1800年，中国在全球制造业总产出中所占比重高达33%，领先于印度。当行业格局发生了变化时，第一次工业革命大幅提升了生产纺织品、机床等各类产品的工厂的生产率。中国，这位伟大的农业文明之国，没有跟上工业革命的步伐，没有及时的转变产业，依然是传统农业与传统手工业，面对200年的工业文明，农业文明的中国就一直在水深火热之中。

现在有这么一种打印机，它可以打印出会飞的飞机、可骑的自行车，或是一块能吃的蛋糕，能穿的衣服与鞋子，甚至加上关键零部件就可打印出一把可以射击的步枪……这种打印机就是3D打印机。3D打印机正逐渐改变着制造业的传统生产方式。由于3D打印技术使得劳动力成本正变得越来越不重要。3D打印将从源头颠覆制造业，机器将取代模具、部件、半成品到成品等每一个关键环节。这是对传统制造业的彻底颠覆——劳动力、设备投资、工人技能、生产线管理等将变得无关紧要。但正如没有人能预言1450年古登堡铅活字印刷、1750年蒸汽机、1950年晶体管的出现所产生的影响一样，3D打印机的持久影响尚待评估，但毫无疑问的是它将扩展工业想象力的极限。可以预料，如果我们还像清王朝，或者像计划经济时代那样闭关锁国，那么，下一步死掉的是中国制造业及其在制造业打工的工人及"企业家"；同时也必然进一步拉大与发达国家的差距。

其实家族企业传承后面是产业转型，产业转型后面是市场。没有市场就没有行业，没有行业也就没有市场。亚当·斯密在1776年《国富论》里的基本思想，一个国家的财富怎么能够成长，靠劳动生产率的提升、靠技术进步，而劳动生产率的提升靠什么？要靠劳动分工，也就是不同的人、不同的企业在做不同的事情，这样他们就可能带来更快的技术进步。而劳动分工依赖于市场，没有市场，不可能有真正的劳动分工，特别是市场的规模决定着专业化和分工的范围，市场规模越大，分工就会越细，分工越细，技术进步越快，技术进步越快，财富增长也就越快，财富增长越快，导致资产规模的进一步扩大，由此形成了良性经济增长的回馈。

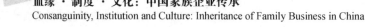
第二节　家族企业产业分布

一、家族企业从事行业分布特征

2013 年 9 月，福布斯中文网发布了"2013 中国家族企业调查报告"。报告显示，截至 2013 年 7 月 31 日，A 股上市公司共有 2470 家，其中 1039 家为国有公司，1431 家为民营公司，后者占比超过一半达到 57.94%。而在民营企业中，共有 711 家民营上市的家族企业占比为 49.7%，见图 2 – 2 与图 2 – 3 所示。

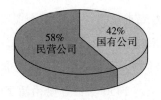
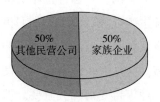

图 2 – 2　A 股上市公司　　　　　图 2 – 3　民营上市公司

根据《中国家族企业发展报告（2011）》与《中国家族企业发展报告（2015）》抽样调查显示，家族企业所从事的主要业务主要集中在制造、批发零售、农林牧渔、建筑业和住宿餐饮等行业。涉足制造业和批发零售业的企业分别占 40.7% 和 24.8%，[①]　见表 2 – 1 所示。

根据福布斯 2012 中文版现代家族企业调查报告发现中国的上市家族企业多集中于制造业。在 A 股上市家族企业分布最多的十大行业中，电气设备、化学制品与专用设备位居前三。可见机械设备行业始终是民营经济发展的重头戏，实业依然是诸多民营企业家引以为豪的立足基础。近年来大热的房地产开发也占据并列第三的位置，而信息时代带来的计算机应用也在前十之列。在香

---

① 中国民（私）营经济研究会家族企业研究课题组. 中国家族企业发展报告（2011）[M]. 北京：中信出版社，2011：9.

表 2－1　　　　　　　　　中国家族企业产业分布　　　　　　　　单位：家,%

行业	单一业务企业		双业务企业		三业务企业	
	企业数目	百分比	企业数目	百分比	企业数目	百分比
农林牧渔	146	5.9	79	17.1	45	18.1
采矿业	42	1.7	29	6.3	19	7.7
制造业	1 019	41.0	184	39.9	86	34.7
电力煤企业	26	1.0	12	2.6	10	4.0
建筑业	130	5.2	62	13.4	73	29.4
交通运输	74	3.0	33	7.2	26	10.5
信息服务	105	4.2	45	9.8	46	18.5
批发零售	518	20.8	185	40.1	89	35.9
住宿餐饮	128	5.1	69	15.0	67	27.0
金融	9	0.4	8	1.7	19	7.7
房地产	71	2.9	56	12.1	77	31.0

港上市的内地家族企业与内地上市家族企业的行业分布基本保持一致，较多经营着传统产业，主要集中在制造业及房地产业，对资本密集的能源、IT 及公用事业（1659.884，－26.32，－1.56%）的参与程度十分有限。其中原材料业是在香港上市的内地家族企业非常密集的一个行业，多达 32 家，占比 17.58%。而耐用消费品与服装业及房地产业紧随其后，分别有 27 家和 21 家，占比 14.84% 及 11.54%。见图 2－4。

图 2－4　A 股上市家族企业 TOP10 行业分布

二、大陆上市家族企业传承情况

根据《中国家族企业发展报告（2011）》与《中国家族企业发展报告（2015）》抽样调查显示，有明确传承打算的企业家的交班意愿的见表2-2。

表2-2	子女接班调查　　　单位：家,%
交班意愿分类	占抽样调查比例
让子女接班管理本企业	45
子女不在本企业工作	28.76
让子女继承股权，但不要在企业工作	19.33
只给子女几笔生活费	6.52

根据福布斯2012中文版现代家族企业调查报告发现中国大陆家族企业传承的基本特征有两种：一是家族关系清晰，二代接管趋势明显。对于家族企业而言，建立在稳固与信任基础上的亲情关系是企业创立与发展过程中的一道坚实保障。2012年的调查发现，夫妻关系成为中国家族企业中最主要的关系，在A股上市的684个家族企业中，其中为夫妻关系的有314家，比例高达45.9%；存在兄弟关系的则有228家，占比达33%，这比兄妹和姐妹或姐弟关系加起来总和的两倍还多。684家企业中有46.8%的企业存在子女关系（包括父子或母子关系及父女或母女关系）。二是"80后"备战接班，女婿或儿媳阵营形成。在调查的A股上市的所有家族企业中，一、二代同时任职的企业有276家，占比超过40%；而在这276家企业中，二代已正式接班担任董事长的有45家，在A股上市所有家族企业中占比虽仅有7%，但相比2011年的4.6%，增长是显著的。见表2-3和图2-5。

尽管在第二代中，"70后"依然是无可争议的主力军，但近年来备受关注的"80后"也开始当起重任，成为一支更为年轻的崛起力量。他们不少以董事、董秘或副总经理的身份进入企业，有的已担任总经理负责公司日常运营。

表 2 - 3　　　　　　　　　　　　接班关系调查

家族关系简称	叠加关系数量
夫妻关系	314
兄弟关系	228
父子/母子关系	208
一代姻亲关系	136
父女/母女关系	112
叔侄/甥舅关系	59
兄妹关系	51
姐弟/姐妹关系	48
翁婿关系	29
二代姻亲关系	19
祖孙关系	1
家族性控股	10
亲属关系，具体未查明	9

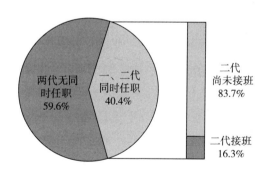

图 2 - 5　接班任职调查

在香港上市的内地家族企业中，第二代直系子女也在企业中任职的比例为20.21％，相较之下，儿子进入公司任职的比例大大高于女儿。不过由于在香港上市的内地家族企业大多比较年轻，所以由二代接班董事长的比例相对而言非常低，仅有4.4％。我们也发现一个有意思的现象，就是父女或母女关系和翁婿或翁媳关系的比重一样，均为4.11％。这或许意味着在如今很多家庭只有一个孩子的情况下，女婿或儿媳进入家族企业已经是明显的趋势。见

表2-3和图2-5与图2-6。

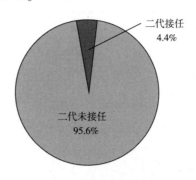

二代接任
4.4%

二代未接任
95.6%

图2-6　二代接任董事长调查

三、案例一：广东与浙江家族企业传承与产业转型

根据《中国民营企业生存与发展环境指数——广东与浙江省报告（2015）》的数据，可以发现广东省与浙江省的家族企业对下一代传承的一些共同要素。广东省72%的被调查企业家，多数希望子女能够随其爱好选择自身的发展道路。此外，18%希望其子女继承自己的事业，10%希望子女自己创业。浙江接受调查的企业负责人绝大部分希望子女能够随其爱好选择自身的发展道路（91%），少数企业负责人希望子女自己创业（5%）或继承自己的事业（4%）。可见作为长三角的浙江更多受到西方企业精神的影响，更能理解下一代传承企业的自我选择。见图2-7与图2-8。

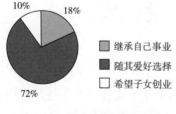

10%　　18%

72%

■ 继承自己事业
■ 随其爱好选择
□ 希望子女创业

图2-7　广东省家族企业对
下一代的发展选择

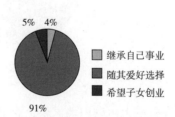

5%　4%

91%

■ 继承自己事业
■ 随其爱好选择
■ 希望子女创业

图2-8　浙江省家族企业对
下一代的发展选择

四、案例二：武汉市家族企业传承与产业转型

（一）武汉市"十二五"期间产业特征

我们重点简要介绍武汉市"十二五"期间重点产业发展情况、战略新兴产业、现代服务业及民营中小企业产业分布情况。[①] 见表2-4、图2-9与表2-5。

表2-4　　　　　2010~2014年武汉市"十二五"期间重点产业发展　　单位：亿元，%

产业名称	2010年产值	2014年产值	年均增幅
汽车及零部件	1212.3	2346.15	17.90
电子信息	924.8	1713.03	16.70
装备制造	874.9	1676.49	17.70
食品烟草	692	1351.32	18.20
能源及环保	612.5	104.9	13.20
钢铁及深加工	875.1	920.32	1.30
石油化工	384.95	895.45	23.50

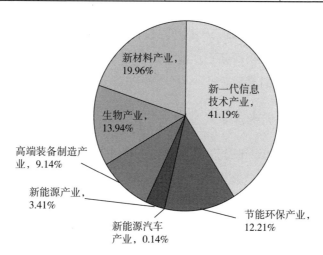

图2-9　武汉市"十二五"期间战略新兴产业发展

① 武汉市人民代表大会委员会."十三五"规划专项调研汇编（修订版）。

表 2 – 5 　　　　　　武汉市"十二五"期间现代服务业发展　　　　单位：亿元

指标名称	2010 年	2012 年	2013 年	2014 年
现代商贸业增加值	90	1057	149	1236
软件及服务外包产业营业收入	407	508	719	1050
现代物流业增加值	679	801	869	952
物流总额	17683	20161	2815	2604
金融业增加值	398	530	607	70
工程设计产业营业收入	60	70	837	868
软件与信息服务业总收入	364	45	849	106

　　从表 2 – 4、表 2 – 5 和图 2 – 9 可以看出，武汉产业结构不合理问题严重。全国第三产业比重提高了 16.5 个百分点，广州市提高了 12 个百分点，而武汉市仅仅提高了 0.5 个百分点。除 2013 年与 GDP 增速持平外，第三产业 2011 年、2012 年、2014 年发展速度均低于 GDP 增速的 2.9、1.4、0.2 个百分点。"十二五"规划的前 4 年，武汉市全部工业增加值年均增长 12.7%，高于服务业增加值年均 9.8% 的增长率；2014 年，第二产业增加值比重（47.5%）比 2010 年提高 1.6 个百分点，而服务业增加值比重（49.0%）则下降 2 个百分点。从 2014 年第二产业、第三产业增加值比较，武汉市与广州市第二产业增加值只相差 820.8 亿元，而第三产业增加值相差 5929.2 亿元。武汉市服务业发展速度和规模都相对滞后。

（二）武汉市家族企业产业分布

　　根据《武汉市 2014 年民营经济发展报告》披露，武汉市全市民营经济实现增加值 4280.00 亿元。其中第一产业民营经济增加值 329.69 亿元，占全市第一产业的 94.2%，第二产业增加值 2328.07 亿元，占全市第二产业的 48.6%；第三产业增加值 1622.25 亿元，占全市第三产业的 32.9%。民营经济三大产业占比为 7.7：54.4：37.9，同全市三大产业占比 3.5：47.5：49 相比较，第二产业优势突出，第三产业占比较低。以 2014 年民营企业 500 强为例，武汉民营经济绝大多数为实体经济，其中制造业 299 家，占比 59.8%；建筑业企业 60 家，占比 12%。武汉市 9 家入围的企业中就有 3 家房屋建筑业，其他主要集中在批发零售、租赁等行业。①

（三）武汉市家族企业纳税

武汉市家族企业不仅产业分布重点在制造业、房屋建筑业等传统产业，而且家族企业承担的国税、地税也是偏重。我们知道，按世界惯例税收的增长率不能超过 GDP 的增长率。但是武汉市国税与 GDP 差距最大的有 15 个百分点，最少也是 5 个百分点；地税差距最大的 29 个百分点，最少也在 5 个百分点左右。基本是杀鸡取卵的做法。这不利于武汉家族企业的传承与产业转型。见表 2－6。

表 2－6 武汉市家族企业的国税、地税增长情况

年份	GDP 增长率	国税增长率	地税增长率
2010	12	27.2	21.7
2011	12	18.1	41.7
2012	12	14.8	30.2
2013	10	10.8	15
2014	9.7	15.8	15.9
2015	8.8	13.2	

（四）武汉市家族企业传承

武汉市家族企业在今后的 5～10 年将进入传承与企业转型的关键时期。改革开放以来，武汉市家族企业数量已经突破 20 万家，2014 年产值约 3424.00 亿元，对武汉生产总值（GDP）、就业、税收等贡献率逐年上升，已经占武汉经济的 40%，成为武汉经济发展的支撑性力量，也是未来武汉经济增长的动力源泉和潜力所在。

据长江网报道②，武汉新生代企业家具有很好的基础。一是大多拥有高学

---

① 湖北省工商业联合会，湖北省总商会. 湖北省民营经济发展报告（2015）［R］。
② 王雪，孙珺. 武汉"新生代"企业家："富二代"光环满载压力［N］. 长江网－武汉晚报，2015－05－10：08：09.

历。在 20～30 岁的群体中，57% 的人大学毕业，约 43% 的人拥有研究生学历。年轻有活力，性格鲜明。二是青睐经济管理类专业。在专业选择上，他们更青睐经济管理类专业。他们的父辈，也就是"原生代"更加注重对"新生代"在企业经营管理和事业接班上的培养。三是入职后起点高。一入职便任职管理岗位，近五成"新生代"在 30 岁之前便拥有管理经验，从事基层工作 5 年以上的"新生代"极为少见。四是传承比例。90% 以上的父辈已经或者打算把企业传给自己的儿女，但是也有些父辈没有这样的打算，主要是觉得办企业累、责任重。五是传承方式。"新生代"传承家业和发展主要有四种途径，即父子共创伙伴型占 25%；父辈传带型占 50% 左右；独立二次创业接班型占 15%；应急接班型占 10%。六是数百人资产过 1000 万元。武汉市"新生代"中资产过亿元的有几十人，资产过 5000 万元的近百人，资产过 1000 万元的达数百人。

武汉市众多家族企业已经走到了"代际交接、帅印传承"的十字路口。据国内相关部门调查统计，中国企业主平均年龄约为 46 岁，45 岁及以上的企业主占调查总样本数的一半以上，其中 50 岁及以上的企业家占调查总数的 1/3。不只是 20 世纪 80 年代的第一批企业家已经年过花甲，即使 90 年代初创业的企业家也已经年过半百，已届退休年龄。也就是说，未来 5～10 年，中国家族企业将迎来历史上规模最大的一次家族传承。至少有超过六成的艰苦打拼的父辈创业者，必须考虑如何把财富、事业和影响力传承给下一代继承者。据调查显示，有 82% 的"二代"不愿或还没做好接班的准备。如何解决"交"与"接"的矛盾，如何实现占据中国民营企业 80% 以上的家族企业的顺利交接，不仅直接关系到企业自身的顺利经营，而且关乎国计民生，关系到就业、纳税、环保、持续创新，甚至是社会稳定。这是武汉家族企业传承将面临的诸多问题。

武汉市家族企业传承存在的四大问题：问题一是绝大多数仍由第一代企业家掌舵，缺乏系统的传承规划；问题二是"交"与"接"之间存在巨大的"代际差"；问题三是只注重财富传承，文化与精神传承缺失；问题四是没有很好解决传承中的企业转型，转型中传承问题。

第三节 家族企业传承与产业
转型中的经验与建议

一、从丰田家族企业传承中一代一业看产业转型的 必然性

（一）丰田的成就

丰田公司是世界上最成功的汽车公司，也是一家典型的日本家族企业。在近百年的创业历程中，不仅创下一个日本家族企业传承的传奇，也浓缩了日本工业历史的进程。从丰田佐吉 1918 年创办丰田棉纱纺织公司开始，在四代家族成员与七任职业经理人的共同打造下，成就今天庞大的丰田集团。丰田集团 2016 财年销售额达到 275971 亿日元（约合人民币 16743 亿元），营业利润为 19943 亿日元（约合人民币 1210 亿元）。丰田预测，2017 财年销售额将达到 275000 亿日元（约合人民币 16684 亿元），营业利润预计将达到 16000 亿日元（约合人民币 971 亿元）。

（二）丰田的"一代一业"

丰田家族的业绩与百年传承最值得学习与借鉴的是"一代一业"理念的传承与践行。丰田家族事业的第一代创始人是丰田佐吉。他出身于木匠家庭，个人的兴趣是织布技术的改良与发明。经过若干年的努力，他研制成功了自动换梭织机，成为日本织机制造技术赶超世界先进水平的标志。

丰田喜一郎是丰田佐吉的长子，是家族直系的第二代。他在织机公司一方面负责织机产品开发的同时，也以一个发明家的精神稳扎稳打地逐步引领着家族事业向汽车制造领域挺进。他于 1937 年成立丰田汽车工业株式会社，成为了丰田汽车的创始人。

丰田章一郎是丰田喜一郎的长子，是家族直系的第三代。章一郎从丰田汽车拓展到住宅业务。或许，我们不是十分熟悉丰田住宅。其实，丰田住宅在

"彻底改变日本的居住条件"这一口号的引领之下，先后开发了钢架单组、钢架轴组以及钢结构等施工方法，并形成了以公寓为代表的丰富的住宅商品阵容。此外，丰田住宅根据生活方式、地形特点、气候的不同，精心设计符合顾客需求的住宅方案，开展丰富多彩的住宅事业。

丰田章男是丰田章一郎的长子，丰田家族第四代的直系后代。他开创了丰田的网络通信行业，并于 1998 年就开始创立 Gazoo.com 网站，后成为了 e-TOYOTA 系统的基础。其实，早在丰田章男做课长的时候，他就力图借用 IT 技术来改善代理销售业务的效率，大大提高了整个价值链的运营效率，使得成品汽车配送到经销商的时间从一周缩短为 3 天。

丰田家族企业传承最成功的家训为什么是"一代一业"。我们知道，产业是有其生命周期的，产业的生命周期决定了企业发展战略。正如一位丰田企业高层经营者所言：丰田家族不可能在 100 年后还在做汽车，所以，家族事业的接班人必须要有开拓新业务的使命感和责任感。这有点像苹果的创始人之一马库拉所说的：长盛不衰的企业都知道如何重塑自我。也如同 IBM 百年传承中的转型——从机械制表机到个人电脑、智慧地球。所以，一个好的家族掌门人必须要有不断重塑企业的本事，而这个本事，非"一代一业"不能得之。在很多人心目中，似乎好的接班就是守住前辈所打下的江山，也就是守业。其实，守业的概念是不存在的。在今天这样一个互联网+的时代，一个快速与充分竞争环境下，业是守不住的。只有在原有的基础上不断创新，方可家业常青。不断创新的核心，就是产业的转型。

二、从方太二代传承看家族企业传承中产业转型的必然性

（一）方太的传承

媒体报道茅理翔老先生说自己是"求"二代接班。实际上，不是"求"，是父子两代人的博弈。由于茅忠群可以独立地选择自己的事业、实现自己的价值，茅氏家族及方太传承才成为创二代传承的典范。茅氏家族及方太传承给中国家族企业最大的启示是，培养下一代不能培养成依附的一代，不能培养成没

有财富就不能生存的一代，不能把传承看成是上一代对下一代的恩惠与授予。

（二）方太传承的分析

茅氏家族及方太传承最大特征是传承过程中的实物资本与知识资本的博弈。茅氏家族及方太传承本质上是实物资本与知识资本结合的传承，是知识资本在实物资本中的发酵，实物资本通过知识资本升值的传承。传承过程中虽然有亲情、家族的作用，但根本的模式是实物资本与知识资本的整合、互补，进而优化了方太。这可以，从"飞翔"品牌到"方太"品牌的改变中，从传统的市内工厂到开发区的现代企业的变迁中，从"点火枪"到"抽油烟机"的产品转型中，从第一代家族企业管理模式向第二代家族企业管理模式转变中看出。这些转变表明，一名具有现代知识结构、自有技术、自有创新团队的创业家，对文化、品牌的深刻感悟及感悟是通过文化视角才能提出的。没有茅忠群的知识资本，没有与他同时代的年轻人组建的团队，传承不会是创二代的传承，依然是"富不过三代"的传承。

茅理祥与茅忠群传承过程中的产品战略选择的博弈是从零和走向双赢的博弈。据媒体报道，关于生产何种产品，父子俩大方向一致——厨房电器，但分歧也不少。父亲想做微波炉，儿子要做吸油烟机。最后茅理翔接受了儿子的建议，媒体认为茅理祥知道这次自己输了。笔者认为，媒体这种评价是传统零和博弈的思维，不是你对就是我错，这不是茅理祥老先生认输，而是认识到让步就是双赢，坚持就是撕裂家族与企业。

茅氏家族及方太传承过程中的品牌的选择是家族与企业双赢的博弈。产品确定后，父子俩就企业名称与产品品牌不能达成共识。父亲想沿用"飞翔"一名，儿子想采用"方太"，媒体曾多次用输赢来表述品牌的转换，这显然是不够的。父亲启用"飞翔"自有道理，除"飞翔"已有一定知名度，而另外一个更重要的理由是父亲与女儿茅雪飞携手创业的家族情怀；"飞翔"既有女儿雪飞的"飞"，也有理翔的"翔"。儿子则想启用"方太"新名。吸油烟机是厨房电器，厨房多由女人掌管，"方太"即是"方便太太"，指向精准且更具亲和力。用"方太"，企业、产品、品牌完美统一，还有了很好的传播基础。其实，"飞翔"与"方太"品牌的博弈，实质是感性与理性的博弈，是家族与企业的博弈。"飞翔"与"方太"品牌的博弈是一次双赢的博弈，赢就赢

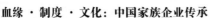
在家族企业首先是企业然后才是家族，没有企业就无家族企业。

茅氏家族及方太集团的传承过程中茅老先生提出了"三三制"，实质是老一代与新一代的三阶段的动态博弈。第一阶段是看三年，实质是老一代将自己不擅长的产品开发权交出来。产品开发权不放不行，放又不放心，老一代又不擅长，第一阶段博弈就开始了。创始人授予二代开发新产品的权力，创二代接受授予并通过开发新产品、打造新团队，获得更多的利润。这里不仅是放权的问题，也是授权与是否接受授权的博弈，以及授权后获利是否大于不授权获利的博弈。实践证明，第一阶段博弈是一个双赢的博弈。第二阶段的博弈是经销权授予与是否接受，以及接受后的获利是否大于不授权与不接受授权的博弈。从逻辑上说，新技术、新产品势必要有新的营销手段、新的营销理念与新的营销队伍。在营销权授予的过程中，茅理翔老先生仍不放心，他找到儿子交流。茅忠群说的不打价格战、只打价值战，这是两代人对营销理解的区别。三个月过后，方太新产品问世，销售势头彻底回升。第二阶段的授权与接受授权的博弈也实现双赢。第三个阶段是用三年实现管理权授予与接受。技术、产品、渠道、团队都变了，授予管理权与接受管理权也就顺理成章。方太总经理以下所有的中高层干部均为非家族职业经理人，很多都是从跨国公司过来的顶级人才。传统管理就是人治，老板的话就是制度。而现代家族企业管理模式的治理以法治为主，辅以家族文化的模式，这是西方企业制度与中国家族文化的融合。

基于互联网＋视角的茅氏家族及方太集团传承的反思。改革开放以来，中国的创业家，要么自己买来国外产品进行仿造，要么由国外客户拿样品来仿造。方太集团传承的成功一个很重要的原因就是产品从仿造向创造的转变。问题是这个创造是自主创造还是模仿创造；是在大业态的小改进，还是生产的革命性的产品与新业态。如同 IBM 创造的 PC 产业，苹果创造的微机产业，英特尔与微软创造的软件产业，雅虎、谷歌创造的搜素产业，脸谱创造的社交网络产业等。都需要进一步分析与研究。

三、从海鑫破产看传承与传承中产业转型的必然性

（一）海鑫创业的传奇

海鑫钢铁集团兴起于李海仓的奋斗，到 2003 年海鑫集团已经发展成为资产规模超过 40 亿元的地方支柱企业。2003 年农历新年在即，李海仓在办公室突遭枪杀，在李海仓父亲的主持下，对接班没有丝毫准备的李兆会被从海外召回，受命于危难之际，成为海鑫集团的董事长。2014 年 11 月 16 日，运城市中级人民法院宣布，正式裁定受理海鑫钢铁集团 4 家债权人对海鑫集团的重整申请，标志着海鑫钢铁集团破产重整进入法律程序。

（二）海鑫传承失败的分析

海鑫传承失败给我们的启迪有哪些？一是家企传承要从娃娃抓起。海鑫实业传承失败的主要原因是前期没有很好的传承计划，李海仓突然去世，加上家族成员没有达成传承共识，继承人仓促上阵，如此，海鑫遭到沉重的或毁灭性的打击也是必然。二是海鑫实业申请破产不仅是家族企业传承的问题，更有钢铁市场"严寒"的缩影。前瞻产业研究院提供的《2015 - 2020 年中国钢铁行业发展前景与投资战略规划分析报告》显示，2015 年上半年，钢材综合价格指数下跌达 19.7%，已经超过 2014 年全年 16.2% 的降幅。钢铁市场供过于求，钢企发展堪忧。中国 101 家重点钢企在前 5 个月主营业务亏损为 164.81 亿元，亏损企业达 40 家，亏损额为 149.59 亿元，同比增长 40.45%。受产能影响，钢铁企业纷纷选择降价售卖产品，目前螺纹钢价格为 1900 元/吨，平均不到 1 元 1 斤，价格已经比白菜价低了。①

近年，受国内经济下行影响，国内钢铁需求疲软，再加上钢企未及时减产，落后产能仍在建设，以及钢企出口遭遇国外抵制。国内钢铁行业呈现产能过剩，同质化竞争下钢企低价倾销的严峻态势。这背后存在整个中国家族企业的产业定位问题。

---

① 前瞻产业研究院《2015 - 2020 年中国钢铁行业发展前景与投资战略规划分析报告》：http://bg. qianzhan. com/report/detail/682a70fa2e324b52. html.

四、家族企业转型中传承的对策建议

（一）从 IBM 传承成功案例中找寻产业转型新方向

我们知道，机械革命从 300 年前开始到第二次世界大战结束，一般认为其高峰是 19 世纪末期。当时很多人认为机械可以代替一切，就如同今天不少人认为计算机可以代替一切一样。第二次世界大战成为机械时代和电子时代的分水岭。英国在战后恢复它的机械工业，它做到了，但落伍了。而一片焦土的日本，已经没剩下什么工业基础，只得另起炉灶，发展电子工业，结果成为了西方世界中的佼佼者。IBM 也面临这类选择，是继续发展它的电动机械制表机，还是发展新兴的电子工业。恰恰是小沃森坚持电子工业是今后的发展趋势，从此 IBM 开始领导世界电子技术革命的浪潮。如果说 IBM 在上一次的机械革命中不过是一个幸运的追随者，那么它在从"二战"结束开始的电子技术革命中完全是一位领导者。IBM 百年来在历次技术革命中得以生存和发展，自有其生存之道。迄今为止，它成功地完成了两次重大的转型，从机械制造到计算机制造，再从计算机制造到服务。

（二）从西门子技术创新的成功传承案例寻找产业转型新方向

西门子家族就对创新及科学充满热情。西门子 169 年的历史，实质上是其孜孜不倦追求技术发明与创新的历史。西门子最后一任掌门人彼得·西门子曾说："放弃技术领先地位，就是放弃竞争和美好未来。"在长达一个多世纪西门子的家族传承中，一脉相承的原则就是，西门子家族的继任者们必须坚持对技术创新的追求与技术创新连续性的保持。不论是家族第二代的威尔海姆·西门子还是第三代的赫尔曼·冯·西门子。即使到了 1968 年西门子迎来职业经理人时代，也没有使西门子的创新减少一分。依然把技术创新作为西门子发展的基石，把研发作为西门子发展战略的基本动力。为了保持技术领先地位，公司每年把其销售额 10% 左右的资金用于研究与开发。无论是已经成熟的工艺，还是正在发展的技术，作为关键专利的持有者，在所涉足的众多业务领域，都坚持占据技术领袖地位。

西门子现在虽然是一家公众上市公司，但在西门子公司文化中依然保留了许多西门子作为家族企业时的基因，就是对于技术创新的激情。维尔纳·冯·西门子对于科学有着绝对的热情，但对于他来说最重要的事情是把科学与实际应用相结合。西门子家族成员都很喜爱科学，并对于创新及科学充满热情。在西门子公司博物馆中，我们可以看到西门子 20 世纪 30 年代发明的半导体、70年代发明的计算机断层扫描技术、80 年代借助电气技术发明的高速电气列车、城市电气轻轨，直到最新的西门子手机。

思略特在《2014 中国创新调查：中国创新走向全球》提供的数据中，中国企业的创新能力弱于跨国公司的 12 个百分点。如果将创新分产品形态创新，商业模式创新，应用技术创新，技术理论创新的话，中国在商业模式方面还是具有创新的，但技术创新远远不够。中国经济已经走完山寨时期，走完商业模式创新时期，必须进入技术创新的时期。①

当我们常常指出中小企业、家族企业就业率高时，实际上也是说这些企业生产率低。站在政府的角度看，希望有更多的中小民营家族企业，可以提供更多的就业岗位。但是站在企业的视角看，只有把企业做大才能提高生产率，才能做强做长。世界发达国家的家族企业的经验都是大型的家族企业，就业率低，但对经济增长的贡献大；而中小企业就业率高、生产率低、经济贡献低。不论是沃尔玛、IBM、丰田，包括西门子莫不如此。中国的经验也可以证明这点，不论是华为，还是沙钢莫不如此。所以，我们要学习西门子做大的经验，这个经验就是技术创新。

科学史家乔治·萨顿认为"科学史是唯一能够阐述人类进步的历史"。在人类文明进步史上，科学的进步具体体现在技术创新上，技术创新一直是人类文明的推动力和经济发展的原动力。技术创新应该是现代企业的基本特征。但中国很多家族企业还没有充分认识到技术创新对企业做大做强做长的关键作用。

(三) 从保时捷传承中的工匠精神寻找产业转型新方向

保时捷被誉为"跑车之王"的美誉，曾先后打破了 8 项世界纪录，夺得

---

① ［美］雷小山著. 吴怡瑶译. 山寨中国的终结——创造力、创新力与个人主义在亚洲的崛起[M]. 上海：上海译文出版社，2016.

过场地赛、越野赛、登山赛等各项赛事的冠军，德国民众虔诚地将保时捷跑车誉为"银箭"。其一，保时捷百年传承核心是工匠精神。工匠精神就是坚持用最高的标准要求自己，对于自身的业务始终有明确的态度。坚持理念至上就是对事业充满激情。费利·保时捷曾经说过："当我环顾四周，却始终无法找到我的梦想之车时，我决定亲手打造一辆。"保时捷一直以来传承着赛道精神，始终将不可能变为可能，努力将种种可能性与看似不太可能的东西相组合。

其二，就是保有核心技术。保时捷公司其核心特质及附加值都可以用"Engineer"的缩写"ING"来体现。在技术方面，保时捷拥有令其核心技术并不断发展的工程艺术。位于德国魏斯阿赫（Weissach）的研究和开发中心始终致力于科技创新，从 VarioCam 升级版到陶瓷复合制动系统（PCCB）、可变几何涡轮（VTG），以及 Cayenne S Hybrid 和 911 GT3 R Hybrid 的混合动力驱动概念均可体现这一点。保时捷共有 7500 组装工人，6500 研发和服务人员，可见研发和服务在该企业的重要性。但保时捷的精髓并不仅仅来源于技术，在工程方面的成就也是确保质量的关键因素之一。

其三，就是家族企业传承与产业转型就是标准为王，拒绝空疏描述。保时捷等德国制造领先全球的首要因素，当属标准化。于 1917 年成立的德国标准化协会（DIN），专门制定行业标准，到如今每年发布上千项标准。2012 年年底，德国标准化协会已颁布的标准累计达 33149 个。当 2013 年德国提出"工业 4.0"时，第一个领域就是"标准化和参考架构"。简单的理解就是，信息技术变革的基础就是万物数字化、标准化，最终实现智能化。标准化是工业 4.0 的基础与前提，更是"德国制造"的核心竞争力。中国家族企业传承，首先要执行的还是坚持标准化准则。

（四）激发青年一代的企业家精神

转型的主体是传承家族企业的创二代企业家，或者更准确的说是新生代企业家。一位学者指出，在当代，每一个伟大举动的背后都站着一位身着休闲装的人士，他们就是新生代企业家。在互联网＋浪潮冲击下，旧时代的创业模式、管理模式正在逐渐隐退，新生代企业家正在走向前台，引领着时代的潮流。传承中转型是一种时代的呼唤，是一种家族、民族的天职；传承中的转型是彻底告别旧模式、旧产业与旧时代；传承中的转型是重塑新的商业模式、优化新的产业结构与塑造新时代的企业家精神。

新生代企业家在传承中必须转型，而要转型就必须对中国经济新常态有深刻认识。我认为，中国经济新常态主要特征不仅是经济增速换挡回落、不确定性风险显性化，以及楼市风险、地方债风险、金融风险等潜在风险渐渐浮出水面；而是第三产业逐步成为产业主体，消费需求逐步成为需求主体，城乡区域差距将逐步缩小；更为核心的特征是中国经济将从要素驱动、投资驱动转向创新驱动。

新生代企业家是 E 型企业家，E 就是企业家（entrepreneur）和能量（energy）。他们应该是互联网时代商业世界的发动机，是互联网＋时代的开拓者，是中国经济转型、产业转型的先驱。制造业的新生代企业家转型之路或许要从贴牌生产到自创品牌；从微笑曲线的低端向设计与全球营销高端推进；是要把工业 4.0 与工业"2025"战略融合到自己的家族企业制造中来，把制造业与互联网＋结合起来，因为未来的企业都是互联网＋的企业。

新生代企业家是电子化（electronization）或电商化（e－commerce website）的企业家。他们天生会把家族企业传承与互联网＋结合起来。天然会把传统零售业与电商结合起来。他们都会用互联网和电商平台改变着传统的运营方式。零售业的新生代企业家转型之路或许要线上线下、O2O 布局，传统零售业与电商的行业整合，把零售业与服务业结合起来的转型。目前，中国正处于第三次消费结构升级阶段。未来生存型消费向发展型消费和享受型消费转型，将会为家族企业创造广泛的服务业需求。它们既可以在传统的消费性服务业领域创造新的服务模式，也可以进入金融、保险、物流等生产性服务业，以及教育、医疗、社保等公共服务业领域拓展发展空间。房企产业的新生代企业家，在面临国家连续五次房地产调控，房地产红利不再之时，转型模式或许应该多种多样，从涉足旅游和养老，到进入电商和文创产业。

新生代企业家精力充沛（energetic）。没有精力充沛就没有企业源源不断的动力与能量。精力充沛必然要求他们走出传统，到新的产业中去释放激情，到新的商业模式中去开疆扩土。

新生代企业家是富二代中的精华（Essence），他们能从富二代中、从富二代的纨绔子弟中脱颖而出。新生代企业家最大特征就是受到良好教育（education），这会导致他们有比较开阔的国际视野，对几千年中国传统的权力本位、

面子文化、人治体制深恶痛绝；让他们只能在传承家族财富与家族企业过程中创业与转型，被父辈束缚与"老臣"约束的接班绝对不是他们的首选。

新生企业家就是当今中国的布波（BOBO）族。就是超越美国20世纪60年代的"嬉皮士""雅皮士"并融会他们的创业群族。他们是既有钱，又不被传统社交规矩束缚，物质和精神同时享受的新生代企业家群族。

新生代企业家也是中国的"极客"（美国俚语"geek"的音译）。他们是互联网时代创造全新的商业模式、尖端技术与时尚潮流的人，是一群以创新、技术和时尚为生命意义的人，是为现代的电子化社会文化做出自己贡献的人。"极客"的代表人物有史蒂夫·乔布斯，他用科技先知的智慧与直觉改变 PC 产业、数字娱乐和出版业；有微软创始人比尔·盖茨，他用其发明的 Windows 操作系统统治着世界上大多数个人、企业和政府的电脑桌面；有 Facebook 的创始人兼 CEO 马克·扎克伯格，他改变人们社交模式；还有谷歌联合创始人拉里·佩奇，通过发明的 PageRank 搜索技术在创造了一种颠覆性商业模式的同时，成功地将人类获取信息的效率大大提高，不亚于发明印刷术。

中国的家族企业传承是一个厚重话题，但无转型、难传承应该是一个具有普适性的真理。没有转型而传承的富二代，至多是被动守业，或者苟延残喘。没有转型的新生代企业家，中国经济社会就不可能有创新驱动，就不可能塑造新型的企业与创新的国家。

第四节　从生老病死寻找家族企业产业转型新方向[①]

一、从生老病死看中国经济新常态

我们知道，生物体都会经历一个从出生→成长→老化→死亡的生命历程，而生物体的行为模式是可以随着生命周期的变化而预知的。在市场经济条件下，家族企业家们越来越多地关心经济大气候的变化。这个大气候的变化其实

---

① 本节是根据作者在武汉女企业家协会作的《从生老病死看中小企业转型》的报告改写。

就是经济周期。经济周期制约着企业的发展。我们首先回答大气候的生命周期问题，通俗地说就是大经济环境的生老病死问题，进一步分析产业、产品、企业与企业家的生命周期，也就是生老病死的问题；然后，提出家族企业与生、老、病、死相关的产业转型的建议。

（一）从经济周期看企业的生老病死

经济周期（business cycle），也称商业周期、商业循环、景气循环，它是指经济运行中周期性出现的经济扩张与经济紧缩交替更迭、循环往复的一种现象，是国民总产出、总收入和总就业的波动。

经济周期按长度分五种：朱格拉（Juglar）周期、基钦（J·Kitchen）周期、库兹涅茨（Kuznets）周期、康德拉季耶夫（Kondratieff）周期和熊彼特（Schumpeter）周期。一个完整的经济周期包括繁荣、衰退、萧条和复苏四个阶段。图2-10的粗线表示潜在GDP的稳定增长趋势，细线表示实际GDP的变化情况。A点对应着经济萧条，它是经济周期的底部；B点表示经济进入了复苏阶段，随着经济复苏进程的发展，产出到达趋势路径的上方，即图中的C点，此时的经济处于繁荣状态；然后经济进入衰退期，此时产出的增长速度慢于产出增长趋势，甚至产出可能为负增长；E点代表经济萧条，然后经济又开始重新复苏，另一个经济周期重新开始。

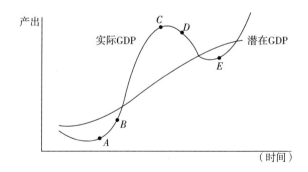

图2-10 经济周期过程

一是短波周期理论，也称为基钦（J·Kitchen）周期。该周期理论是1923年英国经济学家基钦在《经济因素中的周期与趋势》一文中提出，他研究了1890~1922年英国与美国的物价、银行结算、利率等指标，认为经济周期实际上有主要周期与次要周期两种。其中，作为次要周期的基钦周期，3～4年为一次短周期，其平均长度约为40个月左右；基钦周期通常表现在一些主导经济命脉的国家产业上，通过短波周期的确定，可以更好地理解经济的总循环。

二是中周期，也称朱格拉（Juglar）周期，是1862年法国经济学家朱格拉在《论法国、英国和美国的商业危机以及发生周期》一书中首次提出。提出了市场经济存在着9～10年的周期波动。

三是中长波周期理论，也称库兹涅茨（Kuznets）周期。库兹涅茨周期是1930年，美国经济学家库兹涅茨提出的，这种中长波周期大概为10～25年，研究的着眼点在于与建筑产业有关的因素，主要的研究课题是建筑物的使用寿命，人口的基数变动，铁轨、公路等交通网的形成和建筑基数的革新，进而形成的因建设循环的变化而发生的库兹涅茨循环；主要关注的都是一些国家最重要的基础设施与命脉产业；中国经济的发展即与基础设施建设与建筑行业的发展密切相关。

四是长波周期理论，也称康德拉季耶夫（Kondratieff）周期。是苏联经济学家康德拉季耶夫在1926年提出。康德拉季耶夫长周期或长波理论是指为期50～60年的经济周期。该理论认为，市场经济发展历时140年，包含了两个半长波周期，显示出市场经济发展中存在平均长度为50～60年的经济长周期波动。这种长期关注的是人口的增加、地理上的新发现、新技术的开发、新资源的开发、战争等因素。

五是熊彼特经济周期。熊彼特提到三种商业经济周期，按照长短依次为康德拉季耶夫周期（60年）、朱格拉周期（10年）、基钦周期（40个月）。熊彼特对经济周期解释的代表性观念，用一句话说，就是，创造性毁灭。技术创新导致经济波动与商业周期的发生，市场经济本身就有繁荣与衰退的周期特征，创新的出现，配合以信贷的放大作用，引发对各种生产资料的需求扩大，引发繁荣。知识、创新具有的一个特征是复制成本非常之低，当创新很快传播成共同知识的时候，其他企业家迅速模仿，新产品就大量涌入市场，随之而来的就是加剧的竞争。

以熊彼特为代表的技术创新学派认为，以产业革命为代表的技术创新是经济长波形成的根源，他们普遍将除创新以外的其他制度、环境等方面的因素看作不变;① 福雷斯特根据系统动力模型提出,生产资料的波动是经济长波的主要原因,创新不是长波的原因,反而是长波影响着创新的气候。②

现在中国经济提出新常态以说,不过是经济周期的另一种说法。而中国经济进入新常态是由经济的一些基本特征决定的,我们看表2-7。

表2-7 部分国家或地区经济增长规律数据

国家/地区	高速增长期	GDP 增长率	高速增长后期	GDP 增长率	2015 年 GDP 增长率
中国	1978~2010 年	9.81	2011~2015 年	7.78	6.9
日本	1955~1973 年	9.22	1973~2000 年	2.81	0.7
新加坡	1965~1984 年	9.86	1984~2000 年	7.18	2.0
韩国	1962~1991 年	9.48	1991~2000 年	5.76	2.6
中国香港	1968~1988 年	8.69	1988~2000 年	4.14	6.39
中国台湾	1962~1987 年	9.48	1987~2000 年	6.59	0.85

从表2-7可以看出,发展中国家与地区都有一个持续8%~10%的快速增长,所用时间长度在20~30年,然后经济开始下行。用经济周期理论看中国60多年的经济发展,也是符合经济周期的。

改革开放以来,中国经历了如下四个经济周期:周期Ⅰ:1979年春~1984年秋;周期Ⅱ:1984年冬~1991年冬;周期Ⅲ:1992年春~2002年秋;周期Ⅳ:2002年冬至现在。这些经济周期的主要特点如下:一是经济波动幅度趋于缩小,国民经济运行趋于平稳。二是主周期仍是计划经济型的,但是策动者逐步由中央政府转变为地方政府。三促成经济周期波动的新因素在滋长。

从消费需求看,过去中国消费具有明显的山寨型排浪式特征,现在山寨型消费阶段基本结束,个性化、多样化消费渐成主流,保证产品质量安全、通过创新供给激活需求的重要性显著上升,政府必须采取正确的消费政策,释放消费潜力,使消费继续在推动经济发展中发挥基础作用。

---

① 约瑟夫·熊彼特. 经济变化分析 [A]. 见:外国经济学说研究会. 现代国外经济学论文选(第十辑)[C]. 北京:商务印书馆,1986.

② 福雷斯特. 创新与经济变化 [A]. 见:外国经济学说研究会. 现代国外经济学论文选(第十辑)[C]. 北京:商务印书馆,1986.

从投资需求看，经历了三十多年高强度大规模开发建设后，传统产业相对饱和，但基础设施互联互通和一些新技术、新产品、新业态、新商业模式的投资机会大量涌现，对创新投融资方式提出了新要求，家族企业必须善于把握投资方向，消除投资障碍，使投资继续对经济发展发挥关键作用。

从出口和国际收支看，2008 年世界金融危机发生前国际市场空间扩张很快，出口成为拉动中国经济快速发展的重要动能，现在全球总需求不振，中国低成本比较优势也发生了转化，同时中国出口竞争优势依然存在，高水平引进来、大规模走出去正在同步发生，必须加紧培育新的比较优势，使出口继续对经济发展发挥支撑作用。

从生产能力和产业组织方式看，过去供给不足是长期困扰我们的一个主要矛盾，现在传统产业供给能力大幅超出需求，产业结构必须优化升级，企业兼并重组、生产相对集中不可避免，新兴产业、服务业作用更加凸显，生产小型化、智能化、专业化将成为产业组织新特征。

从生产要素相对优势看，过去劳动力成本低是最大优势，引进技术和管理就能迅速变成生产力，现在人口老龄化日趋发展，农业富余劳动力减少，要素的规模驱动力减弱，经济增长将更多依靠人力资本质量和技术进步，必须让创新成为驱动发展新引擎。

从资源环境约束看，过去能源资源和生态环境空间相对较大，现在环境承载能力已经达到或接近上限，政府与企业必须顺应人民群众对良好生态环境的期待，推动形成绿色低碳循环发展新方式。

这些趋势性变化说明，中国经济正在向形态更高级、分工更复杂、结构更合理的阶段演化，经济发展进入新常态，正从高速增长转向中高速增长，经济发展方式正从规模速度型粗放增长转向质量效率型集约增长，经济结构正从增量扩能为主转向调整存量、做优增量并存的深度调整，经济发展动力正从传统增长点转向新的增长点。

（二）从产业生命周期看企业的生老病死

产业生命周期是指从产业出现到完全退出经济活动所经历的时间，其主要分为四个发展阶段：幼稚期、成长期、成熟期和衰退期。见图 2 – 11。

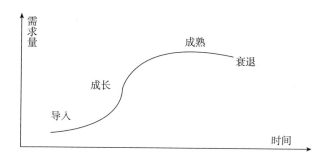

图 2－11　产业生命周期

产业周期考察和研究的对象是整个产品集合的整体发展规律。产品生命周期的研究反映了产业周期发展的特征。产品生命周期理论认为，每个产业都有其生命周期，包括导入期、成长期、成熟期与衰退期。

在导入期，是新兴产业形成的萌芽时期，是新产品的开发阶段和引入阶段。产业导入期的特征是市场成长速度虽然比较低（其初始阶段典型的增长率大约为每年 1% ~2%），但却往往以加速度的方式进行，其增长轨迹表现为下凹曲线。在这一阶段，由于存在大量的新产品研发费用和新产品引入市场的市场开拓费用，利润几乎不存在。

在成长期，企业的新产品获得市场认可，它已经创造出新的需求或者已经替代了原有的老产品，市场销售得到爆炸性的成长，其典型增长率为每年为 8% ~20%，导入期与成长期区别一般是以函数曲线的拐点来划分，加上由于规模效应等其他原因，产品成本大幅度下降，利润也就大量增加。

在成熟期，产品的销售的增长速度开始缓慢，产业的产品销售处于较为稳定的状态，并有可能出现生产能力的过剩，其增长率大约在 4% ~6%，为了对抗竞争，维持产品地位，营销费用大量增加，利润稳定或下降。目前中国的模拟彩电正是处于成熟期。

在衰退期，由于新产品开发和进入，原有的老产品市场份额已逐步被替代产品所侵蚀，其产品销售规模为时间的递减函数，随着时间的推移，产品销售的相对规模甚至是绝对规模都在递减，其典型增长率大约在 -10% ~2% 的范围内波动。

利用产业周期看主导产业的生老病死。不同时代有不同的主导产业，不同主导产业在不同的时代有不同的地位。先看看美国产业变迁的规律。1860 年以前，美国农业部门重要性远超过工业部门，农业部门是行业的领头羊；而在工业部门内部则以轻纺产业最为重要。但此后，则是钢铁大王、煤炭大王。1900 年汽车是工业部门的主体，直到 20 世纪七八十年代，美国钢铁、汽车、工具机、消费型电子及办公事务设备等令人瞩目的产业迅速衰落，马上"产业变幻大王旗"。20 世纪 90 年代以后，美国大力发展信息产业，乔布斯、比尔·盖茨成为时代的英雄。现在，世界上最具有创新精神的公司都是美国的，与信息产业相关的产业，比如苹果、微软、facebook、谷歌等。

看看中国 20 世纪 50 年代的行业首先是纺织业、农业；60 年代初的石油行业；80 年代是家电产业；现在则是电子商务产业和信息产业。

（三）从产品生命周期看企业的生老病死

产品生命周期（product life cycle，PLC），是产品的市场寿命，即一种新产品从开始进入市场到被市场淘汰的整个过程。费农认为：产品生命是指市上的营销生命，产品和人的生命一样，要经历形成、成长、成熟、衰退这样的周期。就产品而言，也就是要经历一个开发、引进、成长、成熟、衰退的阶段。这个周期在不同的技术水平的国家里，发生的时间和过程是不一样的，期间存在一个较大的差距和时差，正是这一时差，表现为不同国家在技术上的差距，它反映了同一产品在不同国家市场上的竞争地位的差异，从而决定了国际贸易和国际投资的变化。为了便于区分，费农把这些国家依次分成创新国（一般为最发达国家）、一般发达国家、发展中国家。典型的产品生命周期一般可以分成四个阶段，即引入期、成长期、成熟期和衰退期。①

第一阶段是产品的引入期。指产品从设计投产直到投入市场进入测试阶段。新产品投入市场，便进入了引入期。此时产品品种少，顾客对产品还不了解，除少数追求新奇的顾客外，几乎无人实际购买该产品。生产者为了扩大销路，不得不投入大量的促销费用，对产品进行宣传推广。该阶段由于生产技术方面的限制，产品生产批量小，制造成本高，广告费用大，产品销售价格偏高，销售量极为有限，企业通常不能获利，反而可能亏损。

第二阶段是产品的成长期。当产品进入引入期，销售取得成功之后，便进

---

① 产品生命周期图与产业生命图类似就不引用了。

入了成长期。成长期是指产品通过试销效果良好，购买者逐渐接受该产品，产品在市场上站住脚并且打开了销路。这是需求增长阶段，需求量和销售额迅速上升。生产成本大幅度下降，利润迅速增长。与此同时，竞争者看到有利可图，将纷纷进入市场参与竞争，使同类产品供给量增加，价格随之下属，企业利润增长速度逐步减慢，最后达到生命周期利润的最高点。

第三阶段是产品成熟期。指产品走入大批量生产并稳定地进入市场销售，经过成长期之后，随着购买产品的人数增多，市场需求趋于饱和。此时，产品普及并日趋标准化，成本低而产量大。销售增长速度缓慢直至转而下降，由于竞争的加剧，导致同类产品生产企业之间不得不加大在产品质量、花色、规格、包装服务等方面加大投入，在一定程度上增加了成本。

第四阶段是产品的衰退期。指产品进入了淘汰阶段。随着科技的发展以及消费习惯的改变等原因，产品的销售量和利润持续下降，产品在市场上已经老化，不能适应市场需求，市场上已经有其他性能更好、价格更低的新产品，足以满足消费者的需求。此时成本较高的企业就会由于无利可图而陆续停止生产，该类产品的生命周期也就陆续结束，以至于最后完全撤出市场。

产品生命周期是一个很重要的概念，它和企业制定产品策略以及营销策略有着直接的联系。管理者要想使他的产品有一个较长的销售周期，以便赚取足够的利润来补偿在推出该产品时所做出的一切努力和经受的一切风险，就必须认真研究和运用产品的生命周期理论，此外，产品生命周期也是营销人员用来描述产品和市场运作方法的有力工具。但是，在开发市场营销战略的过程中，产品生命周期却显得有点力不从心，因为战略既是产品生命周期的原因又是其结果，产品现状可以使人想到最好的营销战略，此外，在预测产品性能时产品生命周期的运用也受到限制。

（四）从企业生命周期看家族企业的生老病死

中国家族企业正如帝国的兴衰，不断产生，不断兴盛，又不断消亡，不断上演着"创立、崛起、衰败"的三部曲。中国家族企业在其初始创业阶段，总是充满了活力和生机，极富竞争力和开创精神，对各种机会的把握和利用也总是恰到好处。从而取得了相当可观的效果和业绩，在经过为期不长、发展迅速的膨胀发展阶段，并具备了大踏步前进的条件和能力之时却停滞不前，有的

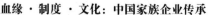

迷失了目标和方向，表现出一系列的非理性行为，有的则从此江河日下、迅速衰败。在令人惋惜的同时，也令人深思：中国的家族企业为什么总是强大不起来？是什么原因制约着中国家族企业的进一步发展？背后实则是企业的生命周期在制约着企业的发展。①

目前在企业发展理论的研究中，许多管理学家都认为企业是有生命的，并且存在着一个既定的寿命周期，企业必定要经过成长、成熟，直至死亡的必然阶段，企业的死亡是必然的。具有代表性的理论是美国管理学家伊查克·麦迪思提出的企业生命周期论。在他所著的企业生命周期一书中指出："众所周知，无论是植物还是动物，只要是生物就遵从着被称之为生命周期的现象。生物体都会经历一个从出生、成长到老化、死亡的生命历程。""企业的成长与老化同生物体一样，主要都是通过灵活性与可控性这两大因素之间的关系来表现的。企业年轻时充满了灵活性，但控制力却不一定总是很强；企业老化时关系变了可控性增加了，但灵活性却减少了"。②

在企业生命周期理论的指导下，有人对企业的寿命进行了统计分析，并从而得出了一个结果，即企业的平均寿命周期约在 40 ~ 50 年。美国学者在分析了多数公司的兴衰历程后指出：在许多国家，40% 的新建公司活不到 10 年便中途夭折，以至于前 10 年成为企业"死婴率"最高的时期。一般的公司寿命为 7 ~ 8 年，一个跨国公司的平均生命周期是 40 ~ 50 年。在 1970 年跻身《财富》"全球 500 强"的跨国公司到 1982 年后有 1/3 都销声匿迹。另一项研究表明，在日本与欧洲，所有大大小小的公司的平均寿命只有 12.5 年。企业短寿似成了"全球病"。

美国爱迪思研究所的伊查克·爱迪恩（Ichak Adizes）博士在其《企业生命周期》一书中把企业的成长过程划分为两大阶段 10 个时期，其中成长阶段从孕育期开始，经历婴儿期、学步期、青春期、盛年期，直到稳定期。稳定期是企业成长的顶峰。到达这一时期，企业往往意味着进入了老化阶段。爱迪恩博士认为，企业的老化阶段一般要经历贵族期、官僚化早期、官僚期，然后进入死亡。见图 2 - 12。

---

① 伊查克·爱迪思. 企业生命周期 [M]. 北京：中国社会科学出版社，1997：104.

② 伊查克·爱迪思. 企业生命周期 [M]. 北京：中国社会科学出版社，1997：109.

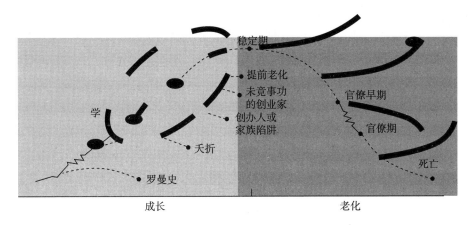

图2-12　伊查克·爱迪思企业生命周期十阶段

（五）从企业家职业周期看家族企业的生老病死

每个人都有独特的人生轨迹，也就是个人的命运。命运实际上不是天注定，也不是完全靠打拼，事业发展才是命运的核心。家族企业家是靠家族企业而发展起来的，家族企业也是依靠家族或非家族成员，家族及非家族职员依靠家族企业提供工作和就业机会。其中极少一部分优秀人才或者成为创业型家族企业家，或者职业经理人，或者成为家族企业的接班人。我们将探讨家族成员、家族企业的创业者如何与家族企业相匹配，从而彼此受益，还要探讨职业发展过程中走向家族企业家和职业经理人的家庭与家族企业家的相互影响，但我们重点讨论家族企业家在自己完整的生命周期中，寻找具有安全、挑战和自我发展的机会而成长为家族企业家的里程。

美国哥伦比亚大学的汉布瑞克（Hambrick）和福克托玛（Fukutomi）提出了一个总裁生命周期的五阶段模型，并对总裁任职期间领导能力的变化规律及其原因，提出了一个比较完整的总裁生命周期的五阶段假说。这一模型认为，总裁的管理生命大约有如下五个：（1）受命上任；（2）探索改革；（3）形成风格；（4）全面强化；（5）僵化阻碍。见表2-8。

在这五个阶段模型中，导致总裁绩效始于上升、继而持平、终于下降的抛物线现象的，大概有认知模式、职务知识、信息源质量、任职兴趣和权力这五项因素。其中，最主要的可以说是"认知模式刚性"和"信息源宽度和

质量"。

表 2 – 8　　　　　　　　　　　　企业家职业生命周期

阶段	受命上任 创业起步	探索改革	形成风格	全面强化	僵化阻碍
是否听进意见	乐于接受	时听时不听	开始听不进	几乎听不进	完全听不进
信息来源渠道	来源广 未过滤	来源广 已过滤	来源少 加大过滤	来源少 高度过滤	非常少 高度过滤
任职兴趣	高	高	中高	中高但是下降	中低，下降
权力	弱，上升	中，上升	中，上升	强，上升	非常强，失控

　　每个人都有一个基本的认知行为范式，或者说一个简化了的世界模型。这种模式包含两个相互关联但又不同的组成部分：一是每个人自出生以来长期形成的信仰、偏好，那些根深蒂固、习以为常的思维方式。如有的家族企业家相信等级产生权威，领导要与下属保持距离，天马行空、独往独来；有的则深信只有认同才能凝聚，重要的是与群众打成一片，等等。凡是与优秀企业家交谈过的人们大概都会有这样一个突出的感觉：成功的企业家，几乎都有自己的一套有特色的理论。

　　人们的认知模式的第二部分是与此紧密相连的一套得心应手、轻车熟路、用惯了的工作方式、分析手段、办事方法，简单地说就是一个家族企业家管理技能十八般兵器的武器库。有人善于分析；有人长于人事；有人精于财务；也有人特别适合创造发明。有的总裁擅长于做激动人心的讲演；有的总裁口讷；有的总裁具有丰富的谈判经验，善于通过协商解决问题；有的总裁则更习惯于大刀阔斧、立竿见影，等等。虽然一个总裁通常对各方面的业务问题都会有大概的了解，各种软的硬的管理手段都会，但每个人的拿手好戏，强项长处都会有很大的差别。这些思想和工作方式的差别，就形成每个总裁个人的特殊认知模式。这种模式的形成，往往和家族企业家的成长道路有关。①

　　家族企业传承之死：美国一所家族企业学院研究表明：约有 70% 的家族

①　梁能. 公司治理结构：中国的实践与美国的经验［M］. 北京：人民大学出版社，2000：41.

企业死第一代，88%死于第二代，只有3%的能过三代。美国《财富》报道：美国中小企业平均寿命不到7年。中国中小企业的平均寿命仅2.5年。中美中小企业比较表明，美国每年倒闭的企业约10万家，而中国有100万家，是美国的10倍。

二、从生老病死看家族企业新常态

我们把家族企业的生存新常态归结为：生之不易、未老先衰、病得不浅、死得太快。这既有环境因素，也有自身因素。见图2-13。

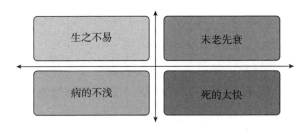

图 2-13　家族企业新常态

（一）生之不易

历代专制王朝为了重农抑商，打压商人，制定了以"困""辱"为主要手段的各种律法与政治歧视之手段。困商就是对商人实行经济打击。任何一种工商业，只要稍有利可图，就可能收归官营、禁止私营，如同现在资源型、高回报的产业都是国企垄断的道理一样。比如，商鞅变法所实行"壹山泽"，管仲相齐所实行的"管山海之利"，桑弘羊实行盐、铁官营等。为了维护国家"专利"，历代朝廷设定了严刑峻法打击敢与朝廷争利的商人。再就是重征商税。早在秦商鞅变法时即定下国策："不农之征必多，市利之租必重。"汉高祖对商人"重租税"以打击；汉武帝实行"算缗""告缗"，用征重税和鼓励告发漏逃税的方式对商贾进行大抄家，"得民财以亿万计""使商贾中家以上大率破（产）"。自汉以后，历代王朝莫不重征商税，"寓禁于征"。如同2004年以

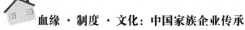

来的新旧"36 条"也是没有减税条款。①

生之不易不仅包括第一次世界大战的荣氏家族的创业，还是改革开放之初的"傻子瓜子"。改革开放之初创办企业，创办一个公司之难超出现在创业者的想象；注册资金、办公地点、人脉关系等，可谓注册之难难于上青天。10年前的"民营经济36条"颁布时，国有经济能进入80个行业，外资企业能进入60个行业，而民营企业只可进入40个行业，现在或许更糟。我们曾用种群动力学模型对国有企业与民营企业作为两个物种做过一个数理分析，发现2003年就是国进民退的拐点。虽然，党的十八大三中全会提到了国营企业和民营企业平等的问题，但现在不仅是不平等，而是很不平等。比如，行业垄断依然存在，资源配置方面，国企土地依然划拨，而民企出钱才能获得。现在能挣钱的行业几乎都是被垄断的行业，民间资本能进入的行业几乎是人满为患、低端的行业。

社会中存在一些现象，如政府的"扶持之手"被腐败官员的具体操作下变成"掠夺之手"，使得企业家花大量精力，甚至是主要精力，去与官员建立人脉关系。有少量的企业家扬言说从不行贿，我想，这不过是说说而已，中国商业生态如此，不适应环境能生存？中国历来都有红顶商人之说，实际上中国近代史就是没有红顶就没商人的历史。

现在，政府鼓励"大众创业、万众创新"，这对创新者与创业者来说绝对是一个利好消息。但中央政府的提倡并不等于地方官员的落实。现在的问题不是大众不愿创业、万众不想创新。而是创业难度依然很大，创办企业生之不易。

一是创办企业难。10 年前注册一个公司或许需要 100 多天，现在，至少在理论上只要 25 天左右，注册公司的时间缩短了、创业的成本降低了、服务的质量也明显好转了。但你自己去创业，发现草根创业依然是低端创业，依然是生存性创业而不是机会性创业。你想创业的项目不在国家工商总局的项目之内就不行，还有很多行业是你不能进去创业的行业。根据经济学的挤出效应，创办民办企业就很难了。二是资源性产业、利润回报高的企业已经被国有企业垄断了，创办的民营企业只能在低端，只能在"红海"中挣扎。世界通行的

① 范忠信. 中国法律传统的基本精神［M］. 济南：山东人民出版社，2001：299.

一个经济发展观点——凡是最有条件，最能挣钱的事要给民间来办；企业愿意做，企业能够做，是要给民间来做的；企业愿意做，企业没有条件的，需政府扶助企业来做；企业不愿做，没有能力做的，政府首先要来做，做完后转到民间来做。

生之不易还包括税费太重。OECD 公布税负数据：2015 年中国财政收入15 万亿元！这意味着中国人均税负过万元。中欧国际工商学院税负数据：美国为 28%；OECD 国家平均水平为 30.5%；中国为 42%（即 17% 的增值税 + 25% 的所得税）。

以中国石油为例：一箱油、半箱税！国内油价中包含了 48% 的税费。以5.67 元/升的 92 号汽油为例，如果刨去税款，每升为 2.95 元，与美国价格持平。据任志强曾透露：中国涉及房地产的税费更多达 180 多种，房价里 70%是税费。

2013 年"营改增"推行到全国，2016 年 5 月 1 日中国将全面实施"营改增"，营业税将退出历史舞台。"营改增"后，过去沉在水下的税，现在要求开增值税专票，企业名正言顺地要加税才能完成交易，如建筑单位为应对营改增，直接在工程造价上加税，国家整体降税的要求在局部还未能体现。

除税负负担较重，营改增短期内对企业减负效果未能体现外，企业还面临缴纳各项费用，增加企业运营成本，压缩公司盈利空间。具体说来，存在如下方面的问题：

一是重复征税现象严重。民营中小企业与新创企业投资主体多为私人。但当私人资本注册为法人单位，同一征税对象被双重征税：首先应缴纳所得额25% 的企业所得税，然后就投资者税后分配的股息、红利缴纳 20% 的个人所得税；对增值税而言，小规模纳税人等于是对民企的专门规定，虽征收率仅3%，但其计税销售额包含了外购货物成本及国家制定供货方缴纳的增值税，随着流转环节增多，税基不断膨胀，民营小微企业纳税人增值税重复交叉征税情况越严重。此外，一般纳税人民企会计力量薄弱，财务管理相对比较落后，索取增值税专用发票能力很差，外购业务很多未能索取增值税专用发票，导致进项税额抵扣无法抵扣，也会造成重复缴纳。

二是税收征管违规操作歧视民企。根据中国税收法律法规的相关规定，纳税人不能提供完整、准确的收入及成本、费用凭证，不能正确计算应纳税所得额的，税务机关有权核定其应纳税所得额或应纳税额的办法。同时严格限定，不得对上市公司、金融企业、外资企业、房产业和包括会计、审计、资产评估、税务、房地产估价、土地估价、工程造价、律师、价格鉴证、公证机构、基层法律服务机构、专利代理、商标代理，以及其他经济鉴证类业务在内的社会中介机构等实行核定征收方式。但很多税务机关对此规定置若罔闻，肆意对中小民企滥用所得税核定征收办法，导致民营中小企业无法享受到国家给予的小微企业所得税优惠政策。

三是营改增后核定征收企业所得税问题凸显。我们调研时发现，总体而言营改增后企业是减税的，但企业所得税核定征收的问题却非常严重。因为，按照营改增后一般计税法计税，中小企业必须取得规范的发票才可抵扣，因此其财务管理渐趋健全，在此背景下，企业优选查账征收企业所得税，因为在规范完整的成本费用扣除之后，企业所得税的应纳税所得额减少了，因此查账征收会全面降低中小企业的企业所得税负。问题在于，部分中小企业可能依然有些应收账款由于三角债等多方面的原因，暂未回收，但回收时前期的成本费用或没有发票可以列支，或取得的发票已经过了企业所得税可以结转的 5 年期限，因此导致未来收入取得时由于前期发生的成本无法扣除而企业所得税额上升。

生之不易也包括融资太难。新常态下，融资难仍是制约家族企业快速发展的主要障碍之一。根据国务院发展研究中心的研究，能够从市场获得资金的企业仍然只占少数，而且融资成本较高，平均成本大约在 10% ~ 15%。导致家族企业融资困难的因素是多方面的，既有家族企业自身的原因，也有金融环境等方面的原因。部分银行"嫌贫爱富"，导致不少家族企业将目光投向民间借贷，而不少地区短期民间借贷利率最高达 120%，有企业家说，不借高利贷马上死，借了高利贷慢慢死。

（二）未老先衰

中国家族企业在传承过程中最容易失去的就是创新精神。企业是企业家的企业，企业家本质是充满创新精神的人。家企传承要从娃娃抓起、基层历练重于海外留学。

再有就是创新力与控制力失衡。控制力有余，创新力不足。未老先衰的症状国企、私企都存在；创新力与控制力都比较强的，如华为、海尔；创新力与控制力双重不足的，如安然；创新力较强、控制力不足的，如爱多、小霸王、依星。

（三）病得不浅

缺乏理性：老板意志高于一切。现在不是一个权力就可替代知识，资本就是知识的时代已经不存在了，而是知识就是权力，知识就是资本的时代。早期增长几十倍不是神话，是规律，但我们认为是永恒的。犹太民族的两张纸条：我只是一粒尘埃、世界为我而造。

缺乏技术：中国家族企业基本在低成本制造业中。企业没有自己的设计、品牌，质量一般，主要是南方众多的小家族企业。高一个层次的是家族企业做OEM制造。强调质量，没有自己的设计。更高的层次是强调质量、品牌的制造，如 TCL，海尔等。

当然也有渐进的创新家族企业，如海尔有自己的设计，开始树立品牌，产品不断多样化。最高层次的是有自己核心技术的制造，如华为、北大方正都有自己技术标准的制造。重大创新，技术系统的变革，如中集集团。

缺乏文化：如傻子瓜子，其创办者年广久的幸与不幸：80 年代初，中国最早的百万富翁之一；曾三次被邓小平在谈话中提及（分别为 1980 年、1984年、1992 年）；儿子之间、父子之间对簿公堂。

缺乏人才：风投人士问创业者：股权怎么分配？创业者说：我 99%，我老婆 1%。这种情况很多。还有说我占 95%，然后 5%分给大家。刘邦得萧何、张良与韩信得天下，项羽失范增失天下。王安公司传子导致优秀人才大量流失也是家族企业无法回避的问题。

（四）死的太快

即使是改革开放三十多年，一方面民间创业得到巨大发展，民营企业提供60%的就业，50%的 GDP，40%的税收；另一方面，民营企业寿命短。据统计：中国私营企业的平均寿命只有 2.9 年，中国每年约有 100 万家私营企业破产倒闭，60%的企业将在 5 年内破产，85%的企业将在 10 年内消亡，能够生存 3 年以上的企业只有 10%，大型企业集团的平均寿命也只有 7.8 年。其中有

40%的企业在创业阶段就宣告破产。在中国每天有2740家企业倒闭，平均每小时就有114家企业破产，每分钟就有两家企业破产。日本企业的平均寿命为30年，是我们的10倍；美国企业平均寿命为40年，为中国的13倍。

大企业死于政商关系。例如，荣氏企业一度垄断全国面粉市场的1/3，棉纱市场的2/5。卢作孚曾说：我自从事这桩事业以来，时时感觉痛苦，做得越大越成功便越痛苦。对于香港中信的破产，荣智健曾说：假如我不是荣毅仁的儿子，我不可能做香港中信的副董事长兼总经理。但假如我仅仅是荣毅仁的儿子，香港中信也不会发展成今天这样的规模。

小企业死于商业竞争。中小企业有各种死法。有挤死的，在国资和外资双重挤压而死；有冤死的，如国家政策老变而死；有被拖死的，产能过剩，资金不能回笼；有自己找死的，扩张太快，盲目多元化等；有压死的，因融资难，寻求民间借贷而压死；有心死了，企业家永远是用企业家精神与创业激情驱动的，当没有企业家精神与创业激情，自然而死；还有病死的，创业之初，市场产品短缺，什么都挣钱，于是不思进取、机制老化，新的竞争者出现、新行业出现、新的商业模式出现而死，最典型的是电商横空出世，实体店哀鸿遍野。

三、从生老病死看家族企业传承中的转型

（一）与生相关的产业转型

从生产方面看转型，特别从供给侧看产业转型。这里特别要区别凯恩斯主义与供给学派。凯恩斯主义的主张就是积极的货币政策，就是多发货币，变相收税；积极的财政政策就是多搞基建、腐败丛生。供给学派则是从减税方面入手。老百姓与企业有钱可以购物，刺激需求；减税可以刺激投资、扩大就业、增加供给、降低通胀。

笔者的理解，供给侧改革的核心应该是减税。成功案例是里根总统与克林顿时期成就美国了经济的经验是减税。失败案例是王安石与张居正改革的失败，原因是增税。

减税对企业来说：成本降低、规模扩大、连锁经营、增加利润。减税对老

百姓来说，就业岗位增多了、有工资了、可消费了、拉动需求了、繁荣经济了。减税对国家来说有钱可以研发、可以出口、赚外汇、防通胀。

与生育相关的产业转型就是从生二孩政策中找转型商机。美国波士顿咨询集团专家指出：中国 2014 年多生 200 万名婴儿，每年新生婴儿约 1400 万。中国估计有 2 亿对夫妇在思考，生还是不生？中国华泰证券预测：全面放开二孩政策，预计 2018 年新生婴儿有望超过 2000 万，蕴含的消费红利大约在 1200 亿~1600 亿元。包括，孕妇检测、辅助生殖服务、孕妇用药；奶粉、婴儿日常用品、儿童用药；童装、玩具、动漫；早教、文具用品；等等。中国儿童人均年消费玩具：城市年均玩具消费为 45 元，农村年均不足 15 元。世界标准：亚洲儿童人均 13 美元（约 80 元）。全世界人均消费 34 美元（200 元）。

党的十八届五中全会提出创新、协调、绿色、开放、共享五大发展理念，这是发展理念的重大转型。"创新、协调、绿色、开放、共享"五大发展理念的提出，标志着中国已经从生态文明理念向生态文明战略转变。绿色发展观是可持续发展观在新常态背景下的延伸，但前者比后者内涵更加广泛，影响更加深远。事实上，生态问题意味着产业商机，可转化为资本盈利的空间。生态问题的最大根源来自不恰当的经济活动。改进不恰当的经济活动，就是商机。①

曾晓文、刘金山撰文指出广东产业生态化的战略选择：一是从生态文明理念到生态文明战略。二是从构建生态化产业体系。建设生态化产业体系是一个系统工程，需要从产业链、产业组织、产业结构、产业政策及产业制度等方面寻求突破。具体来看，生态化产业体系的主体是产业，其内涵是生态化，目标是通过激励相容的最大化行动，实现产业与生态的协调发展。三是探究"生态 + 制造"产业模式。以产品为中心，把产品的生产、使用及用后的处理过程联系起来，构成一个产品系统，包括原材料采掘、原材料生产、产品制造、使用及产品用后的处理与循环利用。在产品生命周期的每个环节都考虑其可能产生的生态环境负荷，将污染防治和处理从消费终端前移至产品开发设计阶段，通过改进设计使产品对生态环境的影响降到最低程度。根据生态足迹原

---

① 林伟贤，杨屯山．低碳经济带来的新商业机会［M］．北京：北京大学出版社，2013．

理，一方面，进行全产业链生态设计，意味着微笑曲线的拓展，这是生产生态化工业产品的关键。另一方面，生产线与生产设备的生态再造或生态创新，是超越微笑曲线，促使生态化设备替代生态化产品，实现更高层次的产业升级。①

与生产相关的还有生产服务业（producer services）。生产服务业是指为保持工业生产过程的连续性、促进工业技术进步、产业升级和提高生产效率提供保障服务的服务行业。1975年美国经济学家布朗宁和辛格曼在对服务业进行分类时，最早提出了生产服务业概念。一般认为，所谓生产服务业是与制造业直接相关的配套服务业，是从制造业内部生产服务部门而独立发展起来新兴产业，它的主要功能是为生产过程的不同阶段提供服务产品，它贯穿于企业生产的上游、中游和下游诸环节中，包括物流、研发、信息、中介、金融保险，以及贸易相关服务等。目前生产服务业在中国尚处于进一步探讨和加快发展阶段，对其范围和体系界定尚未有统一定论，综合各方面研究成果，我们认为生产性服务业大致包括以下五个方面：现代物流业、科技服务业、金融保险业、信息服务业、商务服务业（含咨询、代理、广告、培训、劳务中介以及部分要素市场）。这也是家族企业传承中转型的重大机遇。图2-14指出传统制造业的衰退，是需要我们转型的，要从左向右转型；图2-15指出与汽车制造业相关的生产服务业的商机在哪里。

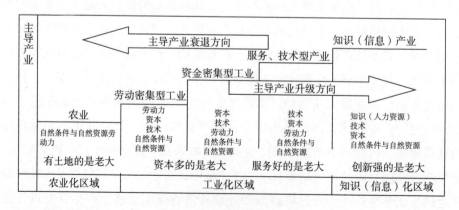

图2-14 生产服务业的走向

---

① 曾晓文，刘金山.广东产业生态化的发展战略与路径［J］.广东财经大学学报，2016（5）.

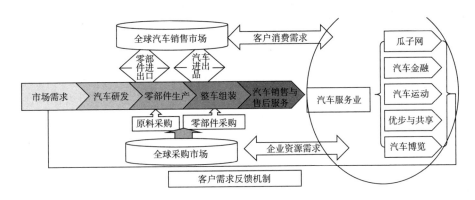

图 2 - 15　汽车制造业与服务业的关系

（二）与老相关的产业转型

随着人口老龄化加剧，"养老产业"已成为社会热词。中共中央关于制定《国民经济和社会发展第十三个五年规划的建议》明确提出，全面放开养老服务市场，通过购买服务、股权合作等方式支持各类市场主体增加养老服务和产品供给。专家指出：养老产业必将成为一个庞大的产业，除了日益增长的老年人口带来的巨量产业需求外，更重要的是人口老龄化将从根本上重塑年轻社会形成的产业结构和产业体系。专家表示，"十三五"时期中国养老产业会面临新的机遇和挑战，在普遍生育二孩政策实施后，依然要加强养老保障和服务体系建设，养老产业前景广阔。[1]

据统计，从 2015～2035 年，中国将进入急速老龄化阶段，老年人口将从2.12 亿人增加到 4.18 亿人，占比提升到 29%。

中国老年人口的快速增长、老年人比例不断提高必将催生一些新的养老方式和投资机遇。养老产业点多面广、产业链条长，涉及医疗、社保、体育、文化、旅游、家政、信息等多个领域。随着人民群众日益提高的生活质量需求和市场环境的成熟完善，将推动养老产业和养老服务机构的兴起与发展，养老产业已经成为朝阳产业。老龄社会有商机无限。

具体来说可以在综合养老领域，以老年人健康的预防、治疗、照护有关的

---

① 史竞男. "十三五"时期中国养老产业迎来发展机遇［N］. 新华网，2015 年 11 月 22 日.

产品与服务为核心，向养老服务机构、照护康复服务、老年健康用品等细分产业转型发展。一是可以兴建适宜老年人集中居住、生活、学习、娱乐、健身的老年公寓、养老院、敬老院、托老所，为老年人创造良好的养老环境和条件的前提下寻求企业转型发展。二是可以在康复服务行业发展。在国家鼓励医养融合、"养老社区＋康复医院"模式的政策支持下，为社区居民及周边社区提供"预防—治疗—康复—长期护理"闭环整合型医养服务，根据老年人的健康情况，建立全过程医疗护理模式，实现全方位精准化医疗。三是开发老年健康用品。主要研究和开发功能完善、安全性能高、品质优越的老年健康用品。进一步鼓励开发多功能养老护理病床、医疗床、自动按摩床等老年人家用护理设备、智能机器人、智能电动轮椅、智能拐杖、智能助听器与麦克风等老年人辅助器具；进一步鼓励开发与养老服务相关的商业健康保险产品，打造"健康保险＋健康管理＋健康服务"的新型健康保障体系。

比如，老人看护服务。老人餐馆提供的食品应该是低胆固醇、低糖、低盐、低卡路里且具有一定的滋补和治疗作用的。老人药品、保健品、保健器械等占有越来越大的消费份额，如轮椅、坐便器、血压计、失眠治疗仪等。

此外，养老模式也经历从福利养老到社会化养老、从社会化养老到市场化养老的三次浪潮，但不能把市场化养老变成商业化养老，见图2-16。

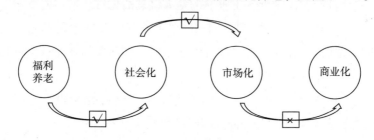

图2-16　养老模式的演化

（三）与病相关的产业转型

中国现在人口健康状态：2.6亿人超重和肥胖；1.6亿人高血压、高血脂；5000万人糖尿病患者；4亿人吸烟者；50%以上心血管病高危人群。

与病相关的产业的核心是生命健康产业。生命健康产业是指以生命健康为核心、与人类生命健康的全过程直接或间接相关的综合型产业，主要包括与生命健康相关的农业、制造业和服务业，细分为健康食品、健康用品和健康服务三大行业。

从生命健康产业的内涵来看，生命健康产业是以人的全生命周期为主线，从摇篮到坟墓每一生命周期阶段发展的与生命和健康相关的产业，因此它要求建立覆盖全生命周期的健康管理新模式。根据生命周期理论，人的一生可分为生命孕育期、青少年儿童期（0～18 岁）、成年期（18～60 岁）、老年期（60 岁以上）和临终关怀 5 个阶段，对应每一阶段都有不同的健康状况和健康需求。全生命周期重点发展的产业领域如图 2－17 所示。

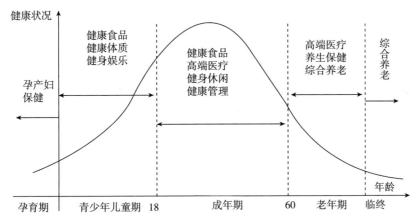

图 2－17　全生命周期重点发展的生命健康产业领域

资料来源：查英.大健康产业如何健康发展［J］.决策，2015（07）.

卫生部 2012 年 8 月发布了《"健康中国 2020"战略研究报告》，提出了中国卫生事业发展的战略重点和行动计划以及政策措施，将"健康强国"作为一项基本国策。接着国务院在 2013 年印发《关于促进健康服务业发展的若干意见》，要求大力促进健康服务业的发展。2015 年 9 月初，国家卫计委已全面启动《健康中国建设规划（2016－2020 年)》编制工作，将"健康中国"上升为国家战略。2016 年 8 月，中共中央政治局审议通过"健康中国 2030"规划纲要，提出从广泛的健康影响因素入手，以普及健康生活、优化健康服务、完善健康保障、建设健康环境、发展健康产业为重点，把健康融入所有政策，全方位、全周期保障人民健康，大幅提高健康水平，显著改善健康公平。①

有专家指出，人类历史经历了财富的四次波峰波谷。现在处于财富的第五波。土地革命是第一波，地主是财富的拥有者。工业革命是第二波，工厂主是财富的拥有者。商业革命是第三波，企业家是财富的拥有者。网络革命是第四波，史玉柱等网络英雄是财富的拥有者。这次健康革命则是财富的第五波，预计营养保健专家、大健康产业的先驱者是财富的拥有者。

其实，生命健康产业是一个新型复合产业。它既包括现代制造业，也包括现代服务业特别是科技服务业，还包括部分传统服务业。家族企业传承中的转型完全可以在生命健康产业链某个细分产业与细分市场中发展（见图 2 - 18）。

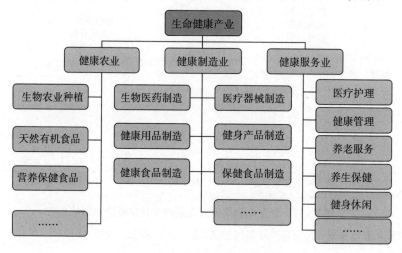

图 2 - 18　大健康产业的新商机

家族企业转型可以在生命健康产业以下五个方面发展：

一是在高端医疗领域转型发展。主要发展现代生物医药、高性能医药器械、高端医疗服务等领域，构建高端医疗产品和设备研发、制造与服务的完整产业链。包括现代生物医药领域、高性能医药器械领域、高端医疗服务等。

二是在健康管理领域转型发展。主要是以健康管理技术、信息、服务、交易创新为核心，构建数字化、网络化的生命健康信息管理平台，推广应用移动健康管理终端产品，培育差异化的健康管理服务项目，整合医疗资源，提供全

---

① 国家卫生计生委.《"健康中国2030"规划纲要》[R]. 2016.

过程的健康管理服务，推动健康管理产业向个性化、信息化、社会化、创新化发展。可以充分发挥健康大数据的基础支撑作用，采集、分析、计算、监测、管理健康信息，健全网络化服务体系。支持建立个人健康档案系统，构建个性化的健康评估和咨询体系；支持建立集体检查信息、电子诊疗档案、健康医疗资源等于一体的专业数据库和统一开放接口的健康信息大数据应用开发平台。

还可以使用移动通信网络及智能终端，利用远程医疗和信息通信手段，围绕医院医疗、社区医疗、基础医疗、区域医疗等模式，覆盖基础护理、慢性疾病管理、自助医疗服务、医疗卫生系统整体效率提升等多个领域，提升医疗卫生保健水平及能力，实现医疗资源及信息即时服务共享；支持开发有效生命体征采集芯片、新型可穿戴健康检测与监测设备、智能移动健康终端等设备和产品。

三是在养生保健领域转型发展。包括开发新型保健品。主要开发能改善亚健康状态的、利用生物技术研制的、含有多功能成分的新型保健品。大力研制具有免疫调节功能、有效抗氧化、增强骨密度、改善睡眠状况、辅助降脂降压等功能的新型保健品。可以针对亚健康人群，大力倡导养生保健理念，将中西传统疗法与中西方现代养生保健服务相结合，推动养生保健理念由"治已病"向"治未病"转变。积极发掘中医养生文化，鼓励利用传统中医中的针灸、艾灸、火罐、推拿等技术，大力发展中医理疗、中药养生、中医保健等中医药养生保健服务；大力引进西方养生保健项目，创新发展水疗、鱼疗、瑜伽、泰式按摩、韩式汗蒸、芬兰洗浴等养生保健服务；大力拓展养生保健服务项目。

四是向养生休闲服务产业转型发展。将保健与文化相结合，通过享受养生休闲服务来调节身心健康、培养性格情趣，达到益寿延年的效果。以新技术健身产品研发生产、多样化新型健身休闲服务提供为核心，提供健身体育用品、运动健康项目、休闲旅游服务等。研发设计先进运动装备、体育训练及健身器材；开发满足个性化需求的健身运动用品和器材；建设和规范发展健身体育用品和服务市场。引进国际化标准的健身体系和体育运动训练模式，开发专业化、多样化的运动健康项目。支持建设大型健身服务中心，提供系统化、专业化的运动健身指导和培训服务。

五是向健康食品产业转型发展。可以开发有机蔬菜、有机茶叶、有机水果、"非转基因"食品等产品；发展以天然或珍贵植物为原料提取出有效营养

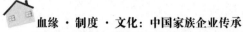
成分的保健食品；开发以膳食纤维为主的保健食品等。

（四） 与死相关的产业转型

成功的案例——洛克菲勒家族。在 20 世纪的绝大部分时期，"洛克菲勒"就是"美国财富和权力"的同义词。通过财富信托传承六代而依然是世界最富的家族之一。核心就是财富信托——家族办公室。中国家族企业代际传递首选是子承父业，但只有 12% 的家族子女愿意接班；所以，财富信托将成为金融新的板块。

家族企业治理与传承

第一节　治理优化与家族企业传承

一、私募股权投资在行动

（一）私募股权投资界定

私募股权融资（private equity，PE），中文翻译包括私募资本投资、产业投资基金。私募股权投资更多的是站在基金机构的角度看问题；私募股权融资则更多站在企业融入外来资金的视角看问题。我们主要站在企业视角看私募基金，所以，选择私募股权融资这种说法，当涉及从企业外看私募股权时，我们也会用私募股权投资这个说法。

私募股权投资，最早可以追溯到 1868 年英国的"海外和殖民地政府信托"。20 世纪 30 年代，美国部分富人为东方航空公司（Eastern Airlines）和施乐公司等企业集团提供资金，是私募股权投资的早期案例。1946 年，美国研究与发展公司（ARD）成立，标志着私募股权投资基金正式出现。①

广义私募股权投资（PE）涵盖企业首次公开发行前各阶段的权益投资，即对处于种子期、初创期、发展期、扩展期、成熟期和 Pre‑IPO 各个时期企业所进行的投资，相关资本按照投资阶段可划分为创业投资（venture capital）、发展资本（development capital）、并购基金（buyout/buy in fund）、夹层资本（mezzanine capital）、重振资本（turnaround），Pre‑IPO 资本（如 bridge fi-

① 阚景阳．西方 PE 基金理论研究综述［J］．吉林金融研究，2016（1）．

nance），以及其他如上市后私募投资（private investment in public equity，PIPE）、不良债权（distressed debt）、不动产投资（real estate），等等。在中国语境下，私募分为直接投资到中国境内目标企业的私募和通过在海外设立离岸公司方式进行的红筹私募。

狭义的 PE 主要指已经形成一定规模的，并产生稳定现金流的成熟企业的私募股权投资，也是指创业投资后期的私募股权投资，而这其中并购基金和夹层资本在资金规模上占主要部分，在中国 PE 主要是指这一类投资。

（二）中小家族企业融资难与私募股权融资

世界上大多数发展中国家梦寐以求的是争取进入发达国家系列，遗憾的是，世界近 200 个国家，除日本与韩国等少数国家外，绝大多数还停留在中等收入陷阱中没有走出来。中国通过 30 多年的改革开放与经济的高速发展，也从低收入国家进入到中等收入国家行列，但能否走出中等收入陷阱，关键看民间企业，特别要看家族企业如何解决融资难的问题。

家族企业融资难问题归结为三方面：一是家族企业自身特点的影响。中国广大中小家族企业普遍存在寿命短、信用资质等级低、财务不规范、产权不清晰、资金管理制度、信用管理机制和内部约束机制不健全等问题；二是银行金融信贷体系不愿意向家族企业发放贷款。从银行贷款需要土地、房产等不动产的抵押，这就使得许多中小家族企业无法融到所需款项；三是以直接融资为主体的资本市场发展不足，缺少适合中小家族企业的直接融资渠道。创业板虽然针对中小企业，但是能通过创业板融资的家族企业仍然太少，处于初创期和成长期的家族企业仍无法通过证券渠道融资。[①]

其实家族企业融资难是企业发展的表层问题，深层问题是家族企业治理结构优化问题，或者说是家族企业的一股独大的治理结构的问题，是家族企业与私募股权融资对接问题。中国家族企业传承与产业转型过程中的核心问题，实际上是治理结构问题，家族企业能否传承与转型成功，关键要抓住牛鼻子，这个牛鼻子就是传承与产业转型过程中的治理结构优化的问题。美国为什么称霸世界，就是靠着技术创新＋资本市场。而资本市场就包括私募投资。美国就是

---

① 苏启林，蒲惠荧. 家族控制、PE 股权制衡与公司价值 [J]. 预测，2015（1）.

依托于硅谷为代表的高科技与发达的金融体系进行嫁接，这就是美国有全世界最先进的科技，也有引领全世界最先进的创新机制。

客观上说，在企业起步阶段，家族企业相对集中的股权结构可以节约经营成本，快速实现企业的初期经营目标。但是随着企业的发展，我们可以发现中国家族企业其股权结构存在的问题：一是以"兄弟店""夫妻店"模式创立的家族企业，发展多年依然是股权结构单一的"兄弟店""夫妻店"的控股模式。二是家族企业所有者也是管理者，所有权与管理权并未分离，从而导致家族企业高层管理人员持股较高。三是上市公司流通股比例相对较低。

（三）私募股权基金与家族企业股权治理

综合国内外研究成果发现，目前学术界对家族企业股权结构和私募股权基金的研究基本是割裂的，家族企业股权结构优化的研究大多集中在股权结构与公司绩效的关系识别，私募的研究大部分都专注于法律制度、组织形式等方面，而对于企业股权结构优化与私募股权基金的互动关系并没有太多研究涉及。[①]

在发达国家，私募股权基金（Private Equity Founds，PEF）是家族企业，包括家族企业非常重要的机构投资者，私募股权融资已发展成为仅次于银行贷款和首次公开募股（initial public offerings，IPO）的重要融资手段。[②] 国外关于私募股权基金问题的研究始于20世纪70年代，发展迅速，主要集中在私募股权基金的投资运作、风险控制及投资环境等方面。

改善中小企业外源融资最有效的措施是通过制度改革，改进法律体系和金融体系的缺陷。因此，应该培育多元化融资服务体系，满足不同发展阶段企业的资金需求。例如，构建多层次资本市场，推动私募股权等低端资本市场的发展，从而拓宽中小企业的融资渠道。[③] 但有学者指出，国内从20世纪90年代开始关注私募股权，但基本上没有涉及私募股权投资与家族企业治理重组和优

---

① 黄亚玲私募股权基金文献综述 [J]. 国际金融研究，2009（3）.

② Cumming，D，J&J. G. MacIntosh. A cross-country comparison of full and partial venture capital exits [J/OL]. Journal of Banking and Finance，forth coming. Online at http：// www. ssrn. com，2002.

③ Beck T，Demirgüc - Kunt A，Maksimovic V. Financing Patterns A- round the World：Are Small Firms Different？[J]. Journal of Finan- cialEconomics，2008，（89）：467 - 487.

化方面的议题。①

国内对于私募股权基金问题的研究，首推中央人民银行前副行长吴晓灵。她指出，私募基金是资本市场上重要的机构投资人。私募股权投资就是集富人之财进行投资，因为他们的资金量大，风险承受能力也比较大。私募基金通过投资分析能力比较强的专家理财，有利于发现企业的价值。②

如果从现代金融学视角看私募股权投资，大约有三大特征。

一是私募股权投资有助于降低投资者的交易费用，提高投资效率。我们知道，投资往往伴随的巨大风险和不确定性，使得投资者需要支付搜寻、评估、核实与监督等成本。私募股权投资基金作为一种集合投资方式，能够将交易成本在众多投资者之间分担，并且能够使投资者分享规模经济和范围经济。相对于直接投资，投资者利用私募股权投资方式能够获得交易成本分担机制带来的收益，提高投资效率，这是私募股权投资存在的根本原因。

二是私募股权投资基金能有效地解决信息不对称引发的逆向选择与道德风险问题。首先，私募股权投资基金的管理人通常由对特定行业拥有相当专业知识和经验的产业界和金融界的精英组成，对复杂的、不确定性的经营环境具有较强的计算能力和认识能力，能用敏锐的眼光洞察投资项目的风险概率分布，对投资项目前期的调研和投资项目后期的管理具有较强的信息搜寻、处理、加工和分析能力，其作为特殊的外部人能最大限度地减少信息不对称，防范逆向选择。其次，私募股权投资的制度安排也有利于解决信息不对称带来的道德风险问题。私募股权投资基金最常见的组织形式是有限合伙公司，通常由普通合伙人和有限合伙人组成。高级经理人一般作为普通合伙人，一旦签订投资项目协议，就会以股东身份积极参与企业的管理，控制并扶持投资企业的发展。因此，私募股权投资公司的股东与普通公司的股东相比，能更准确地知道企业的优势和潜在的问题，向企业提供一系列管理支持和顾问服务，最大限度地使企业增值并分享收益。这样，私募股权投资的制度安排比较有效地解决了委托—代理问题，这是私募股权投资得以快速发展的又一原因。

三是私募股权组合投资，能够减少经济活动的非系统性风险，从而成为风

① 李靖在. 我国私募股权资本运行的理论述评 [J]. 华北金融，2016（2）.
② 吴晓灵. 发展私募股权基金需要研究的几个问题 [J]. 中国金融，2007（11）.

险管理的重要手段。但对于单个投资者来说，分散化投资会给投资者带来额外的成本。例如，投资者可能不得不减少在某个企业中的投资比例，从而使得投资者对该企业的控制减弱，或者投资者将不得不花费更多的精力和成本对不同的投资项目进行监督和管理。而私募股权投资基金采取的是集合投资方式，它可以通过对不同阶段的项目、不同产业项目的投资来分散风险，因此投资者通过私募股权投资基金这一投资中介进行投资，除了能够享受成本分担的收益，还能够分享分散投资风险的好处，进而获得价值增值。

二、私募股权融资对家族企业传承转型的意义

学术界之所以关注中小企业的私募股权融资问题，归纳起来主要有两个原因：首先，中小企业"融资难"是全世界的普遍问题；其次，近年来私募股权基金发展迅猛，有可能成为缓解中小企业"融资难"问题的新渠道。[①]

目前，中国家族企业股权结构和资本结构单一，从而极大地限制了企业继续发展的空间。中国家族企业的内部治理结构具有一些明显特征：一是股权高度集中于家族成员手中。例如，太太药业董事长朱保国一人间接控股47.54%，并与其母亲、妻子、兄弟共持有74.18%的股份；用友软件董事长王文京间接控股达55.2%。二是两权高度统一于所有者手中，并且所有者直接参与经营决策，企业委托—代理链条短。三是企业委托—代理关系具有强烈的私人色彩。即便在一些家族企业中存在委托—代理关系，但无论是对于委托方还是代理方而言，也多是出于特殊的私人关系。

根据 RESSET（锐思）金融研究数据库的数据显示，截至 2010 年年底，沪深主板市场上市公司的流通股比例为88%，而家族企业上市公司的流通股比例为70%，家族企业上市公司流通股比例相对较低。这组数据说明，家族企业上市融资的效果并不十分明显，较主板市场仍有一定差距。

由于中国金融体制的制约，中小家族企业缺乏融资的平等地位与自身的弱小难以从银行获得资金，新型的私募股权融资、IPO、MBO、兼并与重组等多种发展企业的手段都是有利于家族企业发展的手段；自然也会优化家族企业的

---

① 陈建林. 家族治理与中小企业私募股权融资的互动关系研究述评 [J]. 软科学，2014（6）.

治理结构。

从家族企业的治理主体构成看，不仅有家族主体的深度介入，同时也有非家族企业的治理主体介入，如上市家族企业的广大的中小企业股东，职业经理人外，还包括非家族企业涉及广泛的利益相关者，包括债权人、供应商、雇员、政府和社区等与公司有利益关系的集团。特别当家族企业传承到第二代或者第三代时，自然涉及兄弟姐妹与堂兄弟姐妹，家族内部沟通的成本增大，价值观分歧增大，导致家族企业的治理结构更为复杂，所以，家族企业在传承转型中治理结构的优化势在必行。

家族企业治理机制系统的内部控制是一个典型的动态过程。例如，从创办家族企业与原始家族企业到准公司制企业、现代家族企业；所有权从业者完全拥有到业者本人与家族成员共同享有。从子承父业到引进职业经理人，职业经理人共享公司上市成果，这完全是一个典型的内部控制的动态过程，然后是从单边到多边治理的动态过程。家族企业从创办内部控制到对整个经营活动之前、之中和之后的监督和控制，公司的经营活动正常情况下不会停止，而且企业与家族自身的发展与交互非线性作用及环境的不断变化，因此内部控制总是处于一个发现问题、解决问题、发现新问题、解决新问题的循环往复的动态过程之中。

纵观公司发展和公司治理理论的形成过程，可以发现，有如下三个涌现性特征影响着家族企业治理机制系统的形成：一是所有权与经营权相分离；二是所有权分化；三是所有权市场化。这三个涌现性特征，不过是家族企业治理结构优化的三个阶段。

津加莱斯（Zingales，1998）指出"公司治理涉及所有权配置、资本结构、兼并收购、组织结构等一系列影响准租金分配过程的机制"，其中，股权结构是公司治理的重要表现形式，是企业控制权、剩余索取权等权利形成的基础，合理的股权结构通过优化公司内部的资源配置状况，能够有效提升企业经营绩效。当前，中国家族企业发展竞争力较弱、持续性不强的一个主要原因就在于股权结构不尽合理，相当一部分中小家族企业股权结构单一，甚至一股独大。更准确的说法应该是"一股独小"。可以说，股权结构失衡，已成为抑制家族企业可持续发展的重要因素之一。因此，在传承转型中优化家族企业股权结构、选择合理的优化模式对于中国家族企业可持续发展、助推经济结构转型具有重要的理论和现实意义。① 而私募股权融资则是最为便捷的道路。

三、家族企业传承转型中怎样进行私募股权融资

（一）家族企业传承中的私募股权融资

私募股权基金在家族企业股权优化过程中的效率优势主要体现为以下三点：

第一，私募股权基金以入股的形式为家族企业提供资金支持，并最终以分红或未来售股退出的形式获得投资利润。这样的投资特征一方面稀释了股权，达到了股权结构多元化的目的；另一方面，由于私募股权基金并不要求有绝对控股权，而只要求相对控股权，因此，私募股权基金投资的企业一般都有 2 ～ 3 个拥有相对控制权的股东，这就形成了一种股权制衡机制，既避免了无人监管的尴尬，又遏制了大股东谋取私利的现象。

第二，私募股权基金通过与家族企业签订一系列严苛条款来尽可能降低其在投资过程中的风险。为了尽可能降低不确定性所带来的风险，私募股权基金会根据企业价值变化情况不断调整投资节奏和力度，或者采取恰当的激励机制，以期实现双方信任度最大、摩擦最小、管理成本最低的互惠双赢。目前最常用的是激励机制估值调整机制（valuation adjustment mechanism，VAM），俗称"对赌协议"，即投融资双方对未来不确定情况的一种约定，通过设定目标盈利水平及触发条件，来避免未知的企业经营风险。若约定条件出现，投资方可行使一项权利；若约定条件不出现，则融资方可行使一项权利。如若约定条件未出现，融资方将获利，投资方虽放弃了部分股权，却可通过股价上涨获得数倍的资本利得补偿；如若约定条件出现，融资方高管将不得不通过割让大量股权等方式以补偿投资者，其损失不言而喻。这就意味着只有投融资双方目标统一，忠实勤勉，规范化运营，不断提升企业核心竞争力，才能在这场"赌局"中实现最终的互惠双赢。

第三，私募股权基金能够提升家族企业的管理水平，顺利实现上市目标。

---

① 顾宁，孙彦林. 私募股权基金与家族企业股权结构优化研究 [J]. 经济视角旬刊，2014 (9).

相比其他股东，私募股权投资机构更为专业和负责，他们运用专业的管理和操作技能对所投企业进行监督管理甚至内部控制，从而有效地消除信息不对称，降低资本运作过程中可能出现的各种风险。此外，基金公司在扶持企业上市方面经验丰富，而且部分基金有政府背景，不仅可以提升企业形象，还可为企业的最终上市提供专业化服务。

股权投资基金供给的资金属性为企业的资本金，可以用于企业的扩大再生产，它不同于银行信贷，不会给企业施加额外的财务负担，它通过与被投资企业捆绑成为"利益共同体"，共担风险、共享收益。对于需要改造、转型的家族企业来说，股权投资基金不仅为其提供了资金，而且可以利用其专业的财务管理手段为企业提供指导，以保证企业的正常运转。

股权投资基金在使企业资本金增加之后，可以发挥杠杆作用，放大企业的银行信贷规模。一般情况下，企业的资本金增加之后，可以带来至少两倍的银行贷款，这样股权投资基金所引起的融资杠杆放大效应就可以有效解决家族企业传承中转型所需的资金问题。

在家族企业传承转型过程中，对于需要产业转型和关停重组的企业来说，必然涉及企业之间的股权转让问题。中国的金融政策规定企业的股权性投资必须使用自有资金，这就使得商业银行信贷和发行债券等融资路径不能满足资金需求。在这种情况下，股权投资基金的资金供给具有来源渠道广、规模大和期限长的特点，股权性投资增强了企业的资本实力，是家族企业转型升级过程中的最佳资金供给方。

股权投资基金对企业的相对优势在于，它不仅提供资金，而且提供一系列的增值服务。它将资金、技术、管理与企业家精神融于一体，进而为企业在日益白热化的市场竞争环境中，迅速扩大市场份额，抢占行业制高点。家族企业传承转型对融资资金的有效利用必须以规范化的企业制度的建立为前提，以深入的后续整合为保障。

家族企业的经营特征是前期研发资金需要量巨大，风险集中，此时很难达到银行信贷的标准，即使达到标准，资金成本也相对较高，按期还息对于处于创业阶段的家族企业来说是一笔沉重的负担。而私募股权投资机构以入股的形式为企业提供资金支持，以分红或未来售股退出的形式获得投资利润，在很大程度上可以缓解企业流动资金的压力，降低企业的资产负债率和财务风险。陈丽娟（2012）的研究表明，私募股权基金持股比例与科技型家族企业经营绩效呈显著正相关，即私募股权基金可以在很大程度上提升企业经营绩效，私募股权基金持股比例越大，企业经营绩效越好。

（二）产业转型的私募股权投资

纵观投融资方式的演变历史可以发现，股权投资是投资发展的高级阶段。在中国，股权投资基金的发展可以缓解"资金充足而投资渠道相对缺乏"的困局，通过股权投资可以将金融资本导向新兴战略型产业、高科技产业和创新型企业等领域的投资。同时，股权投资基金能够融合资金和管理的双重功能，系统解决制约企业发展的资金、市场和战略等问题是促进经济增长模式升级转变的强劲推手。

改革开放以来，中国经济在经过近40年的高速发展之后，进入了中低速发展时期，俗称新常态。当前制约中国经济发展的主要因素已由经济总量转向经济结构，尤其是产业结构。而在产业结构调整过程中，家族企业传承中转型是关键。家族企业传承中转型既需要巨额的资金支持，又需要专业的技术引导，而且必然会涉及企业间的并购重组，这些方面股权投资基金都有巨大的优势。

家族企业股权结构相对集中，因此往往存在内部人员控制严重、超级股东控制一切，以及股东大会、董事会、监事会的权力运作机制不规范，企业内部制衡机制难以形成等问题。若想实现可持续发展，家族企业就必须逐步推进股权的多元化与分散化，形成以私人、机构投资者和政府共同控制、相互制衡的三足鼎立的股权结构。在股权结构优化的可选模式中，引进私募股权风险资本，建立多个大股东的股权制衡机制是最具效率的选择。私募股权投资机构以入股的形式为企业提供资金支持，以分红或未来售股退出的形式获得投资利润，不仅可以稀释股权，达到股权结构多元化的目的，而且基金公司在企业管理和扶持企业上市方面经验丰富，可以为企业的最终上市提供专业化服务。

随着私募股权基金市场的成熟发展，未来将会有越来越多的家族企业利用私募股权基金优化股权结构，在这一过程中，需要注意以下几点：第一，打破家族企业家"小富即安"观念局限。很多家族企业的企业家常年以来形成的企业归属感和掌控欲望，使他们大多抱有"小富即安"的观念，宁可进行纯粹的借贷，也不愿接受能给予企业更多支持的基金的资金投入，即这些企业家不在乎企业整体的这块"蛋糕"能做多大，而是更多地关注自己手中的这块"蛋糕"不被分割。"小富即安"观念限制了企业的持续发展，因此，企业家应首先开放心态，不拘泥于一时的股权得失，积极引进私募股权风险资本，建立多个大股东股权制衡机制，为企业股权结构优化奠定良好基础。第二，建立科学合理的激励机制与约束机制，实现管理层与投资者利益的一致预期。激励机制是一种"收买"政策，私募股权基金除了运用股权和期权来设计激励机制外，也往往通过可转换债券或可转换优先股来设计激励机制。与股权和期权相比，可转换优先股和可转换债券有两个明显优点：一是在被投资企业实现价值增值时，私募股权基金可将可转换优先股或可转换债券转换为普通股，获得资本利得；二是可转换优先股和可转换债券在被投企业破产清算时享有优先清偿权。但这样的激励机制，将很可能诱使管理层偏好从事高收益、高风险的项目，从而加大私募股权基金的风险。因此激励的同时也需要制定"对赌协议"等约束机制来限制管理层偏好风险的倾向；三是私募股权基金可以通过向企业派驻董事，建设高效的董事会。私募股权投资基金一般会向被投资企业的董事会派驻专人，他们往往是专业的管理者和财务专家，具有良好的教育背景和丰富的实践经验，不仅能够协助企业进行管理，而且直接参与董事会的制度建设和文化建设，拥有相当的自主权，可以有效避免董事会被经理层"俘虏"的委托代理问题发生。

（三）家族企业传承与IPO

越来越多的家族企业意识到上市对企业的长期发展和市场竞争地位至关重要，2004年、2008年中小板、创业板的设立，为中国家族企业的上市提供了机会。

中国IPO企业普遍存在创始自然人或创始家族作为控股股东的民营家族企业。在投资者保护水平比较弱的背景下，与创始人以大股东身份监督管理者的其他民营企业相比，控股家族选派家族成员经营公司（即家族成员参与管理），可以更有效地降低第一类代理成本。[1] 同时，基于家族企业基业长青代际传承的目标及两权分离较低的实际，与其他民营企业相比，家族参与管理的企业更有效地降低了第一二类代理成本，向市场揭示了公司的内在价值（即"认证作用"），降低了信息不对称，进而降低了 IPO 抑价率。[2]

我们看到，家族企业的管理发展过程，正契合了葛雷纳总结的组织管理的危机演绎过程，而这都是组织的正熵造成的。[3] 因此，要保持组织的活力，就要不断进行变革，适时地采取与组织危机相适应的管理方式。而家族企业要成为百年老店，做大做强，只有不断地与市场之间进行物质和能量的交换，即不断地引入负熵流，如吸收专业人才，进行财产权与控制权的重组，才能保持稳定并向有序方向发展。具体来说，当前必须着眼于财产权与控制权合理结构，建立起适应市场经济要求和高端产业链的地位，以及切合市场实际的现代家族企业制度。首先，进一步理顺改变家族企业"一股独大"的股权结构，以促进家族企业系统不断地与外界环境大量地进行物质和能量的交换，不断输入负熵流，以产权为纽带，使系统内部各子系统之间产生一种非线性的促协力，这种促协力能使系统保持远离平衡态，从而使系统形成有活力的、较稳定的、高度有序的耗散结构。其次，与企业内部吸纳职业经理人，获得负熵，有效分离财产权与控制权过度集中的弊端，努力排除 X—非效率的存在。把职业经理人的努力水平作为负熵流入，从而有效地抑制系统内熵的增加，以保持系统的稳定性和有序性发展。

特别可以通过知识、技术、品牌纳入财产权范围，优化家族企业股权结构。中国家族企业组织现阶段的革新，虽然家族企业大多数还处于传统家族企

---

① 所谓代理成本，就是资产所有权与使用权的分离会产生委托代理关系，这种委托代理关系会产生代理成本，而代理成本分成两类：第一类代理成本出现在委托人与代理人之间，也可以说是股东与高管之间的代理成本；第二类代理成本会出现在大股东与小股东之间。这两类代理成本包括监督成本（monitoring cost）、约束成本（bonding cost）与剩余损失（residual cost）。

② 翁宵晗. 家族成员参与管理对 IPO 抑价率的影响 [J]. 管理世界，2014（1）.

③ 熵（entropie）是克劳修斯（T. Clausius）于 1854 年提出熵的概念，中国物理学家胡刚复教授于 1923 年根据热温商之意首次把 entropie 译为"熵"。熵是由"火"和"商"组成的，由字形可以看出它代表的是能量（即火）和能量所占用的空间的比值，也可以理解为能量的密度，比如，你点燃一支香烟，就把一支香烟所含的能量释放到我们所在的空间，所以宇宙的熵就增大了，一个系统的熵增就代表这个系统逐步走向死亡。当你点燃一支烟，开动汽车把油变成尾气，你就促进了熵增，导致雾霾的增加、环境的恶化、宇宙的死亡。

业或者直线型家族企业，少部分处于现代家族企业的阶段，但是中国已经处于知识经济时代的大环境。面向知识经济，家族企业不是以劳力、实物资本为企业的主要资源，而是要以知识资本为主要资本，知识经济就是以知识为基础的经济。所以，在以知识为主要资源的经济社会中，家族企业是否具有创造传播和使用知识的能力也成为企业组织生存与发展的决定性因素，管理活动将从重视实物资本转向重视知识与人力资本。这除了创造家族企业新的组织共同愿景外，家族企业必须把知识、技术、品牌作为家族企业的最核心的竞争要素，作为家族企业最主要的财产权与控制权要素。

第二节　股权融资与家族企业转型

一、从南存辉家族股权稀释看正泰集团跨越式发展

（一）南存辉的奋斗与正泰集团的崛起

1984 年，当修鞋匠南存辉投资 1.5 万元与人合作创办求精开关厂时，柳市镇类似的作坊已有千余家。三十多年过去了，昔日的竞争对手似乎烟消云淡，而南存辉则成资产超过亿万美元的富豪，连续三度荣登福布斯中国富豪榜。南存辉也荣获众多荣誉：第十一届中国十大杰出青年、CCTV2002 中国经济年度人物、中华慈善事业突出贡献奖；得到众多荣誉地位：全国人大代表、全国工商联常委等。

正泰集团也成为中国工业电器龙头企业和新能源领军企业。2010 年，"正泰电器"成功上市，成为沪深股市第一家以低压电器为主营业务的公众公司，成为中国乃至亚洲最大的低压电器产销企业。2014 年，正泰太阳能收购德国著名光伏企业 Conergy 旗下法兰克福（奥德）组件业务。截至 2015 年底，集团先后荣获"中国工业大奖""全国质量管理奖""中国优秀民营科技企业""中国机械工业最具核心竞争力十强企业""中国民营企业自主创新十大领军企业""中华慈善奖"等荣誉。

正泰的发展之路，被誉为"温州模式"的缩影，更被经济学家们称为中

国民营企业的创新之路、发展之路、希望之路。南存辉与正泰集团在三十多年的市场拼搏中，跨度之大，变迁之巨，本身就是一部传奇。但传奇背后总是有规律可循，这个规律，就是家族企业从家族公司走向公众公司。

（二）从家企正泰到上市正泰之路

正泰成长之路也不是一帆风顺的。这个成功之路在于不断稀释家族企业股权，不断吸纳家族外成员以股东身份进入，不断推进技术入股、管理入股。

股权激励是威力最大的激励。1984 年，南存辉在与小学同学胡成中每人出资 1.5 万元加破旧的厂房设备共 5 万元投资兴办求精开关厂时，1991 年，求精开关厂一分为二。同年 9 月，南存辉与自己的在美国的妻兄黄李益、弟弟南存飞、外甥朱信敏和妹夫吴炳池等亲属揽入正泰公司，成为股东，从而打造一个家族完全控股的正泰。从一家私人公司转变成一家家族企业公司。南存辉个人股份也从 100% 稀释为 60%，其他几位家族成员占 40%。

随后，南存辉开始了他的企业兼并、企业联盟与资本扩张之路。柳市的许多电器企业和正泰达成合作、贴牌生产。但是，这种贴牌生产的合作方式是极为松散的，很多加盟企业都有独立的法人资格，由于法人多，难管理，很快就出现"集而不团"的现象。针对这些弊端，南存辉开始了他的第二次股权优化之路。先后有 38 家企业进入正泰，股东近 40 名，而南存辉的个人股权也被"稀释"到不足 30%。

为了克服家族企业的弊端，1998 年，南存辉股权进行第三次股权优化，重组正泰。正泰通过收购、兼并、合股等方式，使股权结构多元化。通过吸纳优秀员工成为股权拥有者，为正泰的产品研发、销售、经营吸引了大量的科技人才、管理人才和销售精英。经过股权结构的合理调整，目前，在正泰最高决策层中，家族成员所占的比例已不到 1/3；在 100 多人组成的股东会中，家族之外的股东占了 80%；南存辉在正泰的股份仅占 20% 左右。家族色彩在淡化，企业却在不断壮大。

（三）正泰集团从家族企业到企业家族的几点启示

启示之一：我们知道，家族企业可以依靠血缘关系在较短的时间内迅速成长并崛起，但没有两权分离就不可能把企业做大做强；没有股权的多元化，就走不出家族企业与生俱来的致命伤：封闭、做不大、缺乏人才，难以实现跨越式发展。但家族企业做大、做强、向现代化、国际化转型，仅仅靠家族企业成员是不够的。这就需要吸收具有专业知识和能力的职业经理人。正泰正是通过管理入股、技术入股、经营入股的股权多元化发展企业与发展家族事业。南存辉家族的成功之处在于三十多年来一直通过股权多元化走出个人企业、走出家族企业、走出低端制造产业。成就了企业、个人和家族。

启示之二：要建立完善的现代企业制度。正泰以股权优化为基础，完善了股东大会、董事会、监事会及总经理的人员结构，变家族管理为专家管理。目前，在正泰法人治理机构中，非家族股东成员占60%，非股东人员占20%，有血亲关系的家庭股东仅占20%；在经营执行层中，非股东人员占总量的85%，大量外来的优秀管理人员和科技人员进入领导层，初步做到了资本所有权与生产经营权的适度分离和专家管理企业。

启示之三：股权多元化的过程是资本为重转向知本为重的过程。不断把股份稀释到职业经理人与科技人员。这可以从南存辉在2014年集团大会发言可以看出。他说：要高举自主创新的大旗，积极调整产业结构，着力推进五个转型升级。一是向半导体高端重大装备制造业发展的转型升级；二是实现"产品硬件制造"向"软件开发系统集成服务"的转型升级；三是进军新能源产业，实现先进制造业向现代服务业转型升级；四是由传统渠道营销向电商网络营销转变，由产品的传统制造方式向基于互联网思维的"智能制造"转型升级；五是建设企业孵化园区，实现由企业经营向资本经营转型升级。这五大转型背后都靠战略新兴产业的人才与高端服务业人才，股权不激励，转型不成功。例如，1998年实行了要素入股；2003年引入岗位激励股制度；2010年正泰电器推出了期权激励，这对于稳定经营管理团队、吸引与保留优秀管理人才和技术骨干、保证企业稳健发展都有重要意义。家族企业逐步迈向现代企业，进而实现可持续发展，家族企业的股权稀释成为必由之路，可行之路。

二、从俏江南股权融资看张兰家族发展的得失

（一）创业维艰

1988年，一如数年之后热播剧《北京人在纽约》中所描述的，出身于知

识分子家庭的张兰，放弃了分配的"铁饭碗"，成为潮涌般奔赴大洋彼岸洋插队者的一员，去了加拿大。通过在加拿大打黑工、刷盘子攒了2万美元，然后1991年底从加拿大回来，在1992年初她创办了第一家餐厅叫"阿兰餐厅"，之后开了一家烤鸭大酒店和一家海鲜大酒楼。随后，在2006年创办了"兰会所"、2008年创办了"兰·上海"，大概一共积攒了6000万元创办了俏江南。俏江南集团总部位于北京，旗下品牌包括俏江南品牌餐厅、兰（LAN Club）和SUBU三大高端品牌，自成立以来，俏江南遵循着创新、发展、品位与健康的企业核心精神，不断追求品牌的创新和突破。

（二）股权融资

大家知道，餐饮行业是典型的大市场、小企业的行业，行业集中度非常低，所以脏乱差、标准化不足，使得很长时间以来资本不是太青睐这个行业。2008年金融危机起，资本开始寻找行业波动不是特别大的行业投资。餐饮行业就是行业周期波动不是特别明显，而且可以非常好的规避行业周期风险，又是强现金流的行业。于是，2008年资本开始把注意力集中到餐饮行业。百盛也于2007年、2008年先后入股小肥羊、快乐蜂、永和大王；IDG投资一茶一座；红杉投资乡村基。也就是在这样的背景之下，鼎晖投资高端的餐饮品牌的俏江南。

大家知道，既然是私募股权融资，创业方与投资方自然少不了要签署包含一系列条款的投资协议，如董事会条款、防稀释条款、竞业禁止条款，以及外界耳熟能详的对赌条款等。对俏江南来说，主要是鼎晖与俏江南合同中的三个连环触发条款。

一个典型清算优先权条款。即公司触发清算事件，A类优先股股东（即投资人）有权优先于普通股股东（即创业股东）每股获得初始购买价格两倍的回报。二是典型的领售权，也称为强制随售权。领售就是领衔出售，也就是这个条款一旦触发的话会强制创始人股东随他一起出卖股份。领售权条款意味着，企业出售与否的命运并不按照持股多少来投票。三是典型股份回购条款，即如果大多数A类优先股股东同意，公司应该从第5年开始分3年回购已经发行在外的A类优先股，回购价格等于原始发行价格加上已宣布但尚未支付的红利。当然，股份回购的触发方式，也可以不是由优先股股东投票表决，而是由条款约定具体的某一时间性事件触发，比如4年或者5年之内企业未能实现IPO，则触发股份回购条款。那个时候有媒体报道俏江南跟鼎晖签署了"对赌协议"，如果俏江南无法在2012年底之前上市，鼎晖有权以回购的方式退出俏江南。①

正是因为有股份回购条款的约束，俏江南上市有一个时间表。2011年3月份俏江南已向中国证监会提交了上市申请，考虑到当时A股的上市排队数量大概六七百家，还有审核流程，所以要在这个时间点报材料的话，到2012年底能够完成上市其实时间是相当紧迫的。但俏江南运气不好，当时所有餐饮企业在A股的IPO申请处于被冻结状态，除了2007年有全聚德和2009年湘鄂情两家上市公司，后来其他所有的餐饮企业申请都被冻结。2012年1月30号，证监会例行披露IPO终止审核名单，俏江南位于其中。

A股上市夭折之后到2012年底，她要完成IPO目标其实时间已经很紧迫了，所以她马上在2012年4月份启动了赴港IPO，赴港IPO也是波折不断。最大的一个约束是《关于外国投资者并购境内企业的规定》（俗称"10号文"），张兰正好受这个文件的约束，想通过变更国籍规避10号文。虽然成功规避了10号文，却遭遇市场寒流，受重拳反腐及"中央八项规定"的影响，奢侈品、高档酒店、高端消费遭遇拐点。

俏江南最终没有能够在2012年末实现IPO，就触发了"股份回购条款"。而当时俏江南处于经营非常困难的情况，它的门店是从70个门店缩减到50个门店，我们就可以去推想一下它的经营还是很惨淡的，所以她根本拿不出4亿元现金去回购鼎晖所持有的股份。由于鼎晖股份回购是没有办法执行了，于是鼎晖启动了"领售权条款"，公司的出售成为清算事件后又触发了清算优先权条款。资本的意志是最原始的意志，不论张兰性格张扬，还是有号称"京城四少"之一的儿子汪小菲以及知名艺人大S这样的"吸睛"组合，也未能挽救有餐饮界"奢侈品"之称的俏江南，最终落得从企业"净身出户"的下场。

（三）张兰家族股权融资的教训：不能控股的融资都是耍流氓

一段时间以来，国内的很多媒体把VC与PE股权投资人描述成对创业者压榨的吸血鬼。其实，VC与PE对于科技转化为生产力，对于市场效益的提

---

① 陈凯.俏江南：资本之殇［J］.财富管理，2015（5）.

高都是市场经济中不可或缺的手段。可以说,没有 VC 与 PE 资本的参与,中国绝对不可能出现阿里巴巴、腾讯和百度这样在市场竞争中真正的世界级企业。①

家族企业股权融资是一把双刃剑,既能让企业向着更强的商业帝国冲击。也能让企业创始人瞬间失去与之奋斗了几十年的企业。股权层面的控制权包括绝对和相对控股,绝对控股权情形下创始人要持股达到 67%,才能让公司的决策权掌握在自己手中,如果实在不行至少也要持股 51%。而相对控股权往往需要公司创始股东为持有公司股权最多的股东。

一些创始人都认为只要把事情做成了,自己有没有股份无所谓。然而事实并不是这样,资本本身并不能代替灵魂人物。另外,如果不是自己操盘,企业未来的走向很难和当初预定的目标保持一致。此外,很多家族企业传承转型过程中不熟悉融资规则,以至于出现融资后创始人脱离自己最初梦想的噩梦。

如果没有和资本联姻,张兰或许没有机会去尝试实践其宏大的抱负,或许至今仅仅维持着小富即安的状态,但至少还能保全她对企业的控制。俏江南陨落的案例,映衬着张兰作为创业者与资本打交道时对游戏规则认知的不足,同时还夹杂着高估值预期下的进退维谷,日益陷入被动。②

家族企业股权融资只是家族企业优化股权结构的选择之一。其实,知识产权也可以作为非常有效的手段进行质押贷款等。我们知道,无形资产现在在企业的注册资本比重可高达 70%。如果俏江南 72 项商标可以质押,当初 2 亿元的融资也许并不需要外部持股。可惜,教训可以吸取,历史却不能重来。③

第三节　组织模式创新:家族企业传承与产业转型的可实现战略

随着复杂社会的特征不断凸显,家企传承与产业转型必将面临更为深层次的不

---

①　郭亦乐等.共赢——企业与资本的博弈〔M〕.北京:北京大学出版社出版,2016.

②　陈凯.俏江南:资本之殇〔J〕.财富管理,2015(5).

③　邢莉.张兰离开后,餐饮界的 LV"俏江南"沦为平民品牌.〔N〕http://mp.sohu.com/profile? xpt = ZmluZXRfZ2dqbUBzb2h1LmNvbQ,2017 – 01 – 25.

确定性。家企传承与产业转型如何顺利推进，依然要对家族企业的组织结构转型进行深入研究。家企组织如何转型，新型组织形态是怎样的，这是我们必须面对的。我们借助两家家企传承与产业转型并伴随组织转型的案例及复杂管理科学的理论，解读这些经验，并提出家族企业传承与产业转型的路径。

一、中国家族企业从创建到传承中组织构建的利弊分析

（一）与产业转型伴生的组织转型

工业化就是工业组织化的过程，同时也是家族企业从自组织到他组织的过程。按企业组织的历史发展形态来看，个人业主制企业、合伙制企业和公司制企业这三种基本企业制度形式中，古典企业制度即资本主义的个人业主制是最早出现的。个人业主制组织的发展不是由政府主导的，而是以自组织过程为主的。在工业化早期阶段，由于市场狭小，机会缺乏，"联合的艺术"不发达，创业者很难把自己占有的资源与他人占有的资源平等自愿的聚合在一起，组合成一个较大的新组织。同时，在工业化早期阶段，由于资本积累和集聚程度有限，"有纪律"的自由劳动力以及富有组织才能的企业家的缺乏，很难将他人的资源与自己的资源组织起来。而且，整个社会的外在环境也较不适应于较大的企业组织和"工厂制度"。因此，在工业化早期阶段，进行组织创新的成本较高。对于早期工业化过程而言，家庭是一种最为基本也最为普遍的既存组织，以家庭这种既存组织作为工业化早期的经济组织形式则不必付出组织创新成本。利用家庭中原有的、紧密的传统关系还可以节约组织运行过程中的交易成本。

家庭内部的人际关系是非常紧密的，而传统社会中的家庭更是如此。这种过于紧密的人际关系虽然不利于产生纯粹的经济交易，但却有助于生产中的合作、利益的分享和风险的共担。而且，按照传统社会普遍流行的观念，利益和风险也应该在最亲密的家人和亲友之间分享和分担，而不宜与外人分享和分担。换个角度说，在陌生人或关系不甚密切的人们之间，要在重大问题上合作，并分享利益或分担风险，就需要有更为明确的正式契约，而在工业化的早期，人们制订和执行更为明确的正式契约的能力较低，成本极高。家庭中密集

的人际关系则恰恰提高了人们处理模糊契约的能力，节约了作为一种经济组织的家庭在运行过程中的交易成本。

此外，无论是组织组建过程还是运行过程中的交易成本都受组织规模的影响，因此，组织的发展必然地是由小到大的过程。同时，由于在工业化的早期阶段，技术发展水平较低，由技术因素决定的经济规模较小，组建较大企业的组织创新收益也较小。家庭既是既存的基本组织，也是小规模的自组织，这也使家庭自然地成了工业化过程中工业组织发展的起点。

中国家族企业经过改革开放近 40 年的发展，环境、组织的复杂性都空前高涨，经营权、所有权分离的管理体制出现，使得家族企业逐渐由自组织向他组织过渡。在这个过程中遇到两个明显的"瓶颈"：其一是规模的"瓶颈"：当家族企业发展到亿元规模时，就难以再长大。当把目光投向世界时，人们还发现华人虽有不少亿万富翁，但却很少有能力构建起跨国公司；在世界 500 强中，华人企业的身影也难以寻觅。其二是寿命的"瓶颈"：与现代发达市场经济国家的企业比较，中国的民营企业普遍短命，中小企业的平均寿命只有 3 ~ 5 年，大企业的平均寿命也不到 10 年。一份调查报告指出各类企业寿命在 5 年内的高达 50% 以上。为什么如此众多的家族企业如流星瞬间消失在茫茫的商海？为什么像三株公司、巨人公司、爱多 VCD 这样的家族企业在其最鼎盛时期却为破产之时？而像杜邦公司、IBM 公司、美国通用电气公司这些家族企业经受住了百年的沉浮经久不衰，并在市场竞争中常胜不败？所有这一切都给我们提出了一个深思的问题，即一个家族企业怎样才能不断地创新、发展，持续地保持企业竞争优势。在此，我们用复杂性科学的观点为中国家族企业的发展提供一系列可行性建议。

（二）接受德鲁克建议：坚持家企管理四大原则

近 40 年的改革开放，一个最直接的成果就是诞生出一大批家族型企业，现在，这些家族企业正面临家族企业传承与产业转型，新生代家族企业接班人与新的产业生态，必然导致新的组织形态，我们需要怎样的组织形态及与新组织形态相一致的管理。德鲁克历经 60 年的研究与洞察后，提出了家族企业有效管理的四大原则。

第一条规则，"除非家族成员和任何一个非家族成员的员工一样能干，否则不能在公司内工作。"他说：我曾目睹多家已上市公司的董事长，他们积极把自己认识的人安排在重要的部门里，甚至不管股东的抗议，他们大都一意孤行。结果没多久，高管一个接一个离开了公司，最终，这样的家族企业性质的上市公司关门大吉了。也许有人会说，我只不过安排我的外甥从基层做起，也不是安排他去干经理，有什么不对呢？有什么问题呢？但是，实际上，在一个家族企业中，不论家族成员的工作内容或头衔是什么，他们在员工的眼里都是属于"高级管理层"。因为，一到周日，当和董事长一起坐在餐桌前时，他们可以直接与董事长交谈。如果他们的表现优异、诚实、正直，当然能赢得员工们的尊敬，但是，倘若他们狐假虎威、气势凌人，必然会引起多数员工的不满，这对员工而言，是一种侮辱，也会使得员工无法尊敬老板。最终，可能大有作为的员工都离开了公司，留下来的人，很快地就成了溜须拍马的弄臣。

有些家族企业的老板为了保持股东之间的平衡，只好接受一位懒惰而平庸的第二大股东的家族成员，将其安排在公司内挂个"营销部经理"的头衔，但是另外高薪聘任一位十分能干的专业人士担任"营销部副经理"。老总对那位副经理说："我堂兄的头衔只是个形式，目的是让他的母亲不要再烦我，毕竟她是公司的大股东。当然，公司都知道你才是真正负责这个部门的人，以后你只要向我负责，不必理会他。"

事情有这么单纯吗？真的就像老板说得那般轻松，从此就可以过上幸福快乐的日子了吗？事实告诉我们，如果这样处理，只会让情况变得更糟，甚至会到不可收拾的境地。因为，只要他堂兄在公司里多待一天，就会多一天的麻烦。如果他既没有能力，又没有好的工作态度，企业留用这样的人，会激起同事的不满和嫉妒，最终，企业的经营会走上不归路，这样，受害的自然是公司。因此，用钱打发一个懒惰而平庸的堂兄所花费的成本，远比留他在公司里就职所耗用的成本要低得多。

第二条规则，"不论有多少家族成员占据了多少公司的管理职位，也不管他们多么能干，都需要保留一席高管的位置给非家族成员的人"。比如，李维公司的老板是家族成员，也是公司创始人的后代，但他们的总裁兼总经理却是一位非家族成员的顶尖专业人士。

德鲁克举了一个具有启发性的例子。他认识的第一位"公司内部的外人"是一位60年前在英国一家非常大的家族公司中任职的副财务总监。虽然，他和公司家族成员有着亲密的友谊，但他却"从不参加他们家族的聚会或婚礼，他甚至不在他们家族成员出席的乡村俱乐部中打高尔夫"。他曾对德鲁克说："我所参与的唯一的他们家族的聚会就是他们家的葬礼。"

第三条规则，"除了极小型的家族企业之外，家族企业需要非家族成员的专业人士不断补充公司的重要位置"。企业聘用的非家族成员的专业人士都应该受到同等的对待，必须让他们在企业内享有"完全的平等权"，而不应该受到差别待遇，否则他们就不会留在公司。

第四条规则，"将继任权的决定权委托给一个既非家族成员又与公司毫无关联的人士"。即使忠实地履行上述三条规则的家族企业，仍然会由于企业的继任者问题而引起矛盾，甚至面临企业解体的风险，这是因为企业的需求和家族的需要发生了冲突。

针对此类问题，德鲁克提出了精辟而有效的见解：通常，家族企业会一直等到关于继任问题的矛盾变得尖锐时，再请外人协助解决，这样做的话，如果错过了应该决策的时机，就为时已晚了。接班人计划应该与财务、人事等计划相结合，这些计划不可能在一夕之间完成，为此，如今有越来越多的家族企业，在接班人决定之前，就已经预先找好了"合适的仲裁者"。

家族企业其实依赖的是一种"创业的精神"，因为家族创业对企业的起步十分有利，原因是家族能共患难。又因为中国人的韧性十足，因此在创业之初，成功率较高。但企业的规模扩大之后，问题就来了。为此，家族企业要能永续经营下去，必须忠实地遵循德鲁克的四条法则。

家族企业生存的基本法则是"只有家族服务于企业，企业与家族才能同时生存并得到发展，否则将两败俱伤"。在"家族企业"这个词中，重要的字眼不是"家族"，而应该是"企业"，这是德鲁克生前的忠告。[1]

二、从三个案例看家族企业传承与产业转型中的组织转型

（一）从杜邦跨越两个世纪传承看中国家族企业组织转型之必然

美利坚合众国建国史有多久远，杜邦公司就有多久远。杜邦家族是美国最

---

① 詹文明. 管理未来：卓有成效的德鲁克［M］. 北京：东方出版社出版，2012.

古老、最富有的家族；杜邦公司不仅是美国经济发展史的缩影，更是企业组织形态的活化石。20世纪90年代，杜邦家族就已经控制1500亿美元的财富。现在，杜邦公司依然是世界500强的公司，更是500强寿命最长的企业。再看看世界100强的家族企业，几乎没有中国的家族企业，如果有也是中国港台的家族企业，我们自然要问，杜邦公司跨越两个世纪传承的最核心要素是什么，最值得中国家族企业传承借鉴的是什么？

1. 从直线型组织向职能型组织的演化转型

杜邦公司跨越两个世纪的传承，有一条清晰的组织变革路径：就是从集权型单人决策，到家族股东与职业精英共同治理，再到"三驾车式体制"后的公众公司组织，最后到网络型组织形态的演化转型。

杜邦公司起步时是典型的家族企业。公司体现股东利益至上，认钱不认人；公司的财产权与管理权高度重合，主要管理者和技术人员都是家族成员；企业组织结构是直线型；管理模式集权式，家族强人说了算，杜邦集权式管理标志性人物就是亨利·杜邦将军。亨利虽然将杜邦带到一个前所未有的高度，但是他的管理模式又几乎将公司毁掉。平庸的接班人传承了杜邦的财富与公司权杖的同时，也传承了公司的集权的组织模式，并伴随着一系列危机。在面对危机的家族会议上，新一代家族成员指出："我们应该划分股份，明确职责。杜邦公司日见庞大，再实行家族式伙伴制，搞财产公有，显然违背时代潮流"。于是，以"杜邦中兴三巨头"著称的艾尔弗雷德三兄弟，续写了杜邦的传奇。

这个传奇就是果断地抛弃杜邦公司家族的、封闭的、集权的、直线型组织架构的治理模式、组织形态与管理方式。在家族股权与职业经理人的结合下，公司首先探索集团经营的管理体制，实行了统一指挥、垂直领导和专业分工；随后，职业经理人又发现集团式经营权力过于集中，没有弹性，不能适应市场的变化，于是又进行了改革，实行事业部制。到20世纪40年代，杜邦公司执行委员会的高层职位的杜邦老人全部退出，一批精通专业、经验丰富的非家族的职业精英进入管理层。到家族的第五代掌门人、"危机时代的起跑者"科普兰临危授命时，公司总经理、财务委员会议议长等职务以至董事长职务都由非家族成员担任，从而形成"三层金字塔"的组织形态。事业部制与三层金字塔的组织形态体现了矩阵型组织模式，即不断增加横向权力，具体体现在项目管理、流程管理之中；本质是家族纵向集权的组织形态向职业精英的横向分权的组织形态演化转型，从家族股东独享的价值观向与职业精英分享的价值观转型。

2. 从职能型组织向网络型组织转型

随着世界经济走向生命科技时代，人们更加重视身体健康、生活品质，杜邦带着"责任关怀"的核心价值观进入了公司持续发展的第三个世纪，并以知识密集的方法来解决人类的生存和生活问题；将生物科技融入过去已经拥有的一些技术中去，通过杂交、嫁接方式探索既利于环保、又利于健康的新科学生活解决方案。责任关怀体现了杜邦公司新的核心价值观，体现了组织形态从家族与职业精英的分治分享模式向利益相关者的共治共享价值观的转变，从职能型组织向网络型组织转型。

我们知道，经济全球化、网络化时代的到来，使得跨国公司采取了全球一体化的经营方式，将产品的研发、生产和销售等环节根据各自不同的区位优势分布于全球各地，把所有分支机构联结成一体化的、日益紧密的全球网络。鉴于知识经济网络化趋势，杜邦公司也开始从"模块"的角度对企业重新审视。模块组合强调各模块相对独立地运作于各自的市场，根据各自市场的变化进行调整；其实，模块就是互联网的节点。模块化就是节点化与网络化，表现为企业内部组织结构网络化和企业间组织结构网络化；体现杜邦公司的中心在淡化、节点在强化，从而实现了最大限度的资源共享、利益共享与价值共享。

3. 杜邦跨越两个世纪传承的经验体现的是工业革命背景下企业传承的基本规律

工业革命最伟大的成就不仅是科学技术在工厂的应用，而是企业内组织结构的建立。正是企业组织结构的建立，才能使企业作为市场的替代物而存在，使企业内部的生产要素的行政配置的成本低于市场中的要素配置的成本。组织结构是企业的基本框架，是企业所有活动的载体。德鲁克认为，现代的人们必须了解组织，就如他们的先辈必须学习耕作一样。

钱德勒在《规模与范围：工业资本主义的原动力》的煌煌巨著中，以美国、英国和德国为样本，全面考察了工业资本主义的产生与发展，最终得出，组织能力是工业资本主义的原动力的结论。钱德勒把美国的资本主义，称为

"竞争性的管理资本主义"。这种管理资本主义是由现代企业构成的，经理人员在其中发挥着支配性作用的制度。

钱德勒还认为，美国企业设立之后，通过横向合并、纵向一体化、进入新地域市场，尤其是海外扩张和进入新产品市场，即相关多元化四种战略迅速壮大。而横向合并和纵向一体化战略并不涉及组织能力。但是，随着企业的发展壮大，经营活动会越来越超出企业创始者的精力范围，此时，对管理进行投资就变得非常必要。正是这种现实的需要，使得美国诞生了新的经理阶层，促进了管理权与所有权的分离，最终形成了美国的竞争性管理资本主义体制。通过美国、英国和德国资本主义制度的对比，钱德勒还发现三个国家的资本主义具有共同之处，就是凡具备并维持了组织能力的企业或国家，在国内外市场的竞争中就会成功，否则就会被淘汰。因此，企业发展的"第一推动"，是来自于企业作为一个整体的组织能力。

贝利和米恩斯在1932年出版的《现代公司与私有财产》一书中，对美国200家大公司进行了分析，发现在这些大公司中相当比例的是由并未握有公司股权的高级管理人员控制的。钱德勒也在《看得见的手——美国企业的管理革命》一书中曾详述过职业经理人如何逐渐取代家族成员而成为家族企业的实际权威的，这种权力让渡也是美国家族企业管理革命的核心。他认为，当管理上的协调比市场机制的协调能带来更大的生产力，较低的成本和较高的利润时，现代工商企业就会取代传统的家族企业。他还认为，现代工商企业出现之前，企业是由企业资产所有者管理的，而当企业的创立和发展需要大笔外来资金、外来物质资本资源时，所有权和经营权会在金融机构和公司所有者之间分配，而当现代工商企业出现的第一天起，"经理式企业"就标志着物质资本主义、金融资本主义的结束，人力资本主义时代的开始。

（二）从国美电器到国美在线看家企组织转型

"国美"从国美电器到国美在线就体现了面对时代的大潮、面对市场的压力、面对同业的竞争，企业没有不能改变的，除非等死。2012年在电商的强烈冲击下，国美陷入了严重亏损的困局，但转型的国美在线与传统的国美电器大不一样。2015年福布斯全球亿万富豪榜上的大陆富豪人数达到213人，黄光裕家族依然以净资产14.5亿美元排名1312。

在国美控股集团 2016 年战略大会上，国美控股集团决策委员会主席杜鹃解读了公司 2016 年的发展规划。实际上，在 2015 年初，国美就采用了"蜂巢式变革"的模式，支持小团队孵化项目。国美电器致力于构建"线下实体店＋线上电商＋移动终端"的组合运营模式，被称为 O2M 模式。此外，国美鼓励每一个员工都开设微店。通过微店连接线上线下，让线上线下互引流量，以层层关联的个人对个人的信息传播为体系，使门店销售人员成为引爆这个商业模式的种子力量，形成覆盖线上线下的销售体系。

国美鼓励员工开微店，就是"黄陈之争"后的一个进步，是对中国家族企业传统的家长制管理和科层制的颠覆。最大的颠覆就是家族企业的封建家长制思维与职业经理人的家丁思维。"黄陈之争"时，业界曾争论过，陈晓是败于江湖规则还是败于传统的"君臣"理念。媒体也用君臣关系或者主人与保姆的关系来评价。说什么，黄光裕到底是专权的曹丞相，还是三顾茅庐的刘皇叔。陈晓是聪明勤恳的诸葛亮，还是"功高代主"的司马昭。君相之争这个比喻与互联网思维及硅谷知识雇佣资本理念大为相悖。因为，互联网最核心是"共生"与"众享"，利益分享机制发生根本性的变化。阿里为什么要在美国上市？就是因为美国承认人力资本合伙人制。人力资本合伙人制度就是强调人力资本要优先投资、人力资本参与利益分享、人力资本参与企业的经营决策。互联网时代的财富来源于创造性的思维与创新性的组合，这种创造性的思维就是互联网思维，就是强调创新、尊重知识、注重人与网络的价值。如果说，农耕文明最重要的资产是土地跟农民，工业时代最重要的资产是资本、机器及流水线上被异化为螺丝钉的人。那么，到了移动互联时代，最核心的资源是数据、知识与创新背后的知识工作者。

（三）西门雪：一个家族企业传承中组织转型的成功案例

西门雪是杭州一家生产销售高端月饼的家族企业，创始人是张劲松。西门雪通过 15 年的努力，建立了遍布全球的食材供应链体系，以"一个月饼吃掉全世界美味"而闻名，稳坐星级酒店月饼销售量头把交椅。

作为家族企业，开明的父亲就在行业内推行股权激励制度，西门雪的产品总监、销售总监、物流总监合计持股 25%（见图 3 - 1）。

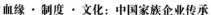
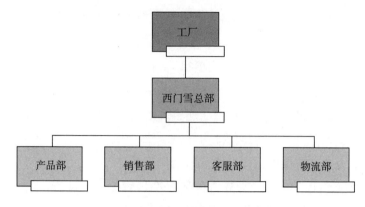

图3-1　西门雪改革前的组织结构

张劲松在50岁生日宴时将家族企业传承给刚刚从国外留学回国，在自家企业实习不到1年，年龄不到25岁的儿子接班。

由于儿子受的西方教育，价值观不同于父亲的威严，更倾向于与员工打成一片，但也导致员工说情讲理的人越来越多，希望降低单价以拿下大客户订单，有的希望延长账期以维护大客户关系，有的抱怨市内物流管制太多无法在公司规定的时间内送到，接班人成天应付各种"为增加公司营收"而增加的沟通成本。

最后，接班人萌生对公司组织架构做大幅度调整的想法：公司改制成许多个一人有限责任公司，全部单边交易。

公司改制后，员工再没有要求降低月饼单价，增加客户账期的销售人员再也没有提出延期。制度设计中，高出公司定价的80%归员工所有，更短的账期都得到回款。除此之外，为了降低办公成本，几个一人销售公司选择一家联合办公空间，办公价格降下来了，物流公司的抱怨明显减少，服务也更到位了。

由于产品部、销售部与物流部剥离后，组织结构发生转型（见图3-2），接班人也没有以前繁杂的事务性工作，可以把更多的精力放在西门雪的品牌推广和数据系统建设上。公司治理与组织结构转型，员工都成为股东。①

---

① 唐伟，车红．种下股权的苹果树——56大股权场景实操［M］．北京：机械工业出版社，2016：37-39.

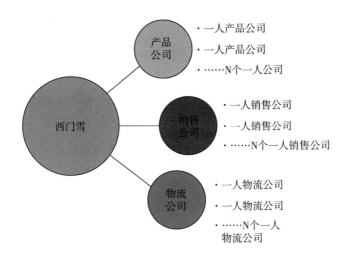

图3-2　西门雪改革后的组织结构

三、面对传承与产业转型：打造新型组织

（一）组织结构扁平化

家族企业组织结构扁平化，即通过减少管理的中间层次，扩大管理跨度，使组织结构向扁平化方向发展从而提高沟通效率，提高管理效率，降低运行成本。其最大的特点就是等级型组织与机动的计划小组并存，具有不同知识的人分散在结构复杂的组织形式中，通过凝缩未来时间与空间，加速知识全方位运转，以提高组织绩效。扁平化组织结构具有如下优势：一是信息流通畅，使决策周期缩短。组织结构的扁平化，可以减少信息的失真，信息沟通与决策的方式和效率均可得到提高。二是创造性、灵活性加强，致使士气和生产效率提高，员工工作积极性增强。三是可以降低成本。管理层次和职工人数的减少，工作效率提高，必然带来产品成本的降低，从而使公司的整体运营成本降低，市场竞争优势增强。四是有助于增强组织的反应能力和协调能力。企业的所有部门及人员更直接地面对市场，减少了决策与行动之间的时滞，增强了对市场和竞争动态变化的反应能力，从而使组织能力变得更柔性、更灵敏。

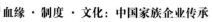

（二）打造家企团队组织

企业组织在现阶段，呈现出的另一个发展趋势就是越来越多的企业组织将组织成员分割为众多的小团队，以完成不同的组织任务。小的团队组织，很容易在组织成员之间形成组织生产的"惯例、默契"。这种"惯例、默契"，就是组织知识的初级形式，这样可以保证企业组织的持久的活力。归纳来讲，团队组织建立的好处在于：其一，从事创新工作的团队需要有互补的知识或技能，需要在组织中想到"学习"。只有建立一个团队组织，才能实现"干中学"。其二，组织知识的创造是非重复性活动，团队组织成员的管理依靠的是以往的默会性的组织知识，以及基于此而建立的相互信任，这样团队组织可以节约企业组织的管理成本与监督成本。

（三）构建家企网络化组织

组织结构网络化的重要特征是在网络的基础上形成了强大的虚拟功能，网络化组织的中心有一个由关键人物组成的小规模内核，他们为组织提供持久的核心能力。通过互联网的开发，将企业所面临的众多分散的信息资源加以整合利用，通过一个界面观察到很多不同的系统，从而实现迅速而准确的决策。组织的网络化使传统的层次性组织和灵活机动的计划小组并存，使各种资源的流向更趋合理化，通过网络凝缩时间和空间，加速企业全方位运转，提高企业组织的效率和绩效。郭凡生指出，当前信息化浪潮席卷全球，中国的家族型企业在受到更激烈挑战的同时，也面临着机会。互联网、B2B（企业间）电子商务在中国的迅速普及，为家族型企业做大做强提供了有效的解决途径。民营企业有优势、有前途，要抓住电子商务高速增长的契机，利用电子信息技术发展自己，做大做久。而离开了科学技术，企业即使做大，也很难维系。

（四）形成家企组织的小型化与柔性化

自产业革命以来，很多企业倾向于通过扩大企业规模、增加企业产量来追求规模经济效益。这种观念在很长一段时间内是有效的。然而，在基于互联网的电子商务面前，小公司可以通过使用较少的成本来建立全球的销售系统，在开放的市场中平等地与其他的企业进行竞争。且小公司的灵活性和创新性明显强于大企业，所以企业规模的小型化也是组织形态发展的趋势之一。组织规模的小型化并不是指其产值或市场的缩小，而是指人员和组织机构的缩小。对市场激烈的竞争，许多大公司正通过分离或剥离、授权、企业流程再造、业务外包或建立战略联盟等方式来使自己的经营实体小型化，从而达到降低成本、提高应变能力、提升竞争能力的目的。

柔性管理——是在研究人们心理和行为规律的基础上采用非强制方式，在人们心目中产生一种潜在的说服力，从而把组织意志变为人们自己自觉的行动。柔性管理的本质——"柔"原则与"软"控制。信息的横向交流导致领导层与职工信息共享；知识经济时代到来导致权力的转移与分散；互联网导致人际关系网络化；沟通方式发生变化；跨国经营，开放系统导致价值的多元化；产权结构多元化导致民主决策；生产要素转移到人力资本导致柔性管理。

（五）鼓励家企自组织

自组织是指一个复杂系统在一定的条件下能够自发地产生新的演化模式。当环境的条件改变时，系统能够自行转变其运行模式，以适应环境新的需求。管理者在建立一个群体来处理某个事件时，并不是要他们参照条文标准和设置目标或激励他们实现预先给定的情景。相反，管理者可以通过设计不确定的挑战来取代明确的目标，没有目标就是有意识地刺激下级寻求做事的新方法和产生冲突。挑战的活动应该是一种双向的，高层管理者自己也要面对来自下层的挑战。对于一个自组织的管理群体，应该允许他们的成员在给定的工作范围内自由地组合工作。这意味着，当组织成员按照这一方式一起工作时，传统的管理层次就不适用了。成员在这样的组织里能够做出贡献，能够通过他们所做出的贡献而影响他人，他人的行为又反过来影响他们自己。如果所有成员的行为遵循一定的规则，那么，他们的自组织行为就在他们的相互作用下产生了。

（六）把家企打造成智能体组织

多智能体组织与传统组织相比较在运作环境、权力分配、信息传递、运作机制等诸多方面存在着明显不同，传统的组织假定以此为基础的管理理论与方

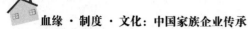

法，已经不能适应新型组织管理的需要。通常认为无智力的智能体是指仅仅按照一定规则行事，本身缺乏行为战略和演化机制，不具有根据环境变化做出修改的智能体；相反，有智力的智能体是指具有行为战略和演化机制，能够根据环境和战略目标修改自己行为规则的智能体。

法人制度与家族企业传承

其实把"家族"和"企业"这两个概念放在一起是近代才有的现象，人类几千年的文明史，过去是只有家族，没有企业。研究家族企业的百年传承，必然要界定什么是家族企业，家族企业的起点在哪里？现在诸多关于家族企业的定义更多侧重家族的一方，或者说家族企业定义中暗含一个假设，就是指家族企业的企业是具有法人资格的企业，没有法人地位的家族企业还是传统的农耕文明的家庭与家族经济，还是家庭小作坊，所以，我们对家族企业的企业界定在公司的子集合的概念中，或者说，我们说的家族企业是讲的家族公司。此外，我们也忽视了，在百年中国现代化进程中才产生法人企业，包括家族企业，并不是在中国传统农业文明之根长出来的果实。只有到了近代，在异质文明冲击下产生出来的新经济组织，也就是 19 世纪 90 年代之后的几十年，是嫁接的果实。

所以，这一章首先回顾百年中国企业法的从无到有，从粗放到精细，从否定到重新捡起并进一步完善的历程；并在这个基础上观察中国《企业法》从引进到完善的风风雨雨，以及家族企业从无到有、从小到大、从创办到传承的历程。

第一节　中国企业法人制度的创建

一、中国家族企业研究的起点在哪里？

我们常常说家族企业，没有说家族公司，这之间的区别在哪里，我认为还是要区别清楚，特别是我们希望对有《公司法》后的家族企业进行研究，把家族企业设定为一个具有法人组织的形态进行研究。

我们知道，现代公司制度源于 16 世纪的西欧。面对一个随着地理大发现而急速拓展的海外市场，沿袭数千年的传统商业组织已经无力承担远洋贸易所需要的大量人力、物力和资金，更加无法承受远洋贸易所伴随的巨大风险。在这种情况下，精明的荷兰商人设计出了一种划时代的经济组织形式——公司。一个公司就是一个"法人"，即法律意义上的自由缔约人。"公司法人"的收益与风险由股东按其出资份额共同分享、共同承担。出资人以其出资额对公司债务担任"有限责任"，多余债务自动免除。"法人"和"有限责任"正是这看似平常的制度创新，革新了沿袭千年的经济秩序。从此以后，市场的主要参与者、竞争者逐渐由有血有肉的自然人变成了"法人"，自然人不再是市场风险的直接承受者，这无疑大大降低了资本的运作风险。通过分散和降低资本风险，公司得以聚合起全社会一切渴望增值的资源和力量，并由此开启了一个属于公司的新时代。

公司被看作是"人类的成就"而在各种公司形态中占主导地位的股份有限公司的诞生，被认为是近代以来最重要的商业创新。开启了人类经济生活乃至现代文明的新篇章。公司使社会取得重大的发展，它就像一只无形的手推动着世界的变化。

依照中国法律规定，公司是指有限责任公司和股份有限责任公司，具有企业的所有属性，因此公司是企业。但企业不一定是公司，公司是企业的一个子集合，公司与企业是种属关系，凡公司均为企业，但企业未必都是公司，公司只是企业的一种组织形态。在这里我们必须厘清企业、法人、公司这三个关键词。

一是要知道什么是企业。实际上判断一个组织是不是企业，主要分析其是否具备一两个特征；第一，必须能够给社会提供服务或产品；第二，要以营利为目的。不以营利为目的的社会组织不能称之为企业。比如教会，它不是以营利为目的的，不是一个企业。

二是法人的概念。按照中国《民法》的规定，法人必须具备四个条件：第一，它是社会组织；第二，必须有独立的财产；第三，要有独立的法人资格；第四，要能够独立承担法律上的权利和义务，能够独立地进行起诉或应诉。法人可以分为四类：企业法人、机关团体法人、事业法人和捐献法人。具有法人资格的企业称之为企业法人，这一概念的另一含义就是存在不具备法人资格的企业，换句话讲，并不是所有的企业都是法人。

三是公司的概念。首先是公司按照特定的法律程序设立的一个组织。在中国必须按照《公司法》设立。目前中国《公司法》规定，公司有股份有限公司、有限责任公司、国有独资公司三种形式。其次是公司必须是法人，这是与企业的最大区别。公司一定是法人，而企业不一定是法人。公司制度和法人制度是市场经济的两大车轮，正是这两大车轮推动了市场经济不断前进。

企业与公司主要体现在如下五个方面的区别上：一是成立的基础不同。公司以章程为基础而成立，而企业是以合伙协议为基础而成立的。二是公司与企业的当事人之间的关系不同。公司，特别是股份有限公司，股东之间是典型的资金关系。企业的合伙人之间就是靠人合关系成立的，具体说就是靠人与人之间的信任基础来成立的，所以合伙人之间依附性关系比较强，信用度也要求的比较高。三是公司与企业的主体地位不同。公司是法人企业，它能够以自己的财产对外独立承担民事责任；不是公司的企业不具有法人资格，所以它不能对外以企业的财产独立承担民事责任，企业的财产不够偿还债务时，还要靠合伙人的个人财产来偿还。四是公司与企业承担责任的责任方式不同。公司的股东承担有限责任，而合伙人承担无限连带清偿责任。五是公司与企业的出资方式不同。企业的合伙人可以用劳务出资，而公司的股东却不行。

企业有广义的和狭义之分，广义的企业包括公司，还包括其他不具备法人资格的经营实体，比如个人独资企业，合伙企业，等等，狭义的企业只指后者。我们对家族企业的界定就是在狭义的范围内。否则，我们找不到研究家族企业的起点。于是，家族企业的一个法律规定的经济组织，我们就要从法律开始，就要从《企业法》开始。中国最早的企业法是 1904 年晚清颁布的《公司律》，我们就从晚清的《公司律》开始中国家族企业的研究。

二、中国公司法百年演变

英国在 1844 年颁布的《合作股份公司法》，应该是人类历史上首次在立法上确立了公司的独立法人地位，而 1855 年英国颁布的《有限责任法》则确认了股东有限责任的普遍特权。① 美国则在 19 世纪晚期到 20 世纪早期已经形成了比较完善的公司制度。而中国在 1840 年前是无公司状态，1840 ~ 1903 年则是有公司无公司法状态。

中国《公司法》经历了四个阶段：无《公司法》阶段、晚清《公司律》阶段、北洋政府《公司法》与南京政府《公司法》阶段、计划经济《公司法》与改革开放以来的《公司法》阶段。其实，晚清王朝 1904 年颁布《公司律》，比法、德、日、意等国现代公司法的颁布晚不过二三十年，但中国新生事物生根发芽总是通过进一步退两步的形式来体现的，见图 4 - 1。

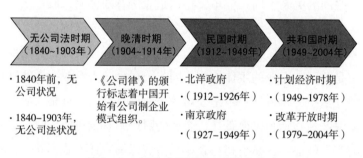

图 4 - 1　中国《公司法》百年演变史

（一）无公司法时期

有专家指出：中国传统几千年的企业制度发展中，大型企业一直是官办为主，民间企业则以家庭作坊为主。民间企业中有发达的合伙制度，也有"股份"的概念，但是均与现代公司制度的基本思想及核心概念无关。②

其实，中国传统社会里，有国有家无个人。有刑法无民法，或者说是刑民不分。从株连九族到父债子还，构成社会的基本单位是家，不是个人，家庭成员之间对家族外债负有无限连带责任。

中国传统的合伙经营企业里，盈亏与共、苦乐均受，是一种基于人合的无限责任形式。其中的"股份"概念，也只是个人按所出人财物的比例分担风险和分享收益而已，并非基于有限责任的现代公司股份或股票概念，更没有企

---

① 曹兴权. 公司法的现代化：方法与制度［M］. 北京：法律出版社，2007：1.
② 仲继银. 中国公司制度的百年徘徊［J］. 中国新时代，2013（7）.

业作为独立法人与其组成人员之间财产和责任分离的概念。从 1840 年鸦片战争开始，在西方列强冲击之下，特别是在九省通商之后，西洋公司进占市场及吸纳华商入股等行为的影响之下，中国官方及民间均开始了发展"公司"的探索。①

在鸦片战争的隆隆炮声中，公司这一组织形式伴随着中国近代化进程的开启植入我国。此时西方社会公司概念的核心内涵业已界定完成，但在中国，公司尚为新生事物，不仅相应的政治、经济条件尚不成熟，国人也未对其形成清醒认识，这就使得公司概念在我国的形成、演进过程极富挣扎性，备受中国半殖民地半封建社会状况阻滞。清末以降，在西方公司概念的秩序框架与国内社会现实状况的双重挤压下，公司概念的引进和变迁意图化解外资与中资、官商与民营之间的矛盾和对抗，缓慢走上法律制裁的道路。

中国古代汉语中就有"公""司"二字，"公"含无私、共同之意，"司"则指主持、管理，但很少将二者合为一个词语使用。"公司"一词作为企业组织形式是从英文"company"的音译"公班衙"转译而来。直到 19 世纪末期，"公司"才从专用名称转变为泛指外国企业的集合名称。在这之前，来华的英美企业多以"洋行"命名，如怡和洋行、太古洋行、沙逊洋行等②。无论这些外国公司的称呼如何，它们确实给我国带来了一种崭新的企业制度，突破了数千年封建社会自然经济局限，远远超越了合伙经营形式，为我国发展资本主义经济提供了良好契机。

1872 年，晚清洋务派核心人物李鸿章指派沙船业巨商朱其昂创办了中国第一家股份制企业——轮船招商局。此后，又有一些大型股份制企业相继成立，如开平煤矿、上海机器织布局、中国电报局等，开启了中国近代建立公司的先河。需要强调的是，以轮船招商局为代表的早期公司都是由政府特许成立，采取官督商办、官商合办等形式。这一形式有其历史合理性，它可以有效规避中国社会当时市场经济不发达、信用基础薄弱等弊端，协助和孕育本土公司的产生，在政府庇护下公司快速发展起来。然而，随着经济活动的频繁，政府逐渐从保护者转变为规则制定者，甚至作为游戏者涉足公司内部事务，与商

① 仲继银. 中国公司制度的百年徘徊 [J]. 中国新时代, 2013 (7).
② 邹进文. 清末公司制思想研究 [J]. 清史研究, 2003 (4).

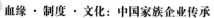
人之间的矛盾日益凸显，成为公司自主运营的一大障碍。不仅如此，当时对于公司的界定、运行也很不规范，只是各股份公司在自己的章程、条规中仿照西方公司的生意条规自行规定。公司的设立、招股与管理十分混乱。

（二）晚清时期《公司法》创立

1872年上海轮船招商局成立，是中国人自己开办"公司"的历史起点。"官督商办公司"是西方法治－市场经济下产生的公司制度与中国传统官治－权力经济体系的一种对接。商办，商人出资，甚至发行股票，并设立股东会、董事会等公司机关；但是官督，"由官总其大纲"，官员实际掌控公司权力，股东会、董事会等完全形同虚置。

晚清王朝于1904年1月颁布了近代中国第一部公司法《公司律》，在中国历史上第一次对"公司"作了法律界定，"凡凑集资本共营贸易者，名为公司"，并对公司的类型、创办呈报、股份设立、股票转让买卖、股东权利和义务，以及公司董事推选等作出相应规定。这一定义以最为直观的方式将公司呈现于公众面前，用当时社会的普遍共识界定公司，消解了东西方不同文化背景对其理解的隔阂，将移植国外现代法律的抵触情绪降到最低，使《公司律》很快博得人们的信任。这一功能性定义，实为对公司强大竞争优势和融资能力的强调，迎合了当时国人对公司的理解。他们普遍认为公司的根本优点在于"聚财"与"合力"。

由于《公司律》的制定、颁布事出仓促，遗漏了一些非常重要的内容。较为明显的是《公司律》，虽定义了公司内涵，却没有赋予其应有的法人地位。自主经营、自负盈亏、合法拥有财产、独立承担责任的法人定位是公司的核心属性，是保证公司这一组织形式"是其所是"的灵魂，是摆脱官办、官督商办、官商合办组织形式的有力武器。但《公司律》不仅没有赋予公司独立的法人主体地位、筑起禁绝政府涉足的法律屏障，还在第30条中规定："无论官办、商办、官商合办等各项公司及各局（凡经营商业者皆是），均应一体遵守商部定理。"这里内隐的前提即为官办、官督商办、官商合办均为公司经营的合法形式，因而共同适用于该法律之调整。后虽在第44条中规定："附股人不论职官大小，或署己名或以官阶署名，与无职之附股人，均只认为股东一律看待。"倡导股权面前人人平等的股份权利原则，但这根本无法撼动各级政府、官吏在公司事务中的优势地位，导致强调不依照出资或经营人身份确定权利义务的原则形同虚设。这种与公司基本精神相违背的规定，不仅最终削弱了企业经营自主权，也在一定程度上造成了《公司律》实施上的困境。梁启超在《敬告国中之谈实业者》中指出：中国虽已有《公司律》，但"律文卤莽灭裂，毫无价值""中国法律，颁布自颁布，违反自违反，上下恬然，不以为怪……夫有法而不行，等于无法"①。江平先生指出：晚清颁布的《公司律》是以英国《1865年合股公司法》《1862年公司法》，以及1899年日本《商法典》为蓝本制定的，是英美法与大陆法混合的产物。②

晚清《公司律》也是中国近代从西方移植的第一个法律，其颁布也开启了以引进西方先进法律制度为主要特点的中国法制现代化运动的序幕。作为中国近代第一部公司法，清末《公司律》奠定了中国近代公司制度的基础，决定了公司立法的走向。《公司律》引进了公司成立的准则主义制度，规定了商事逐日平等原则，确立了按照近代股份责任原则而不是按照出资人或经营人的身份来确定投资地位的原则，确立了现代公司股权平等、股权均一的经营原则，建立了公司内部各机构分配的基本框架。③

为了表达重视商业的决心，朝廷算是费尽了脑筋。虽然朝廷手中已经没有多少银子，但还是可以送出一大堆的"帽子"，支持商人。在专门公布的《奖励公司章程》中就明确写着，"现在朝廷重视商政，破除成见"，于是规定，奖励之大小视集股之多少而定，集股5000万元以上者，奖予商部头等顾问官职，并加一品顶戴；集股2000万元以上者可封一等子爵、一品顶戴及双龙金牌；集股1000万元以上封男爵；集股500万~800万元者，则奖予商部四等顾问官，加四品顶戴。一个叫张振勋的商人因集资招股和捐献"贡献尤大"，被授予侍郎衔三品京堂候补、考察外埠商务大臣、太仆寺卿。这种重商政策，自秦始皇以降，千年一见。

但是，在那个腐败盛行的时代，政治化、官僚化的公司制度的《公司律》实际成为官僚集团侵害甚至剥夺股东权利的工具。

---

① 梁启超. 饮冰室合集文集 [M]. 北京：中华书局，2003.
② 江平. 新编公司法教程 [M]. 北京：法律出版社，1994：15.
③ 曹兴权. 公司法的现代化：方法与制度 [M]. 北京：法律出版社，2007：251.

（三）民国时期《公司法》探索

1. 北洋政府时期《公司条例》对公司概念的发展

1914 年 1 月 13 日，北洋政府农商部颁行了近代中国的第二部公司法——《公司条例》。《公司条例》的体系结构基本仿日本商法，内容则主要采用德国新商法，并在商会和众多工商业实业家参与下，经过长期酝酿和反复修改才得以完成。① 其内容和篇幅较之 10 年前的《公司律》均有较大变动，实现了西方先进法律与中国本土商事习惯的真正融合，具有较强的科学性与合理性。

《公司条例》对公司内涵进行了重新界定，"所称公司，谓以商行为为业而设立之团体"，商行为在《商人通则》中具体例举了诸如买卖、工矿、行铺营业、承揽运送业、运送营业、仓库营业、损害保险营业等 17 种行为。对比发现，《公司条例》完全颠覆了《公司律》对公司的理解，将商行为作为厘定公司的尺度，这一转变向我们传递了许多信息。首先，当时的立法者对公司的理解已经突破早期聚合资本之局限，认识到单单从功能层面界定公司过于肤浅，而应从更为广泛、翔实、具有操作意义的视角对公司加以界定。其次，对商行为的关注也表明商人的地位和影响在当时社会的提升。自 1903 年起旨在保护商业经营和兴办实业的诸多法规不断颁行，逐渐改变了中国长期以来"重农抑商"的文化传统，形成一种"慎重商政、力图振兴"的潮流，"一批现代或半现代的实业家、商人、金融家和大工业家，他们被物质利益、共同的政治要求、集体命运感、共同的理想和与众不同的日常习惯等联系在一起"②，成为一股"振兴工商、实业救国"的重要力量。将公司界定为以商行为为业的团体也集中代表了他们的呼声与愿望。

更为引人瞩目的是《公司条例》中明确规定"凡公司均认为法人"，成为对公司概念的重要补充。法人制度是公司制度的灵魂，是界定公司之第一要务。法人"本非实有其人，而法律上假作为一人借以明公司对内与对外之关系，使彼此界限分明，不相牵混"③。西方国家早在 19 世纪中后期就已在公司

---

① 江平. 新编公司法教程 [M]. 北京：法律出版社，1994：15.
② 费正清. 剑桥中国晚清史（下卷）[M]. 北京：中国社会科学出版社，1985.
③ 张家镇. 中国商事习惯与商事立法理由书 [M]. 北京：中国政法大学出版社，2003.

法中明确赋予公司法人资格，并将其作为公司本质属性。公司只有取得法人地位，才成为名副其实的经济主体。没有拟定法律上的人格，实质上等于没有划定公司同独资、合伙企业的本质区别，没有形成相对独立的公司概念。清末的《公司律》关于公司法人定位的缺失直接造成官商关系纠缠不清，极大侵蚀了公司的主体地位；《公司条例》中公司法人属性的鲜明表达作为对《公司律》的一大突破，倡导所有权与控制权的理性分离，所有者享有剩余索取权，而将财产处置和支配权赋予公司，建立了崭新的公司法人产权形式，是我国近代产权制度创新的有益尝试，也为公司的正常运营奠定了充分的法律基础。

2. 南京国民政府《公司法》的积极意义

南京国民政府立法院于1929年12月26日颁布、1931年7月1日起施行了新的《公司法》。该《公司法》对公司的定义较之《公司条例》更为深化，将公司定义为"谓以营利为目的而设立之团体"，首次提出社团法人只要以营利为目的，不论是否符合《商人通则》规定之商行为，都可注册为公司。对公司营利性质的强调使公司形式有力地摆脱了行业局限，扩宽了适用范围，获得了更为广阔的活动空间。事实上，营利目的之确定也反映了当时社会公众对公司认识的深化，表明他们已将公司的经济属性摆在重要位置。公司在近代中国产生以来，人们普遍将公司赋予了更多的政治、社会内涵，而对其"维护股东与自身利益最大化"的根本追求却有所忽略。从洋务派引进公司形式力图振兴国力开始，公司在人们的思想中一直与"图强""图富""利国"等社会政治理想绑定在一起，于是政府、官吏出于经济以外目的对公司自由经营形成羁绊与干涉，致使公司不得不背负许多非营利的社会责任和政治包袱，规模和发展速度受到很大限制。因此1929年《公司法》对营利的强调实为对公司经营目的的理性回归，为公司的进一步发展指出了明确的经济方向。江平先生指出，1929年颁布的《公司法》，是一部比较完整的现代中国公司立法。是"博采他邦成规，广征本国习惯"而制定的《公司法》[①]。

近代中国的最后一部公司法是南京国民政府在抗战胜利后，1946年4月颁行的《公司法》。1946年《公司法》中新增"定义"作为第一章，不仅延续了公司为"以营利为目的依法组织登记成立之社团法人"的含义，还对无

---

① 江平. 新编公司法教程［M］. 北京：法律出版社，1994：16.

限公司、两合公司、股份有限公司、股份两合公司、外国公司分别作出明确的定义，使得各种公司类型在立法视野下清晰起来，增强了法律的适用性与操作性。这部《公司法》也成为近代中国篇幅最大、内容最全，同时也是最后一部公司法。

（四）共和国时期《公司法》探索

共和国60多年历史，从企业的视角看，可以分为计划经济与改革开放两个时期。计划经济时期又可以细分为社会主义改造（1949～1956年）与全面计划经济（1956～1977年）时期。从1978年至今开始的改革开放实际上也是中国企业立法再次进入立法者视野的阶段。共和国60多年企业立法史见图4-2。

图4-2 共和国时期的《公司法》恢复重建情况

回看1950年12月29日，当时的政务院（现在的国务院）颁布了《私营企业暂行条例》，凡32条，1951年又公布了《实施办法》，凡105条。分析这个《条例》与《实施方法》，可以看出，当时执政者认同民营家族企业可以以独资，合伙和公司三种形式存在与经营，实际上，当时的企业法规基本继承了民国政府1946年《公司法》规定的五种公司形态。而政务院1954年9月5日公布的《公私合营工业企业暂行条例》。该条例规范的公私合营企业虽然名称上不再称为公司，但其实质内容是有限公司的特征，因为它确认公私双方的股份，并确定合营企业股东的有限责任（第5、第8条），并规定合营企业的法人机关为董事会和私股股东会会议（第20、第21条），以及盈余分配办法（第17条）。

王保树，崔勤之指出：共和国初期严格意义上说，没有专门的《公司法》，是以私用企业、公私合营工业企业管理法规的形式出现的，也仅仅针对这两类企业形态；内容上已经带有向计划经济过渡的痕迹。到了 1956 年私营工商业实现全行业公私合营后，《私营企业暂行条例》不再起作用，而与各类公司有关的法律规范也走下了历史舞台。①

民营家族企业的冬天来自 1956 年第一季末实现全国全行业私合营后，从此私营公司不复存在，《私营企业暂行条例》及其实施办法同时失效，无限公司、两合公司、股份有限公司、股份两合公司随之消失。中国《公司法》与公司进入黄河大河套时期，进入百年现代化历程的方向转轨，直到 1978 年改革开放才出现春天。

根据 1956 年 2 月 10 日国务院的《关于在公私合营业中推行定息办法的规定》及 7 月 26 日《关于对私营工商业、手工业、私营运输业的社会主义改造中若干问题的指示》，私有股份变为债权，私有股东不复存在。这样《公私合营工业企业暂行条例》所规范的有限公司也归于消失，此后 23 年，中国的企业全部转为国营企业、集体企业，公司立法被全民所有制企业立法和集体所有制企业立法所取代。从所有制角度看，这一时期中国全面实行集中的计划经济法制，企业组织形式逐渐演变为国营、集体企业两种公有形式，而且这两种组织形式彼此之间也不存在相互交融或联合投资的情况。由此，这一时期现代意义上的公司形式在我国不复存在，规范意义上的公司立法亦销声匿迹。

中国民营家族企业的春天实际上是从 1978 年改革开放开始的。自 1978 年十一届三中全会以后，国家再一次推进现代化进程，首先是经济体制改革，而企业组织形式的改革则一直是重点，具体体现在就是公司立法上。随着经济体制改革的深入，中国的公司制度逐渐开始重新恢复，有关公司立法也逐步推进。这一时期中国的公司立法是以有限公司制度的建立与发展为中心的，具体从以下四个方面展开。

（1）关于三资企业方面的立法。因为改革开放是开放促进改革，开放的核心就是引进外资，就是外资在中国大陆办企业，首先是办合资企业，于是有了 1979 年 7 月 1 日全国人民代表大会制定的《中外合资经营企业法》，标志着

---

① 王保树，崔勤之. 中国公司法原理［M］. 北京：中国社会科学出版社，1998：14.

大陆公司立法在停顿 23 年后又恢复了。这部法律是我国对外开放的第一个正式的法律文件，也是我国公司企业制度走上法制化的新起点。这一法律的颁布，开创了新中国法律确认有限责任公司形式的先河。此后，全国人大又分别于 1986 年、1988 年颁布了《外资企业法》和《中外合作经营企业法》。此外，经过二十多年的立法努力，有限公司制度已经在三资企业领域建立并逐步完善起来，而且成为我国公司立法的一个重要组成部分。

（2）是关于私营经济方面的立法。1988 年 6 月 25 日国务院颁布了《私营企业暂行条例》，规定私营企业可以采用独资企业、合作企业和有限公司三种形式。依该条例，私营"有限责任公司是指投资者以其出资额对公司负责，公司以其全部资产对公司债务承担责任的企业。"这样，法律就实际上规定了以国内法人、自然人作为股东而设立有限责任公司的合法性。《私营企业暂行条例》在共和国企业公司立法史上占有重要地位。

（3）中国规范意义上的公司立法活动始于 1980 年初期，真正推进还是在1992 年春邓小平"南方谈话"后，股份制企业发展迅速，为适应规范化的需要，国家体改委于 1992 年 5 月 15 日，正式颁布了《有限责任公司规范意见》与《股份有限公司规范意见》两个意见。其中，《有限责任公司规范意见》共计 11 章 79 条，《股份有限公司规范意见》共计 12 章 119 条，以大陆法系的公司制度为蓝本，在全面总结了自 1978 年以来中国公司制度实践经验的基础上，初步形成了极有特点的中国公司法律制度体系。这一时期，在以两个《规范意见》为核心的一系列规范性立法文件基础上形成的公司制度体系具有以下鲜明特点：一是它是以行政规章、行政法规为主构成的制度体系；二是与以往立法文件相比，该制度体系内容更为系统和规范；三是它既汲取了台湾地区和国际上的通用准则，又特别反映出传统企业向现代企业制度转化的实际需求；四是它总结了我国公司制的经验教训，具有鲜明的针对性和现实的可操作性；五是这一制度体系具有试点和过渡性质。总之，上述规范性文件尤其是两个《规范意见》的制定与实施，对中国公司法的制定与出台起了巨大推动作用，也标志着中国公司立法逐渐走向规范。

（4）两个《规范意见》发布后，各界要求尽快制定公司法的呼声很高。这里有一个要提及的立法背景是，《规范意见》所规定的主要是国有企业进行股份制改造试点方面的问题，加之它们是以部门规章形式制定的，所以其适用效力有局限性。随着这一时期各项市场化改革的迅猛深入，非国有企业和其他组织、个人也纷纷组建公司，国家迫切需要制定适用范围更加广泛效力位阶更高的公司法。同年，全国人大常委会将公司法列入 1992 年的立法计划，公司立法工作加快了步伐。1992 年 7 月，《有限责任公司法（草案）》再次提交国务院常务会议并获原则通过。7 月 28 日，七届全国人大常委会第 27 次会议听取了国务院法制局局长杨景宇关于该草案的说明。依该说明，有限责任公司法的调整范围在不打破现行法律、行政法规已经确立的企业立法体制的基础上，定位于：在中国境内由两个以上公有制（全民或集体）企事业单位作为股东出资举办的有限责任公司；私营有限公司仍适用《私营企业暂行条例》并参照本法执行；外商投资企业、私营企业之间相互联营或同其他企业联营而举办的有限公司，参照本法执行。全国人大常委会委员审议认为，草案确立的调整范围太窄，没有突破按不同所有制进行企业立法的作法，太迁就了立法现实，并提出应制定一部覆盖面更宽一些、内容较全面的公司法。最终于 1993 年 12 月 29 日全国人大常委会第 5 次会议全体会议表决通过《中华人民共和国公司法》，并于 1994 年 7 月 1 日起施行。于此，中华人民共和国第一部公司法诞生了。

1993 年《公司法》产生于计划与市场经济相结合的时代，是计划经济体制向市场经济体制过渡的时代，是国有企业改革从经营体制到产权改革的过渡时代，是对国有股份制企业进行规范的时代；公司立法取向是为国有企业改革提供法律支持的基本政策就不足为奇了。于是，1993 年《公司法》出台有两个显著的时代特征：一是应随全民致富热衷出现的公司热，要对公司进行整顿规范；二是要利用公司制度促进国有企业改革。在特殊时代的这两个特征导致该法带有两个明显的缺陷：一是过渡体现了国家管制的浓厚色彩，不管是公司成立与消灭，还是公司日常经营，国家干预大量存在；二是公司法的私法色彩被强制色彩笼罩。①

成功的立法不是来自逻辑，而是来自经验。由于改革开放公司实践起步较晚、市场发展迅速等多方面原因，《公司法》虽然有 230 条之多，但条文存在着原则性强、可操作性差、法律漏洞多等诸多不足，在实际应用中问题颇多，

---

① 曹兴权. 公司法的现代化：方法与制度［M］. 北京：法律出版社，2007：256.

所以 1999 年 12 月 25 日，《公司法》进行了修改，但只是对国有独资公司监事会的增设和对高新技术的股份有限公司发行新股和申请股票上市的条件进行了规定，对于司法实践应用的大量问题并没有做出相应修改。此后的 2003 年 11 月最高人民法院出台了《关于审理公司纠纷案件若干问题的规定》（征求意见稿），对司法实践中出现的问题做出了一定的答复，但随着《公司法》修改登上全国人大常委会的议程，这一意见稿并没有最后出台。

2003 年 3 月举行的十届全国人大一次和次年的二次会议上，数百名人大代表提出多项议案，建议尽快修改公司法。随后，《公司法》的修订列入十届全国人大常委会本届要审议的立法规划。2004 年 7 月 5 日，国务院法制办完成公司法修改草案的起草工作，并将征求意见稿下发到有关部门征求意见。2004 年 12 月15 日，国务院常务会议通过《中华人民共和国公司法（修订草案）》，提交全国人大常委会审议，历经三次审议之后，于 2005 年 10 月 27 日全国人大十届全国人大常委会第十八次会议通过了修订后的公司法。国家主席胡锦涛签署第 42 号主席令予以公布，修订后的法律自 2006 年 1 月 1 日起施行。[①]

2005 年《公司法》是中国公司法现代化的一个里程碑。2005 年《公司法》立法的主要特点是，强调平等之倡导、自由之贯彻、权利之保护。如果说 1993 年《公司法》的出发点是限制，那 2005 年《公司法》则是鼓励，减少管制。包括降低最低注册资本限制；分期缴纳制度；放宽出资类型限制；知识产权的出资比率可以高达 70% 等。[②]

我们知道《公司法》的功能就是对公司之上各方利益相关者的利益关系的协调。2005 年《公司法》开宗明义的指出："为了规范公司的组织与行为，保护公司、股东、债权人的合法权益……制定本法"。2005 年的《公司法》成为"一部鼓励投资兴业的服务性公司法"。[③]

著名法学家王保树教授对 2005 年颁布的《公司法》的评价是：产生于市场经济体制已经确立、社会经济发展取得明显成就、市场经济法律体系已经成

① 在 2005 年颁布的《公司法》的基础上，2013 年 12 月 28 日第十二届全国人民代表大会常务委员会第六次会议《关于修改〈中华人民共和国海洋环境保护法〉等七部法律的决定》第三次修正，其中关于《公司法》做出多项调整。调整后的《公司法》自 2014 年 3 月 1 日起施行。

② 曹兴权. 公司法的现代化：方法与制度 [M]. 北京：法律出版社，2007：9.

③ 刘俊海. 新公司法的制度创新 [M]. 北京：法律出版社，2006.

型、政府对经济管理日渐理性的时代，如何有效发挥制度效率价值则是立法者必须回应的话题。①

但是，就整个社会层面说，我们还没有建立公司制度实施的完备体制框架，也没有能够完全适应公司制度健康发展的社会观念基础，更没有公司法的私法本质被确认。②

从中国公司法立法的百年演变史可以看到一个清晰的路线：一是西方市场经济国家在 19 世纪中后期完成了一个从官府到民间的立法路线；而中国 20 世纪出才开始公司法的立法历程。二是中国公司法立法历程走的是一个：官—民—官的循环路线，走三步退两步的进程；先是官办、官督商办，到 1904 年晚清《公司律》颁布后，公司特许制度才被准则制度所代替，特别是甲午战败后的家族企业的兴起；抗战胜利后及计划经济时期又走回到官办的路线上来。三是从公司法立法路线的百年演化还可以看出，至今，我们还是在官办、民办混营摇摆。③

三、从郑观应的商战思想到甲午战败

（一） 郑观应商战提出背景

郑观应（1842～1922 年），祖籍广东中山市。他是中国近代最早具有完整维新思想体系的理论家，启蒙思想家与热忱的爱国者。

郑观应经济思想的核心是他的"商战"理论。努力追寻"商战"近代意义并反复加以论释者，则由郑观应肇始，他把外国资本主义外国的侵略手段归结为"兵战"（军事侵略）和"商战"（经济侵略），并认为后者比前者更为隐蔽、更有威胁性，因而中国在反侵略方面也应该把反对经济侵略放在比反对军事侵略更为优先的地位。郑观应是甲午战争前后风靡一时的"商战"理论的主要代表者。他最早提出的"习兵战不如习商战"说的是学习西方，不能

① 王保树. 竞争与发展：公司法改革的主题 [A]. 见：全球竞争体制下的公司法改革 [M]. 北京：社会科学出版社，2003：168 - 188.

② 曹兴权. 公司法的现代化：方法与制度 [M]. 北京：法律出版社，2007：34.

③ 张忠民. 近代中国公司制度的逻辑演进与历史启示 [J]. 改革，1996 (5).

只热衷于购铁舰、建炮台、造枪械。

（二）郑观应商战的基本思想：以市场为战场

战，对于国家而言，是命运攸关的大事。"国之大事，在祀与戎"，"祀"是祭祀，宗法社会，拥有祭祀权，是国家权力的合法性来源，"戎"为战争，以战立国，确保国家安全。而商战之"商"，则因其于国际贸易中不可避免的国家利益之争，而不得不以和平的姿态——商业的方式，通过"百姓日用"进行间接的战争，且经常性的商战之利，实优于兵战。兵战是商战受阻后，国与国之间的最后的决战。

因此，郑观应"以商立国"的方针里，并非是在单纯强调发展商业。郑观应所提出的"商战"领域内容广泛，诸如：鸦片战、洋布战、零星货物战、矿物战、洋钱战等，囊括了国民经济的十个领域，以此论商战，颇有国民经济总体战的味道。

郑观应以后，商战思想已普及为社会思潮，已在传统士人当中引起共鸣，他们以传统来回应。晚清，列强环伺，刺激了商战，对于商战的回应产生了重商思想。然而，思想的来源及其思维方式，都来自中国传统，乃传统的本能反应。受了外来刺激，他们不约而同地用传统来回应。有人向郑观应问道："书中皆言时务，何以首列《道器》"？郑回答说：所变者为器而非道，乃富强之权术，非孔孟之常经也。

两次鸦片战争，中国皆败北，割地，赔款，开商埠，元气大伤，门户大开，除英、法外，美、俄接踵而来，欧美诸国若西、葡、德、意、荷、比、挪威、瑞典、丹麦、秘鲁、巴西、阿根廷，以至于日本，均仿照英、法商约而略为变通。可五口通商后，中国贸易顺差并未改变，而且还有意外的增长，至同治时期，竟然出现了所谓"中兴"局面，所以，那时中国的洋务派们，对商战也信心满满。更何况，两次战败，朝廷虽感屈辱，却也吃下了定心丸，如徐继畬说：夷以商贩为生，以利为命，并无攻城掠地割据疆土之意，所欲得者，中国著名之码头，以便售贾其货耳。

西人兵商合一，以商战为本，因此，中国也要"寓兵于商"，"商之所至，随之以兵，商之与兵，合为一事"，以公司轮船为兵船，船长即兵官，水手即战士，无事则行海载货，以商财养兵，有事则战于海上，以兵力护商。

无亡国之危，无易代之忧，惟商战是求，况且这是一个需要商战，并产生了商战之士——买办阶层的时代。对于这一新兴阶层，以国士待之，即为商战之士，如郑观应本人，也是买办出身。学者汪敬虞说，从1865年开始，花了约30年时间，中国社会共形成买办资本，大致在4000万两以上，很显然，五口通商后，买办成了先富起来的一批人，显示了"三十年改革开放"的成果。

过去，一般认为，买办收入主要来自佣金，可汪敬虞指出，洋行与买办之间，起初没有佣金制，由洋行支付固定工资。19世纪60年代中期以后，才开始设立佣金制。最初的佣金，一般为2%，其后下降，至60年代后期，有的已下降到1%，到了90年代初，则进一步下降为0.5%以至0.25%。从1865~1894年的30年中，贸易总额累计为49亿两。30年间，佣金的数额按最高的比例计算，即使全部进出口贸易都经买办之手，并且都抽取佣金，也不到1亿两；如按最低比例计算，不过1200万多两。此数目，显然不足以构成买办暴富的主要部分。汪敬虞认为，买办自营商业成为暴富的主要途径。

通过自办企业，买办资本向民族资本转化，中国最早一批民族企业，即由买办资本转化而来。仅抽佣金，买办哪能成为商战之士？一旦自营起来，其资本运动就有了独立属性，虽然他还在效法他原来的主人——洋人，追随他们从流通领域向生产领域转化，但中国的买办们毕竟走上了同外国资本竞争的不归路，不管是自觉还是不自觉，愿意还是不愿意，买办们都注定了要成为与外国资本交手的商战之士。

（三）郑观应商战思想的局限性

商战，以市场为战场，虽然国家成为商战主体，但商战也会超越国家利益，因为市场毕竟大于国家。所谓大，不仅在于市场外部格局的全球化，更由于其内在本质的自由化。郑氏仅以一句"习兵战不如习商战"是言不及此的。他注意到了贸易全球化，却未知还有自由化，他从来没有想过市场大于国家，可以取代天下。天下空洞化，市场把它充实了，天下模糊化，市场使它清晰了。在市场里，商战取代兵战，商战之士取代耕战之士，很有点"赳赳武夫，王之爪牙"的味道，成为王权主义与国家主义纠结的洋务战士，以其"具生财之大道"，而"握四民之纲领"，而被重商主义的洋务派奉为国之利器。

倡导商战，以全球化论之，是外争国权，由此而兴起民族主义；以自由化

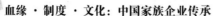

言之，是以商权争民权，因此，"商战"思想，实为中国近代民族、民主思想之滥觞，处于重商主义的发展阶段。

第二节　中国家族企业传承
百年风云的几个节点

中国近代史也是市场经济不断发展的历史，是向发达市场经济国家从被动到主动学习的历史。市场经济的发展是市场经济主体的发展，也是企业的发展。所以，现代中国市场经济的发展历史也是企业发展的历史。市场是载体，企业是主体。可以说，中国市场经济的历史就是家族企业、国有企业与外资企业相互竞争、相互学习、相互借鉴的历史。

百年企业发展的波澜起伏不过是企业制度的一种折射。从世界发达国家企业发展总是与相应的企业法律相对应的。中国的现代企业制度也是与《企业法》同步发展的，这两者之间既相互联系又相互促进。自从 1904 年晚清王朝颁布第一部《企业律》，对中国企业建立现代企业制度的影响越来越大，我们从图 4 - 3 中可以找一个节点看看企业的变迁。

> 甲午战争
> （1895年）
>
> 民国初年
> （1914~1918年）
>
> 黄金十年
> （1927~1937年）
>
> 公私合营
> （1956年）
>
> 改革开放
> （1978年）

图 4 - 3　中国企业百年风云的几个节点

一、晚清王朝的中国企业发展脉络

鸦片战争似乎是中国现代化的起点，而现代化的艰难是可以从企业形态变迁中看出来。从第二次鸦片战争之后的 1858 年到甲午战争惨败的 1895 年，中国现代化经济的历程是从官办企业开始的。从官办企业、官督商办、官商合办，一直到甲午战争惨败才允许民间办企业，于是有了中国真正意义的家族企业，见图 4 - 4。

图4-4 从鸦片战争到甲午战败看中国企业形态的演变

(一) 从政府独办到官督商办

在某种意义上，张謇才是中国的"现代化之父"，而不是曾国藩，不是李鸿章，也不是张之洞，更不是盛宣怀。张謇是百年中国企业发展的一个起点，意味着一个全新的社会角色——企业家站到了历史舞台上。这个角色在中国古代是没有的，企业家是工商业文明的产物，在漫长的农业社会时期，中国没有可能孕育出这样一种新型的社会角色。伴随企业家阶层出现的有报馆、书局、学校，一个新的知识分子阶层也诞生了，他们大致上同步，都产生于19世纪末20世纪初洋务派企业，就其体制而言，有官办、官督商办与官商合办三种类型。在具体操作中，则只有官办与官督商办两种类型。

一是官办的国有企业体制。从1861年曾国藩创办安庆内军械所，至1893年张之洞创办湖北枪炮厂，洋务派官僚先后创办了大大小小19个军火工厂。在大兴军工的同时，也创办了一些官办民用工业，如台湾基隆煤矿、湖北织布官局等。洋务派的官办工业，与传统的官营手工业相比略有不同。这些企业使用的是新式机器，雇用了大量的工人，大体按照西方机器大工厂的组织形式来进行生产。

二是官督商办企业混合经济体制。19世纪60~70年代，由于清政府财力衰竭；同时，社会上已客观存在着大量闲置资金。于是，洋务派便通过向社会集资入股的办法来创办民用工业。因此，"官为维持，商为承办"的所谓官督商办企业便应运而生，成为当时民用企业的主要形式。从19世纪70年代到90年代初，在洋务派官僚的组织下，先后兴办了20多个官督商办民用企业，涉及采矿、冶金、纺织、航运、铁路以及电信事业等。这些企业构成了中国近代工业的基础。

官督商办企业与封建王朝统治者官办工厂不同，已经具备了初步的企业性质。

首先，这些企业的生产主要是根据市场需求而组织的，其产品的全部或大部分用于供给市场。企业在创立之前，都经过了较为慎重的市场分析，这一点已不同于军事工业。1876 年开平煤矿开掘前，李鸿章派唐廷枢并邀英国矿师马立师去唐山开平实地勘测，并带回煤块铁石的样品进行化验，确认含量较高，同时唐廷枢作了一份详细的有关煤矿的筹建预算、开采、运输等方面的报告。

其次，企业的经营主要是按照市场规则来运行的。产品的成本、价格都要经过核算。商品生产已经成为企业的主要经济活动。开平矿务局在《直隶开平矿务局章程》中指出，"虽系官督商办，究竟煤铁仍由商人销售"，一切"仍照买卖常规""所有生熟铁至津，按照市面价值，先听机器局取用，煤照市价先听招商局、机器局取用。其余或在津售、或由招商局转运别口销售"①。

再次，企业的组织形式已具备了初步的股份制企业性质。企业在创办之初，由洋务派官僚出面，拨借官款，以为商本，公开在社会上进行招商集资活动。模仿西方企业的通行办法，企业资产以股份为单位，发行股票。不仅官督商办的大型企业，如轮船招商局、开平矿务局、上海机器织布局等，而且中小型企业，如长乐铜矿、荆门煤矿等也纷纷发行股票，以致成为时尚，中外报纸每日特刊股票行情。从企业初期资本构成看，官款居于主要地位，但官款只表现为贷款而非企业自有资本。据《轮船招商局资本和利润》统计表随着招股活动的发展，私人资本已在企业资本中居于主要地位。轮船招商局初建成有资本 59.9023 万两，其中股本为 47.6 万两，借款为 12.3023 万两。借款 100% 为官款，到 1883 年资本额为 533.4637 万两，其中股本为 200 万两，借款为 333.4637 万两，借款中官款为 96.4292 万两，仅占借款的 28.92%，其余71.08% 的借款为私人往来资本。② 既为股份制企业，就得考虑股东在企业中的权益。开平章程明文规定大股东可派代表入局，"股份一万两者，准派一人到局司事""所有各厂司事必须于商股中选充"。在利润分配上，"每年所得利息，先提官利一分，后提办事者花红二成，其余八成按股均分"。③

最后，企业完全采用雇佣劳动方式，聘洋技、雇华工，按照机器化大生产方式从事生产劳动，企业的生产目的是为了赚取利润，并通过利润的积累来实

---

① 张国辉. 洋务运动与中国近代企业［M］. 北京：中国社会科学出版社，1979：202.
② 张国辉. 洋务运动与中国近代企业［M］. 北京：中国社会科学出版社，1979：168 – 169.
③ 张国辉. 洋务运动与中国近代企业［M］. 北京：中国社会科学出版社，1979：23 – 26.

现企业的扩大再生产。官督商办企业已经初步具备了现代企业的性质。但是，作为官督商办的企业，官不督、商难办的情况成为普遍情况。

回顾洋务运动的前两个阶段的企业形态，我们可以作一些结论：第一，清王朝由于鸦片战争失败，反思失败原因是洋人的船坚炮利，于是学习西方，以夷制夷，创办朝廷为所有者、朝廷派官员的管理者主持这些军工的机器企业。严格来说，它们是工厂，而不能看作是企业。因为，企业是社会化大生产和市场经济条件下，从事商品生产经营的基本经济组织。从这一定义出发，企业至少应具备以下几个特征：一是企业必须是从事商品生产和经营的单位，即企业的产品必须以商品的形式出现在市场上，通过市场交换，实现其价值；二是企业必须以追求利润为其生产经营的直接目的和动力；三是企业必须是独立核算、自负盈亏、自主经营的经济单位。而洋务派的官办企业，从性质上讲，依然是封建王朝的一个生产车间而已。它们与传统官办手工业没有根本的区别。第二，这种朝廷所有、朝廷所办的官办企业，在很大程度上受制于朝廷，必然受封建官场恶习的拖累，结果企业只能是经营混乱，管理无方，人员冗杂，领取干薪，徇私舞弊，扯皮推诿，效益低下，毫无生机。"制造局积弊，在换一总办，即添用心腹委员三四十名，陈陈相因，有增无减，故司员两项，几至二百，实属冗滥"[1]。如台湾基隆煤矿，从1878年建成投产便暴露了经营管理上的混乱和管理者的无能。正式投产时，该企业设计生产能力为日产300吨，实际只能日产100吨左右，2/3的矿山设备能力未能得到发挥。在煤炭运输方面，矿务局以防止洋商援例在台湾沿海行驶洋船为由，拒绝使用汽船拖拽煤船之法，用旧式驳船借助风力行驶，以致运输力量远远落后于生产的需求，严重阻碍了煤矿生产能力的发挥。在产品销售上，不分析市场情况，一味坚持高价政策，使市场大为缩小。至于局内大小官员、营私舞弊，贪污腐败等现象，更是普遍存在。由于其经营上的极端混乱和长期的腐败不堪，最终以长年亏损而于1892年倒闭。[2]

中国官督商办的洋务企业，如轮船招商局等，吸纳民间资本、学习西方公司运作，取得了一时的辉煌，但最终还是败于官之手——从名义上的官员监督

---

① 张之洞. 张文襄公全集［C］. 北京：中国书店出版社，1990：13.
② 张国辉. 洋务运动与中国近代企业［M］. 北京：中国社会科学出版社，1979：194－195.

演变为实际上的官员操办。相比之下，同样起始于航运的日本三菱，明治初期，由岩崎弥太郎私人创办，则发展为今日世界著名的大企业集团。洋务运动时期，中国民间资本也兴办了一些公司类企业，甚至在 19 世纪 80 年代时兴起了一阵公司热，但是终因法制的缺乏和实际无法可依状态而不能发展起来。[①]

薛金福、詹志方在《公司的力量》一书中指出：专制制度下，商人的利益脆弱得就像一件瓷器，随时会被粉碎。中国历朝历代的商业活动不可谓不繁荣，但众多经营有方、富可敌国的商帮，终未能转变为现代意义的公司。因为，在至高无上的皇权之下，自由、平等的契约精神和法律保护下的产权制度都是奢谈。

中国民营企业为什么这么难以发展？其原因是中国始终处于社会结构调整的动荡时期，不利于国民经济的发展，也就不利于民营经济的发展。1840 年鸦片战争对中国社会引起的震动并不是很大，大的是 1894 年、1895 年中日甲午海战。因为 1840 年的时候中国非常闭塞，鸦片战争只是局部战争，解决得比较快，只是在中国的知识界即有识之士、志士仁人中震动比较大，大家感到国耻，但是并没有真正触动中国社会各个阶层。

（二）甲午战争与中国家族企业的兴起

为什么甲午海战就震动了呢？因为从 1840 年鸦片战争以来，中国开始搞"洋务运动"，研究怎么样把国家强盛起来，不被夷人欺负。这个时候国门慢慢打开了，信息也就进来了，知道了我们东边有个小小的日本，明代称其为"倭寇"，不成气候的强盗，现在发展起来了，一打就把我们打败了，奇耻大辱啊！这个时候对中国的触动非常大，大家恍然大悟，感觉到过去的"洋务运动""戊戌变法"失败是"旧君主当上了新都督"，没有什么变化，只学人家的所谓"硬件"，即买枪炮等。后来研究日本，发现他们搞了"明治维新"，改变了社会的政治结构。

在回顾甲午战争的中国经济发展的基本特征和基本规律时，发现中国官办经济猖獗横行的历史，就是中国国民经济衰败萧条、人民生活艰难困苦的历史；而民营经济蓬勃发展的时期，也是中国国民经济健康发展、人民生活日益

---

① 仲继银. 中国公司制度的百年徘徊 [J]. 中国新时代, 2013 (7).

提高的时期。

（三） 从官督商办到家族企业的产生

为了使问题便于陈述，我们把 20 世纪上半叶的中国民营经济的起点定于辛亥革命之后。辛亥革命以后，北洋军阀政府为了取得民间的支持，先后制定颁布若干法律和法令。这些法律和法令在一定程度上保障了民营工商业的发展，刺激了更多的投资者和商人投资创办新式工业。辛亥革命以前约两三年，工商业正处在衰败萧条的境地，辛亥革命后，由于中国自然经济的进一步解体，为中国民营经济发展，创造了客观条件，中国出现了一个新的民间兴办工业的浪潮。

二、民国政府时期（1912～1949 年）

（一） 民国初期民营企业发展情况（1912～1926 年）

中国民营的工业经济在 20 世纪初有长足的发展。我们可以从表 4－1看出。

表 4－1　　　　　　　　第一次世界大战前后中国民营经济的发展

阶段	新设企业（家）	创设资本（万元）
第一期（1914～1918 年）	539	11934
第二期（1919～1922 年）	673	21235.3
第三期（1923～1927 年）	608	10322.7

注：1926 年和 1927 年两年新设企业较少，特别是 1927 年，这主要是受全国性战争和政治变动影响的结果。[1]

---

① 费正清．剑桥中华民国史·第一卷（1800－1949）［M］．上海：上海三联书店，1993．转引自甘德安主编．凤凰涅槃——二十一世纪中国民营经济发展战略研讨会论文集［C］．北京：企业管理出版社，2000：43.

第一次世界大战期间，发达的市场经济国家对中国的商品输出数量下降，为中国民营经济发展提供了难逢的机会。这一时期，中国的出口货物数量不断增加，所以人们把第一次世界大战时期看作是中国民营经济发展的"黄金时代"。

大战期间，除了有悠久历史的缫丝业和有一定基础的棉纺织业及面粉业有了发展以外，同时也增加了新的工业部门，如针织业，产品包括袜子、汗衫、围巾、手套、花边等。1908 年这些商品由德国输入，不久即行畅销，中国手工业受到排挤。战前广东开始有针织厂成立，为中国针织业开创了新的纪元。大战发生后，外国输华针织品大减，针织品市场供不应求，刺激各地投资办厂，但规模较小，多系手工，只有上海使用大型机器的厂较多，成为中国最大的针织业中心。此外，火柴、榨油、烟草、制糖、造纸、颜料等轻工业均有一定的发展。

中国的重工业，趁第一次世界大战的空隙，也较前有所发展，但程度远不及轻工业。煤矿方面，由于大矿处在发达国家和政府的控制下，民间资本经营的很少，多是一些小矿。在大战时开办的新矿，有江苏徐州的贾汪煤矿、山东天源煤矿、浙江长兴煤矿、山西同宝煤矿、安徽蚌埠普益煤矿等 13 个。全国煤矿产量有所增加，1913 年机械开采的煤产量为 766 万多吨；1919 年为 1280 万吨，其中 75.6% 是在外商控制之下。

随着中国民营经济的发展，民间资本开始出现规模化，资本的积累和集中的情形也发生了。1912 年，资本 100 万元以上的大公司有 25 个；1919 年，100 万元以上的大公司增加到 40 个。一些巨大的公司和企业集团也出现了，如在工业方面，出现了拥有资本 1500 万元的南洋兄弟烟草公司和全部资产达 1200 万元以上的荣家福新、申新、茂新总公司。荣家的总公司拥有 4 个纺织厂和 12 个面粉厂，其中有 4 个是兼并其他企业而发展起来的。

总之，在第一次世界大战期间和战后初期，由于当时政府忙于政权建设，无暇顾及经济发展，为民间经济发展提供了一个进一步的发展。在此时期内，民间经济经营的工业的发展主要是在 1917～1921 年，当一战结束后发达国家的资本和产品向中国卷土重来，使中国民间经营的工业马上衰退下去。

（二）黄金十年的基本成就（1927～1937 年）

1928～1937 年是国民政府巩固和取得成就的一个时期。外国在中国的特权通过外交途径获得缓解，政府积极地进行立法系统的现代化、稳定物价、分期偿还负债、改革银行和货币体系、建设公路和铁路、改善公共卫生设施、立法禁止毒品买卖，并扩大工业和农业生产。同时，教育界也获得了同样巨大的成就，以期通过一个普及国语和克服方言差异的计划帮助中国社会的统一。广泛分布的通信设施更进一步鼓励了民众的统一感和自豪感。这段时期，国民政府在经济建设取得的成就被称为"黄金十年"。

其实，"黄金十年"（golden decade）最早是驻华美军指挥官魏德迈提出来，1951 年 9 月 19 日在美国国会的演讲的魏德迈说："1927 年至 1937 年之间，是许多在华很久的英美和各国侨民所公认的'黄金十年'。在这十年之中，交通进步了，经济稳定了，学校林立，教育推广，而其他方面，也多有进步的建制"。①

1928 年，国民政府公布了《中华民国权度标准方案》，使用度量衡制和国际标准接轨。当时中国的针织、丝织、染织、印染、毛纺织等轻工业都有长足发展，而且又产生了一批新兴行业，如电器用具工业、电机工业、染料工业、酒精工业、酸碱工业，等等。1931 ~ 1936 年中国工业成长率平均高达 9.3%，社会经济状况也呈现蓬勃发展的趋势。相较于其他现代化国家的经济大萧条，中国工农业产值达到了清朝末期、民国肇建以来的最高水平。其中，最显著的工业成长分别为中国电力工业、煤炭工业及钢铁工业。

黄汉民通过对 20 世纪 30 年代工业产值发展趋势的分析，指出这一时期中国的经济面临前所未有的困境，但工业发展总趋势是在跌宕起伏中继续发展着，并在 1936 年达到了近代历史上最好水平。例如，发轫于 20 世纪 20 年代的针织、丝织、染织、印染、毛纺织等轻工业都有长足发展，而且又产生了一批新兴行业，如电器用具工业、电机工业、染料工业、酒精工业、酸碱工业，等等，新兴行业又促进了工业部门结构调整。此外产品种类增多，一小部分国货产品开始替代了进口外货。工业地区分布也在扩大，工业生产技术水平和管理水平都有了提高。②

"黄金十年"最大的成就或许就是金融改革。国民政府自成立后即厉行经

---

① 中华民国历史与文化讨论集（第 1 册 国民革命史）［M］. 台北：正中书局，1984：367.

② 黄汉民. 1930 年代上海和全国工业产值的估计［J］. 中国经济史论坛. http://economy. guoxue. com/？p = 6884.

济改革，统一货币，改革自清末以来金融货币制度混乱情况。1933 年 7 月 1 日起，中央造币厂的新银圆开始流通。在西方大萧条初期，由于中国的币制不同于西方，在短时间内曾获得部分好处。但是随着英美先后放弃金本位制，中国经济则反而开始恶化。美国在 1934 年 5 月通过购银法案，提高银价大量采购白银。中国白银大量外流，严重影响了国民经济的发展及原币制。国民政府随即于 1935 年 11 月 4 日实施法币制度，将银本改变为外汇本位，以纸代银。央行则随即出台新的货币政策，对稳定中国货币非常成功，可以誉为中国近现代史上最彻底的一次币制改革。

1933 年，中国的工厂、手工业、矿业和公用事业的产量，仅构成国内净产值的 10.5%。手工业产量占工业部分的 67.8%；工厂占 20.9%；矿业占 7.0%；公用事业占 4.3%。估计 4691 万人的非农业工作人口中，1213 万人（25.9%）受雇于手工业，113 万人（2.4%）受雇于工厂，77 万人（1.6%）受雇于矿场，4 万人（0.09%）受雇于公用事业。[1]

但是，由于国际政治、日本入侵、国内战争等原因导致此阶段中国经济在官僚资本及私有资本化的历程颇有弊端，在轻工业逐渐形成发展趋势，中国的近代工业化初现端倪。吴晓波在《跌荡一百年：中国企业 1870－1977》中指出，"不过与前 16 年不同的是，这是国家强力干预经济的 10 年，是统制经济的 10 年，是国营事业和重工业高速成长的 10 年，是民营资本饱受压抑的 10 年"。[2]

这期间，民营企业界出现一位大人物卢作孚。1929 年，37 岁的卢作孚买了第三艘船"民望号"，他的民生轮船公司逐渐成为长江水运主要民营企业。在东北，1931 年，沈阳的兵工厂造出中国第一辆载重卡车，当然是组装的。在举国抵制日货的风潮中，化工专家吴蕴初研制开发的"味精"，在市场上全面战胜了日本人发明的"味之素"。1937 年夏天，21 岁的荣毅仁大学毕业了，雄心勃勃，准备在全国开办几十家面粉厂。

杨小凯在《百年中国经济史笔记》中以 1937 年的全面抗战爆发作为中国近代经济的转折点，即本来就发育不良的中国民族资本在战争中饱受摧残，而国营资本及官僚资本的地位都得到空前的强化。[3]

---

① 费正清，费维恺．剑桥中华民国史（上卷）[M]．北京：中国社会科学出版社，2006：12.

② 吴晓波，跌荡一百年：中国企业 1870－1977（上卷）[M]．北京：中信出版社，2009：219.

③ 杨小凯．百年中国经济史笔记 [EB/OL]．http：//www.jingcaiyuedu.com/book/96330.html.

三、共和国时期（1949 年至今）

从 1949 年 10 月中华人民共和国的建立，中国的私营经济大致经历了两个不同历史阶段：第一阶段为 1949～1978 年改革开放前，在这个阶段国家对私营经济采取了"利用、限制、改造"的政策，并在 1956 年就基本上完成了社会主义改造。此后的 20 余年，私营经济在中国大陆基本上绝迹。第二个阶段为 1978 年改革开放至今，在这个阶段私营经济"春风吹又生"，并随着改革开放的深化，逐步成长起来，成为国民经济中一只不可或缺的重要力量。回顾私营经济近六十年的历程，对于我们认识中国特色社会主义经济、继续深化经济体制改革都具有不可缺少的作用。

（一）计划经济时期（1949～1977 年）

新中国成立后，政府对官僚资本办的公司加以没收，使其转为国营企业，其余的私营公司则允许其继续存在和发展。但为了限制私营公司的自发性，1950 年 12 月政务院通过了《私营企业暂行条例》，明确了在国营经济的领导下，鼓励并扶助有利于国计民生的私营企业发展的总的原则，并规定私营企业具有独资企业、合伙企业和公司制企业三种组织形式，其中公司又包括无限公司、有限责任公司、两合公司、股份有限公司和股份两合公司五种组织形式。除此之外，为了加快建设步伐，政府在工业、商业、物资、外贸、交通等部门组建了一批国营公司。

从 1953 年开始，中国大规模地实行社会主义改造。国家对资本主义性质的工商业逐步实行公私合营，使原有私营企业在经济性质与股份结构上都发生了重大变化。为此，政务院于 1954 年 9 月通过了《公私合营企业暂行条例》。这些公私合营企业的股东对企业负有限责任，企业利润在扣除了交给国家的利润、企业公积金及工人福利奖金后，剩余的 1/4 按公股、私营所占比例分配，因而其在很大程度上仍具有资本性公司的性质，在某种意义上讲，也是有限责任公司。从 1955 年起，国家开始对资本主义工商业实行全行业公私合营。至 1956 年社会主义改造完成后，企业组织形式已逐渐变为全民所有制和集体所有制两种形式，公司也就退出了历史舞台。

武力在《中国当代私营经济发展六十年》一文中指出：1949～1952 年，公私合营工业企业由 193 家增加到 997 家，增长 4.2 倍，产值增长 5.2 倍；公股所占比重，1949 年为 70.7%，1952 年则为 60.7%。另据 695 家公私合营企业的调查，公股中来自没收官僚资本及敌产的占 62.18%，新中国成立后国家的新投资则占 31.14%。①

到 1956 年 1 月底，私营工商业集中的上海、天津、广州、武汉、西安、重庆、沈阳等大城市，以及 50 多个中等城市，相继实现了全行业公私合营。到 1956 年 3 月底，除西藏等少数民族地区外，全国基本上实现了全行业公私合营。到 1956 年底，全国私营工业户数的 99%，私营商业户数的 82.2%，分别纳入了公私合营或合作社。②

十年"文化大革命"延缓了中国的现代化，也将计划经济的弊端暴露无遗。1960 年，中国的国民生产总值与日本相当，到 1977 年，中国的经济规模已不到日本的 1/3。"文化大革命"结束时，全国城镇个体工商业者剩下 19 万人。一个数据是，从 1958～1978 年，20 年间中国城镇居民人均收入增长不到 4 元，农民则不到 2.6 元。在 1966～1977 年的中国农村，尤其是江浙及广东沿海一带，像鲁冠球的小作坊式队社工厂并不少见。全国农村有 10 万家社队集体企业，独立于国家计划体制外。这个群体里的能人，成为改革开放后创业者的主力。

（二）改革开放时期（1978 年至今）

到 20 世纪 70 年代末、80 年代初，总数约 3000 万人的农村知青陆续蜂拥回城，一浪高过一浪，给本来就十分棘手的城镇就业造成了极大压力。这么多"待业青年"要吃饭，再加上源源不断的应届大、中学毕业生等待分配，机关事业单位和国有企业根本无法接纳，政策上不放开不行。针对这种现实，国务院于 1981 年放开私营经济的口子，出台了《关于城镇非农业个体经济的若干政策规定》。

在"十五大"报告和国家宪法中，民间经济得到较快的发展。我们可以

---

① 武力. 中国当代私营经济发展六十年 [J]. 河北学刊, 2009 (1).
② 武力. 中国当代私营经济发展六十年 [J]. 河北学刊, 2009 (1).

总结出其在民间经济方面的重大突破：一是性质的突破，报告指出，"我国处在社会主义初级阶段，需要在公有制为主体的条件下发展多种所有制经济"。较之以往的提法，非公有制经济由"经济成分"升格为"所有制经济"，从制度外闯进制度内。二是地位的突破，报告明确指出："非公有制经济是我国社会主义市场经济的重要组成部分"，而不仅仅是以往所说的"补充"了。三是作用的突破，在"十五大"报告中提出新的论述，从过去的"拾遗补缺"到"对国民经济发展有重要作用"，这标志着民营经济的作用增强了。四是发展范围的突破，报告指出："国有经济起主导作用，主要体现在控制力上。""只要坚持公有制为主体，国家控制国民经济命脉，国有经济的控制力和竞争力得到增强，在这个前提下，国有经济比重减少一些，不会影响我国的社会主义性质"。五是法制建设方面的突破，报告指出："要健全财产法制制度，依法保护各类企业的合法权益和公平竞争……"这暗示了对包括私有财产在内的各种经济类型的合法财产进行保护。① "十八大"报告中进一步指出，"毫不动摇鼓励、支持、引导非公有制经济发展，保证各种所有制经济依法平等使用生产要素、公平参与市场竞争、同等受到法律保护"，等等。

1993 年 12 月 29 日中国正式颁布了《公司法》，2005 年 10 月 27 日第十届全国人大常委会第十八次会议又对《公司法》进行了全面的修订，公司发展由此进入了前所未有的鼎盛时期。

但是，这个转变与成长是非常艰难的成长。举一案例：河北一位私营企业家，因为"贪污"等罪，被判 18 年徒刑。实际上，这位企业家用自筹资金、自主经营、自由组合、自负盈亏的"四自"，国家和集体没投一分钱，实质上是私营企业。他的钱是自己经营所得，不能定为贪污。② 我们研究的成果也支撑这个转型与成长的艰难，2003 年是一个节点，中国经济所有制的结构开始"国进民退"的新历程。③

2013 年 12 月 28 日，第十二届全国人大常委会第六次会议审议并通过公司

---

① 晓亮，甘德安. 民营经济手册 [M]. 北京：现代教育出版社，2007.

② 马立诚. 中国私营经济不平凡的二十四年 [J]. 新民周刊. http：//finance. sina. com. cn. 2002 年 12 月 9 日.

③ 杨正东，甘德安. 中国国有企业与民营企业的数量演进——基于种群生态学的仿真实验 [J]. 经济评论，2011（4）.

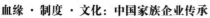

法修正案草案，修改 2005 年版《公司法》12 个条款，进一步完善了社会主义市场经济体制内在要求，进一步解放社会生产力。2016 年颁布的《公司法》很多新的条文，参考了亚洲邻国发展中的有益经验，能有效提高人们的创业积极性。

这次《公司法》修改主要涉及三个方面。首先，将注册资本实缴登记制改为认缴登记制。也就是，除法律、行政法规及国务院决定对公司注册资本实缴有另行规定的以外，取消了关于公司股东（发起人）应自公司成立之日起两年内缴足出资，投资公司在五年内缴足出资的规定；取消了一人有限责任公司股东应一次足额缴纳出资的规定。转而采取公司股东（发起人）自主约定认缴出资额、出资方式、出资期限等，并记载于公司章程的方式。其次，放宽注册资本登记条件。除对公司注册资本最低限额有另行规定的以外，取消了有限责任公司、一人有限责任公司、股份有限公司最低注册资本分别应达 3 万元、10 万元、500 万元的限制；不再限制公司设立时股东（发起人）的首次出资比例及货币出资比例。最后，简化登记事项和登记文件。有限责任公司股东认缴出资额、公司实收资本不再作为登记事项。公司登记时，不需要提交验资报告。

但新《公司法》在施行中仍然还存在一些不利于发挥市场决定性作用的体制机制障碍。比如新《公司法》中私法范畴进一步明确定位及公法色彩与管理职能进一步淡化问题都有待以时。①

第三节　产权保护：家族企业发展的基石

一、公司法人与私人产权

我们知道，《中华人民共和国民法通则》是中国对民事活动中一些共同性问题所作的法律规定，是民法体系中的一般法。1986 年 4 月 12 日由第六届全国人民代表大会第四次会议修订通过，1987 年 1 月 1 日起施行，共 9 章 156

---

① 罗星星．论新《公司法》修订实施后的公司法未来前景［D］．江西财经大学，2016.

条。《民法通则》已经规定，对于公司法人来说，它需要具备独立承担民事责任，享有民事权利的能力，并且还要具有必要的财产或者经费。公司法人拥有独立的人格和财产权是其在社会上参与经营活动的重要条件，因此，对其有正确的认识能够更好的促进市场交易，且有利于社会经济秩序稳定的发展。

公司法人财产权的产生是随着社会经济的发展而产生的，当私有制不断扩大，生活中产品的交易规模不断的变大，这样集中进行营运的载体就此产生，它便是公司。公司出现后必须要有确定的名称、场所、工作人员和资金，而这些便是财产权的集中体现，公司财产权自公司产生时便有。共和国时期对于公司法人财产权的明确规定是在 1993 年通过的第一部《公司法》当中，即公司事项有全部的法人财产权，它能够据此享有民事权利，承担民事责任。而在此之前，中国没有专门针对法人的财产权进行规定。

现阶段的《公司法》明确规定，要成立一个有限责任公司，必备条件之一就是要有能够达到法定资本最低限额的出资，以及开展生产经营活动的场所。另外，《公司法》还明确规定公司法人对其自身的资本是具有处分的权利的，也就是说公司法人享有相应的财产权。根据《公司法》及《民法通则》的规定，公司法人是需要具备独立承担责任能力的，而承担责任最主要的能力便是来源于所拥有的财产权，否则，即便要求法人承担责任也是毫无意义的。由此可见，公司法人的财产权对于公司法人来说具有重大的意义，不仅是设立公司的前提条件，还是公司生存下去，具备独立人格的决定性因素。所以没有公司法人的财产权便没有公司法人的独立人格。

公司法人所有权不具有终极意义，只具中介意义。公司法人所有权来源于出资者个人的所有权，它的出现是为了使出资者的权益得到保障和强化。因为，以单个主体的身份进行经营活动，无论是在财力上还是在风险上，都具有非常大的局限性。公司所有权的发展很明显是个人所有权发展到一定阶段的产物，个人的所有权才是终极的所有权。公司法人所有权的产生仅仅是为了能够克服掉个人所有权所凸显出的局限性。虽然这种所有权与个人所有权是矛盾和排斥的，但并不意味着公司所有权完全剥夺了个人所有权，因为公司在股东看来，只是为了实现利润最大化的一个工具而已。个人通过出资建立一个公司只是为了能够使自己的资产价值得到提升，公司所有权的出现将会在更大程度上维护交易的安全。所以对于公司法人的所有权需要有一个正确的认识，它不是

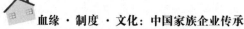
终极的意义，但是却需要人们对其持肯定的态度。

公司最初的财产来源于股东出资所形成的资本，所以公司的资本是公司财产权最为主要的内容之一，因此，对财产进行保护便是对资本进行保护。加强公司法人财产权的保护要完善中国的公司制度，以及对《公司法》的相关规定还需要得到细化。公司是市场经济发展的内在动力，也是一个国家实现可持续发展的关键要素。

从理论上看，在传统的新古典经济学里，企业是一个黑箱，而制度则是一个外生变量。企业成了一个简单地追求利润最大化的实体。这种框架下实际上是不存在真正的"企业理论"的。事实上，生产不仅仅是投入品与产出品之间的物质特性变化，更本质的是生产过程涉及资源在所有者之间的产权变换。随着人们对经济活动认识的加深，这种不切实际的假定受到了越来越多的批判。最早对这一论调提出质疑的是贝利（Berle，1932）和米恩斯（Means，1932），他们在《现代公司与私有财产》一书中实际上提出了一个企业发展方向决定力量的问题。他们指出：公司已不再仅仅是经营私人企业的个人进行交易的法律手段，公司形态虽然还经常被用于这一目的，但它已经获得了更加重大的意义。事实上，公司不但成了财产保有的方式，而且成了组织经济生活的手段。①

另一个提出质疑的人就是新制度经济学的开创者科斯。科斯指出：没有产权的社会是一个效率绝对低下、资源配置绝对无效的社会。能够保证经济高效率的产权应该具有以下的特征：一是明确性，即它是一个包括财产所有者的各种权利及对限制和破坏这些权利时的处罚的完整体系；二是专有性，它使因一种行为而产生的所有报酬和损失都可以直接与有权采取这一行动的人相联系；三是可转让性，这些权利可以被引到最有价值的用途上去；四是可操作性，清晰的产权同样可以很好的解决外部不经济（指某项活动使得社会成本高于个体成本的情形，即某项事务或活动对周围环境造成不良影响，而行为人并未因此而付出任何补偿）。科斯提出的"确定产权法"认为在协议成本较小的情况下，无论最初的权利如何界定，都可以通过市场交易达到资源的最佳配置，因而在解决外部侵害问题时可以采用市场交易形式。科斯产权理论的核心是：一

---

① 阿道夫.A. 伯利，加德纳.C. 米恩斯. 现代公司与私有财产 [M]. 北京：商务印书馆，2007：3.

切经济交往活动的前提是制度安排，这种制度实质上是一种人们之间行使一定行为的权力。因此，经济分析的首要任务界定产权，明确规定当事人可以做什么，然后通过权利的交易达到社会总产品的最大化。因此完善产权制度，对人口、资源、环境和经济和协调与持续发展具有极其重要的意义，因此建立产权交易市场是产权制度的客观要求，产权交易的结果最终将引导水资源流向最有效率的地区或部门，流向能为社会创造更多财富的用户。

二、私人财产制度建立的艰难历程

（一）私人财产制度的重要意义

无论在何种社会里财产权利都是人类经济行为的起点，纵观人类走过的历程社会的发展与进步无不与财产权利观念的演进和制度的变迁息息相关。中国正朝着市场经济制度迈进首当其冲需要解决的应当是财产权利的问题。

查理德·派普斯在他的名著《财产论》中开章引用了英国法学家、法官布莱克斯通（Blackstone）在《英格兰法评论》所述：没有什么如同产权一样，能如此普遍地引发人类的想象，并且赢得人们的喜爱……①他还引用 A. N. 威尔逊的名言："财产从来没有被抛弃过，也永远不会被抛弃。需要解决的仅仅是谁拥有它的问题。"②

其实，在西方的经济学家、社会学家、法学家、历史学家是把财产视为一种自然存在的现象；他们很少关注财产，虽然它与西方社会生活的各个层面有着紧密的联系，并且在西方思想史中扮演了重要的角色。

私人财产权利体系是近代西方资本主义个人自由的基础，是经济与政治的交点，是个人权利与社会权力的结合处，是整个近代资本主义大厦的真正基石和支柱。

道格拉斯·诺斯在《西方世界的兴起》一书中指出：封建制度的衰落与近代英国和荷兰的兴起都是与一种能够刺激个人经济活动积极性的新的财产权

---

① 查理德·派普斯. 财产论［M］. 北京：经济科学出版社，2003：1.
② 查理德·派普斯. 财产论［M］. 北京：经济科学出版社，2003：43.

利制度，也即私人所有权的发展有关。米尔顿·弗里德曼在《资本主义与自由》中指出，资本主义就是私有企业之间自由自愿地进行交往的一种经济形式。①

美国制度经济学家康芒斯提出：直到 1689 年的革命把统治权和财产权分开以后，私人财产权才在英国生效。只要统治者对臣民的生命财产有任意处置的权力，就不可能存在什么不可侵犯的财产权。②

洛克的名言更能体现财产权的重要性。我们知道笛卡尔的名言："我思故我在"，但洛克加了一句，"我在故我有"。也就是说，我拥有我自己，还有我创造的一切。更进一步说，我们的基本财富是我们自身，即我们的人格和身体。这种观念意味着财产必须需要自由。③

要理解近代资本主义的本质特征，要理解资本主义时代在发展生产力方面的巨大成就和它在许多方面的非人道性，就必须紧紧扣住私人财产权利体系这个核心要素。私人财产权是数百年来从身份到契约的权利发展及其基础的社会经济演化的成功的观念化、理论化、法制化，是资本主义市场经济的权利基础和资本主义经济自由的前提。④ 其实，私有财产权不过是人类占有欲的体现，但占有欲不仅存在于人类社会，也相当普遍地存在于动物之中。人类的占有欲主要是由经济和生理两方面引起的，即拥有地盘和物品以维持生存和繁衍后代。黑格尔说：只有通过拥有和控制财产，人类才能通过外部物体表现其意志，并且开始超越其即时存在的主观性。如果说与狩猎和采集条件相比，农业的扩张使得财产所有权的实施有可能更为严格的话，那么在商品（和生产）经济条件下，财产甚至逐渐支配了人们与财产和人与人之间的关系。⑤

人类走出原始社会，便进入了私有财产社会。在一切私有制社会中，私有财产的合法性都在民事关系中得到了原则上的承认。西欧从罗马法、普通法，直到《拿破仑法典》，居统治地位的法律都禁止偷盗、抢劫、侵夺、诈骗等侵犯私人财产行为。

---

① 转引自赵文洪. 私人财产权利体系的发展 [M]. 北京：中国社会科学出版社，1998：23.

② 康芒斯. 制度经济学（下册）[M]. 北京：商务印书馆，1996：11.

③ 查理德·派普斯. 财产论 [M]. 北京：经济科学出版社，2003：2.

④ 赵文洪. 私人财产权利体系的发展 [M]. 北京：中国社会科学出版社，1998：255－256.

⑤ 查理德·派普斯. 财产论 [M]. 北京：经济科学出版社，2003：85.

罗伯特·洛伊（Robert Lowie）指出：至少在农业出现后的最初阶段，人类社会存在着不同的土地制度，有个人所有制、家庭所有制或者部落所有制。如果存在的话，家庭财产在这几种制度中占主导地位。①

我们知道，原始人的所有权具有两种形式：亲缘群体（部落或者家庭）的所有权和个人所有权。亲缘群体通常控制着土地，供其成员采集、狩猎、捕鱼，在较少的情况下还包括耕种，但其他成员不得进入。个人财产由私人物品组成，如衣服、武器、工具等，以及非实体资产，如歌曲、神话、祷告、咒语，等等。

罗马是历史上最早培育出完整的用来调整民事活动和公众关系的法律规范和法律程序的国家。在罗马的法律中，对财产做出的法律得到了最全面的发展。杰里米·边沁的名言：财产与法律同时产生，也同时灭亡。在法律产生之前不存在财产；没有法律，财产也就无从谈起。②

1789 年，国民议会颁布了著名的《人权和公民权利宣言》，即《人权宣言》。它在历史上第一次以宪法的形式明确宣布了私有财产神圣不可侵犯的原则。第 17 条："财产是神圣不可侵犯的权利，除非当合法认定的公共需要显得必须时，且在公平而预先赔偿的条件下，任何人的财产不得受到剥夺。"③

现代欧洲初期，国王拥有统治权，人们享有所有权，而皇家不涉及私有财产，这在 16 世纪的西欧国家已经成为具有公理性质的认识。财产属于家庭所有，而主权则由君王及其法庭所有。④ 私有财产发展的下一个阶段是由商业金额城市化发展的产物。在 18～19 世纪欧洲的私有财产逐步演化发展，最终取得了神圣不可侵犯的法律制度这种地位，这就是经济发展、商业贸易和工业生产发展的直接结果。⑤

私有财产神圣不可侵犯原则在美国也得到确立。1976 年美国颁布的著名的《弗吉尼亚权利宣言》第一条：一切人生而同等自由、独立、共享有某种天赋权利。这些权利在他们进入社会的状态时，是不能用任何契约对他们的后

---

① 转引自查理德·派普斯. 财产论 [M]. 北京：经济科学出版社，2003：93.
② 查理德·派普斯. 财产论 [M]. 北京：经济科学出版社，2003：125.
③ 姜士林，陈炜. 世界宪法大全（上卷）[M]. 中国广播电视出版社，1989.
④ 查理德·派普斯. 财产论 [M]. 北京：经济科学出版社，2003：134.
⑤ 查理德·派普斯. 财产论 [M]. 北京：经济科学出版社，2003：142.

代加以剥夺的；这些权利就是享有生命和自由，取得财产和占有财产的手段，以及对幸福和安全的追求和获得。①

可以说，财产权不过是人类文化的一种普遍特征，是人类社会基本结构的一部分。

（二） 私人财产制度的基本特征

马克思主义学者的观点是财产体现在物上的人与人之间的关系，而不是对"物"的权利。财产权不是所有者与物之间的关系，而是与物相对应的所有者与其他个人之间的关系。

不幸的是，近代以前的历史表明，专制政治权力对个人财产的侵犯，是私有制社会内部对私有财产极大的威胁。西欧和中国的专制王权都侵犯私有财产。西方资本主义社会私有财产神圣不可侵犯原则的确立，使得资产者敢于到处落户，到处开发，到处建立联系，从而"在它不到一百年的阶级统治中所创造的生产力，比过去一切时代创造的全部生产力还要多"。②

自柏拉图与亚里士多德以来，对财产的讨论都围绕着四个方面进行：从政治学角度看，赞成者认为，财产有利于稳定。并且约束政府的权力；反对者则认为，财产导致社会的不平等，并将导致动荡不安。从道德观念看，赞成者认为，财产是合法的，因为每个人都有权获得其劳动的成果。春秋战国时期的政治家管子也曾指出：仓廪实则知礼节，衣食足则知荣辱；反对者则认为，许多拥有者所拥有的财产是不劳而获的。从经济学解释看，赞成者认为，财产是创造财富最有效的手段；反对者则认为，受个人私利驱使的经济活动将导致不经济的竞争。从心理学看，赞成者认为，财产会增加个人的自我归属感和自尊心；反对的意见宣称财产使人变得贪婪，而败坏人格。蒲鲁东说，什么是财产？财产就是盗窃。③

我们知道，市场经济、商品经济就是交换经济。但交换双方的前提是对其财产的所有权。没有所有权就没有交换，所有权是交换的前提。也就是所有权是市场经济的前提。但私人所有权的问题也是存在。马克思曾形象的指出：

---

① 赵文洪. 私人财产权利体系的发展 ［M］. 北京：中国社会科学出版社，1998：287.
② 马克思恩格斯全集（第1卷）［M］. 北京：人民出版社，1995：276－277.
③ 查理德·派普斯. 财产论 ［M］. 北京：经济科学出版社，2003：1.

"资本家，昂首前行；劳动力所有者成为他的工人，尾随于后。一个笑容满面，雄心勃勃；一个战战兢兢，畏缩不前，像在市场上出卖自己的皮一样，只有一个前途——让人来糅。"①

私有财产神圣不可侵犯、契约自由和过失原则是自由资本主义法制建设的三大基本原则，以私有财产神圣不可侵犯为基础，就使资本主义制度找到了结合在一起的适宜的经济体制，即资本主义市场经济而完善起来，并实现法制化。可见，私有财产神圣不可侵犯是对资本主义政治制度和经济制度的基础的法律认可，是资本主义的旗帜，也是资产阶级宪法的旗帜，而且在整个资本主义时代是不可动摇的。

赵文洪先生认为，市场经济确立的私人财产为核心的观念和制度体系核心有三条：一是构建了一个以私人财产体系为基础的法律制度；二是形成了私有财产神圣不可侵犯的价值观与法律原则；三是行使以私人财产权利为基础的自由或经济自由的市场经济体系。②

具体体现在市场经济条件下，给财产权的不同主体以同样的法律保护，只有这样，公民才有从事经济活动和支配自己财产的广泛自由，才有创造财富的自由，因而也就能创造出大量的财富。所以，创造财富的自由要落实在社会制度上必然表现为以私有财产权为基石的自由市场经济。可见，财产制度是市场经济得以运转的最重要的条件。财产权就是人权，也是经济增长提供了最强大的推动力，是民富国强的法宝，市场经济的核心。

（三）没有私有财产权的危害性

在苏联时代达到巅峰状态的极权主义可以溯源到俄罗斯历史上长期实行的"家长式专制"。这一体制没有把统治权与财产权区分开来，让沙皇同时担当起王国的统治者和所有者的角色。③

公共所有权的低效率因为搭便车现象的出现而进一步加重。侵犯财产权利与毁灭人的生命同时发生，这绝不仅是巧合，因为正如我们曾经强调的那样，人是什么、做什么和他拥有什么是密不可分的，因此，对他财产的侵犯同时就

---

① 资本论［M］. 北京：人民出版社，1972：199－200.
② 赵文洪. 私人财产权利体系的发展［M］. 北京：中国社会科学出版社，1998：287.
③ 查理德·派普斯. 财产论［M］. 北京：经济科学出版社，2003：59.

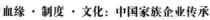
会是对他的独立个性和生命权利的侵犯。比如，纳粹德国在控制德国政府之后的一个月内，纳粹分子取消了宪法对私有财产神圣不可侵犯所做的规定。①

古代中国在这方面提供了一个生动的案例。中国历代皇权对私有财产的侵犯表现于三个方面。首先，历代赋税思维征收，徭役的摊派，从来就未得到过纳税人、被摊派者的同意，更无从说起的赋税、徭役的用途得到监督了。在法理上，正是政府对私有财产的最大侵犯。其次，在政府的征取、摊派之外，皇帝或政府对个人财产的任意侵夺。最后，则是官吏的敲诈勒索。在这样的权力，这样的组织面前，私有财产权利的命运就可想而知了。而私人财产权利的命运如此，商品经济、市场经济、资本主义的发育就必然会非常艰难。②

在中国传统的计划经济体制下政治上的理想主义，一度成为人们理性的统治者社会财产制度被赋予鲜明的政治色彩。财产权利制度设计完全出之于决策者的个人政治偏好。结果，私有财产被剥夺、私有经济被取缔，也导致国民经济到了崩溃的边缘。而改革开放之后的中国，逐渐恢复这项财产制度，才有了经济起飞。

党的十六大"关于完善保护私人财产的法律制度"的表述和民法典草案中将国有资产和私有财产作为平等的法律保护对象，确认了私有财产权在中国的保护。《中华人民共和国宪法》第十三条明确规定，公民的合法的私有财产不受侵犯。国家依照法律规定保护公民的私有财产权和继承权。

三、私有产权保护与家族企业健康发展

中国经济在近四十年的时间，一跃成为全球第二大经济体，其实，很大程度上与产权方面的改革是分不开的。从家庭联产承包责任制推广到民营家族企业的兴起，从国有企业改革到农村集体土地使用权制度改革，从公有财产保护到私有财产保护，几乎每走一步，都与产权问题联系在一起，与产权制度改革密切相关。也正是因为有产权制度改革相伴，经济发展的活力才能不断释放，市场活力才能不断增强，经济发展的活力才能不断涌现。

---

① 查理德·派普斯. 财产论［M］. 北京：经济科学出版社，2003：260.
② 赵文洪. 私人财产权利体系的发展［M］. 北京：中国社会科学出版社，1998：55.

企业存在的前提是市场，是市场交易，而市场交易的基础是产权。因此，产权制度是社会主义市场经济的基石，更是家族企业传承发展的基石。只有在明晰产权的基础上，市场行为才能得到规范，企业产权才能明晰与得到保护。

早在 2004 年，"私有财产权不受侵犯"被写入中国《宪法》。在《宪法》之下，最高立法机关先后制定的《合同法》《物权法》《公司法》《商标法》《专利法》等有关知识产权的法律都是产权保护的基本法律。2016 年 11 月 27 日，国务院再次发布《关于完善产权保护制度依法保护产权的意见》，明确提出了"平等保护""全面保护""依法保护"产权的要求，充分体现了"私权的自治"和"公权的自律"，意义深远。

英国哲学家洛克说："权力不能私有，财产不能公有，否则人类将步入灾难之门。"产权制度是市场经济的基石，也是保障是有产阶级长期投资实业、打造家族品牌的信心基础。

市场经济的本质是法治经济，公民的财产权和人身权等基本权利得到有效保障是建立现代法治国家的首要任务。国内外的经验都表明，完善产权保护法律制度，是保护产权最有力、最基本的方式。尽管改革开放以来，我国法治国家建设和产权保护法律制度不断完善，但是在产权保护的法制建设方面与完善的社会主义市场经济体制的要求还有很大差距，还存在很多不足和薄弱环节。例如，产权保护的法律体系不健全，行政执法与司法不严格，侵犯知识产权等侵权行为易发多发，司法与行政执法衔接性差，产权保护不平等、执法不规范等。

中国改革开放以来，从 20 世纪 70 年代末、80 年代初在农村建立家庭承包制开始，到 80 年代中后期放开民营经济和 90 年代推进国有企业公司制改革，逐步打破计划经济条件下国有经济一统天下的僵化体制，建设多种所有制经济共同发展的产权制度。

目前中国经济存在一个棘手的问题，是相当一部分企业家对自己的财产财富缺乏安全感，对企业前途没有稳定的预期，因而投资兴业的意愿低落。企业家存在这种担忧，原因是多重的，其中的关键是产权保护制度存在的问题亟待解决。德国哲学家黑格尔说过，财产权是人的自由意志的定在。中国的古语也一语道破，"有恒产者有恒心，无恒产者无恒心"。财产权是中等收入群体对社会信心的主要来源，保护好产权，保障财富安全，才能让他们安心、有恒

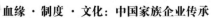

心，才能稳定他们的预期。

诺贝尔经济学奖获得者弗里德曼曾说过：花自己的钱办自己的事，最为经济；花自己的钱给别人办事，最有效率；花别人的钱为自己办事，最为浪费；花别人的钱为别人办事，最不负责任。

中国社会对产权性质和意义的认识，也是一直模糊不清的。西周时期的古诗"普天之下、莫非王土，率土之滨、莫非王臣"反映的虽然不是历史史实，但从侧面透露出产权模糊的含义。至于帝国体制建立之后，不管是秦始皇之谪闾里、汉武帝之告缗令，还是朱元璋之迁富户，直到 1956 年的大改造，私有财产权一直是建在沙滩上的脆弱建筑，桑弘羊式的国家社会主义冲动历代都不乏赞赏者。"富不过三代"由此成为中国人的财富恐惧魔咒。

在现代经济学的照射下反观经济史，产权起作用的逻辑逐渐浮现。远期的例子是荷兰、英国的崛起。工业革命之前，欧洲大陆强国如西班牙、法国以强化中央集权为发展方向，荷兰、英国则演化出财产保护的完整体系并顺势成长出现代金融。初期，竞争优势似乎偏向于大陆强国，但结局落定以前，历史在竞争的天平上投下了关键砝码，胜利最终属于重视财产保护和利于科技创新的一方。在英法竞争中，法国的私人资本通过阿姆斯特丹流向英国国债，武装了英国军队并将法国赶出印度和北美。

近期的例子是秘鲁摆脱困境的经验。秘鲁经济学家德索托（Hernando de Soto）成秘鲁总统的顾问后，帮政府快速确立产权并大规模减少管制。其效果是，过去 20 年，秘鲁国内生产总值增长速度两倍于拉丁美洲其他国家平均水平。随着经济繁荣，威胁着整个国家的恐怖主义势力"光辉道路"逐渐瓦解。

理论界对产权的认识也逐渐清晰，如诺贝尔奖得主诺斯的名著《西方世界的兴起》，探究欧洲兴起的本源时，最终追溯到了产权制度。诺斯在他的专著中提出一个重要论点，即经济增长的关键在于制度因素，一种提供适当的个人刺激的有效的制度是促使经济增长的决定性因素，而在制度因素之中，财产关系的作用最为突出，无论是封建庄园制度的兴起和衰落，还是近代产业革命的发生，都与私人财产地位的变革有直接的关系。所有权不确定，私人经营的产业及其收入没有合法保障，或者说，如果没有制度的保证和提供个人经营的刺激，近代工业就发展不起来。①

近些年来，随着对经济系统理解加深以及稳固利益的需要，保护私有产权在中国被提上日程。2002 年 11 月的中共十六大报告提出完善保护私人财产的法律制度。2004 年的宪法修正案提出："公民的合法的私有财产不受侵犯。国家尊重和保障人权。"2007 年，全国人大又通过《中华人民共和国物权法》。

尽管有以上多部法律条文，但产权保护的实际状况并不见佳。从字面上来说，现行《宪法》《民法》《公司法》《合同法》《行政法》《刑法》等法律法规中，不同产权并没有平等的法律地位。这些法律中多少都有产权不平等保护的意思表示，存在产权歧视、产权所有者歧视。如中国《宪法》对公有制经济保护明显优于非公有制经济。物权法虽然明确了平等保护原则，但同时规定了公共利益优先的基本原则，导致一些行政主体以"公共利益"之名，对私人利益滥施征收、征用。同时在司法实践中，司法系统的效率、执行力等，也具体影响着产权权利形态。

四、中国家族企业形成的三条演化路径看产权制度

根据对近 40 年改革实践的观察，可以把中国民营家族企业的形成概括为三条演变的路线，即"私企路线""集体路线""国企改制路线"。这三条路线在企业制度方面呈现出家族企业不同的形成特征、产权结构、治理结构和管理模式。

（一）温州模式

温州的民营企业是从个体私营经济发展起来的，私人独资企业是主要的制度形式，不仅个体企业、私营企业是独资企业，很多股份合作制企业和有限责任公司实质上也是私人或家庭独资的，另外一部分企业则为私人共同出资的合伙企业、股份合作制企业以及有限责任公司。因此，温州的民营企业制度的最大特点就是产权清晰、机制灵活。"温州模式"说到底，是发展市场经济的模式。人们从"温州模式"的实践中看到，与计划经济相反，温州的市场经济

---

① 道格拉斯·诺斯，托马斯著. 张炳九译. 西方世界的兴起［M］. 北京：学苑出版社，1988：2.

充满了活力，效率很高，温州经济的发展加快了，就业的途径拓宽了，市场供给丰富了，人民迅速地富起来了，政府财政的日子也好过了。人们终于认识到，要发展市场经济就必须发展民营经济，没有民营经济就没有市场经济，民营经济或者说非公有制经济是社会主义市场经济的重要组成部分。民营经济具有很强的利益的激励和约束机制。温州放手发展民营经济符合人们要求致富和追求过好生活的愿望。"温州模式"的实践使越来越多的人认识到，放手发展民营经济的结果，在利益的激励下，蕴藏在人们中的巨大的积极性和创造性焕发出来，转化成促进经济发展的强大动力。无须政府的安排和鞭策，也不依赖政府，人们自己就会千方百计地寻求致富之路、发展之路，按照市场的变化去配置资源，在市场的压力下去提高效率，并自己承担风险。[①]

（二）苏南模式

"苏南模式"的内涵可以概括为：以农业为基础，以大中城市为依托，利用市场和市场机制，与农业上的所有制结构和经营方式相适应，兴办以集体为主体的乡镇企业，以农村工业化推动农村分工分业发展和产业结构改革，多行业的内向组合与多渠道的外向开发相结合，促进农村全面繁荣和农民共同富裕。"苏南模式"是在中国传统的计划经济体制下，放开计划外"市场调节"的一块，使乡镇企业得以在苏南农村超前大发展的基础上形成的。苏南乡镇企业坚持"集体为主"的所有制结构框架，无论从其初始，还是从其蓬勃发展时看，都是和那时双轨并存的体制条件和市场供求状态相适应的。但随着市场化改革的逐步推进，乡镇企业与所有制结构相联系的产权制度的缺陷，促使乡镇企业经营机制上以及"苏南模式"运行机制上矛盾的不断深化，诸如投资失误、结构劣化、资不抵债以至"穷庙富方丈"等，愈演愈烈。在这过程中，苏南不断推进了"一包三改"（实行承包经营责任制，改干部委任制为聘任制、改职工录用制为合同制、改固定工资制为滚动工资制），以及厂长承包责任制、企业内部审计制等多项制度创新，但都只是在没有触及产权制度的有限范围内的改革，不能从根本上克服矛盾。20 世纪 90 年代中期，"苏南模式"的致命弱点在经营困境下进一步显露，终于促使素有改革创新传统的乡镇企业

---

① 晓亮，甘德安. 民营经济手册［M］. 北京：现代教育出版社，2007.

以思想的进一步解放，突破"集体为主"的所有制框架，放手实施产权制度的大面积改革改制：大中型企业大多转制为股份合作制或有限责任公司；中小企业除转制为股份合作制、有限责任公司外，多数通过拍卖或转让，改制为民营企业（主要是家族企业）。乡镇企业的"老板"就由原来实际上由乡镇政府担当转换为由产权所有者的代表或私营企业主自主负责，促使了家族经济及多元化混合所有制经济在苏南长足发展。[①]

（三）三城模式

"三城模式"是指山东诸城、辽宁海城和兴城模式的总称，是中国 20 世纪 90 年代国有集体中小企业改革体制的典型模式。国有企业向泛家族企业转型是中国社会转型期的必然体现。截至 1999 年 9 月末，全国的国企亏损面仍在 50%，即两个企业中就有一个是亏损企业，其中西部地区的亏损面最高，达到 58%，其次为中部地区是 50%，东部地区是 45%。在全国 31 个省（市、自治区）中，国有及国有控股工业企业在盈亏相抵后利润总额为负（即净亏损）的地区有 15 个，而西部地区就占了其中的 7 个。1993 年 11 月，中共十四届三中全会通过了《关于建立社会主义市场经济体制若干问题的决定》（简称《决定》），《决定》明确把现代企业制度作为中国企业改革特别是国有大中型企业改革的目标，不再采用承包制这种虽实行多年但弊端突出的形式，"社会主义市场经济体制"明确确立。同年 12 月，《公司法》开始实施，从而确立了以公司为核心的现代企业制度的国有企业的改革方向。

1994 年 9 月，中共十五届四中全会《关于国有企业改革和发展若干重大问题的决定》指出：要从战略上调整国有经济布局和改组国有企业；要着眼于搞好整个国有经济，推进国有资产的合理流动和重组；要坚持有进有退，有所为有所不为的方针；要建立现代企业制度，完善法人治理结构，推进多元化的产权制度改革。

此外，国有企业民营化已经是学者与政府的共识。由于国有企业低效率，而低效率主要原因是产权，当时社会的共识是"改革深处是产权""有恒产者有恒心"，只有明晰产权才能保证企业经营者的激励问题，所以国有企业民营

---

① 晓亮，甘德安．民营经济手册［M］．北京：现代教育出版社，2007．

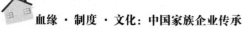

化改造才能最终解决"政府失灵"问题。

实行国有民营化有如下好处：第一，可以切断政府与企业的脐带。使得企业的决策从市场出发而不再受政府的行政干预，从而真正实现企业人、财、物经营管理和发展的自主地位。第二，企业高管人员与政府及其职能部门的脱钩，割断了政府与企业最大的联系，保证了一批优秀的企业家脱颖而出。一批有能力、有经验的经理人才依靠自己的才干、业绩和社会信誉度获得应聘，取得自己在企业中的领导地位。与此相应，企业经理人员的收入、福利将不受政府限制，由企业决定他的收入，好的经理人员应成为社会上收入最高和最先富裕起来的一部分人。第三，国有企业民营化，使国有企业面对的市场同所有民间企业一样，既然摆脱了政府的行政牵制，也就离开了政府的保护，它面对的就是一个全面开放的市场，必须通过竞争才能生存，这就使企业充满活力。第四，可以扩大非国有经济比重，增加政府税收、扩大就业渠道及繁荣市场经济，形成市场经济真正的主体。①

五、从制度设计看荣氏家族企业三代传承

（一）荣氏家族创业的辉煌

中国家族企业的源头，这个根，似乎绕不开曾经辉煌一时的晋商、徽商和"红顶商人"胡雪岩，似乎绕不开洋务运动后期声名显赫的盛宣怀、唐廷枢等人；其实，他们不过是官商或是买办，最终未能超越身份的限制，迈入工业文明。真正体现在开创各种新式工业的企业家，是荣宗敬、荣德生创办的家族企业。荣氏家族创办的企业是中国发展最早、最快、规模最大的家族企业。所以，荣氏家族企业的百年传承是必需探究与分析的。

百余年之前，创业的两兄弟荣宗敬、荣德生是有名的"面粉大王""棉纱大王"，荣氏企业一度垄断全国面粉市场的1/3，棉纱市场的2/5。在荣氏家族跌宕多舛的百年传承的第二代中除了身兼商界巨子和政府高官于一身的四子荣毅仁外，荣鸿元、荣宗敬的长子，"大房系统"的传承人，也继承父亲的百折

---

① 晓亮，甘德安. 民营经济手册 [M]. 北京：现代教育出版社，2007.

不挠、顽强创业的经营品质，领导着家族事业，成为荣氏企业后期发展的主持者。在 1949 年前夕，他迁厂至香港，在香港开设大元纱厂，后辗转巴西，经营面粉业，事业兴旺发达。

荣氏的第三代大都是贸易实业界人士。许多人担任各种公司的董事长、总裁、总经理、经理等职务，他们的事业大多在海外，主要从事金融、工矿企业、进出口贸易活动等。而在荣氏家族的第三代中，最为耀眼的算是荣智健。58 岁的荣智健，当时还是中信集团的高级员工，每年不过数百万年薪，并不拥有任何股权；但荣智健借助国有资本与父辈的权势，以中信泰富为平台，通过资本运作积累了巨额个人财富，三度荣登《福布斯》富豪榜中国首富，打造荣氏家族的新财富。以致媒体报道，荣氏家族传承富过三代，打破了中国传承"富不过三代"的魔咒。

（二）制度设计才是家族企业基业长青的根本要素

媒体高调报道荣氏家族打破了"富不过三代"咒语，但我认为，荣氏家族虽然有百年传承，富过三代，但荣氏家族在中国大陆没有传承三代的家族企业。回看百年中国家族企业的历史，可以看到家族企业是离不开当时具体的外部环境与制度变迁的。清末民初，中国社会是从农业开始向工业转型的社会。荣氏企业创办初期，适逢中国民族工业的"黄金时代"，荣氏兄弟经过艰苦奋斗，创建了庞大的家族企业。中国大陆的家族企业在做大、做强之后，面临的最大难题是什么？一般来说这个威胁来自外资企业和外国产品的竞争，有学者认为是市场，比如，"九一八"事变后，北方面粉市场被日本侵占，日本的棉纱也在中国大量倾销，荣氏企业陷入困境。事实上，最大、最致命的威胁还是来自官资和官企兼并的威胁。荣德生的大女婿李国伟回忆，北洋军阀比较容易应付，他们的办法也简单，一般是把各银行、各厂的主持人请去开会，关上门"讲斤头"，不满足他们的胃口，就不让出来。但是，如果你事先看出苗头，可以托故不去，也可以硬挺软磨，讨价还价，到了国民党时代就不行了。自 1927～1949 年，以宋子文、孔祥熙为代表的豪门资本力量，包括资源委员会掌握的官营资本力量，处于绝对强势，荣氏企业、刘鸿生企业、民生公司和永利公司等，几乎所有成熟的大型家族企业，都处在他们的虎视眈眈之下，多次面临被吃掉的危险。卢作孚孙女卢晓蓉对《中国企业家》记者说，1999 年出版的《卢作孚文集》收入此文时，有一句话被删，大意是："我自从事这桩事业以来，时时感觉痛苦，做得越大越成功便越痛苦"。

可以说，中国的家族企业家首先是政治家。正如荣毅仁说："就以我的家族来讲，在新中国成立前也算个大的民族资本家。从 1900 年开始办厂创业，到 1949 年，50 年艰苦奋斗，认真经营，才搞了 20 多个企业，这在新中国成立前已经是了不起了。可是，我从 1979 年担任'中信'公司的董事长以来，9 年来，共投资、合资搞了 209 个企业。为什么过去 50 年艰苦奋斗只搞了 20 多个企业，而现在 9 年不到，却发展了 200 多个企业？当然，这其中有广大的干部和老同志的共同努力；但最基本的，是因为有共产党的领导，走社会主义道路。"这是政治家语言不是企业家语言，荣氏家族搞的 20 多个企业是家族企业；现在创办的 200 多个企业只是国有企业，虽为荣毅仁一手创建，但仍是标准的国有企业，他只是职业经理人，在产权上与荣氏家族并无关联。至于他的儿子荣智健借助这个平台发展荣氏家族财富，这也是当前中国权贵经济的基本特征。1994 年，荣智健曾对媒体说过："假如我不是荣毅仁的儿子，我今天不可能做香港中信的副董事长兼总经理。但假如我仅仅是荣毅仁的儿子，而自己没有能力来经营，香港中信也不会发展成今天这样的规模。"这前半句是真理，后半句历史与市场证明是错的。

当 2009 年 4 月 8 日，67 岁的荣智健在辞职函的右下方签上了自己的名字时。或许，荣智健失去的不仅是中信泰富董事长的职位，不仅是巨额的经济损失，而是百多年的荣氏家族商业神话的终结。其实，荣智健出局是权贵经济在法制健全的市场经济的香港地区的必然宿命。正如著名财经作家吴晓波指出，荣智健的第一个错误是，没有择机让荣家资本独立。荣智健的第二个错误是，对官商模式的生存之道思考不深。以当年荣智健以总股本 100 万元港币办爱卡电子厂，不过是将香港地区的廉价电子表、收音机、电子钟等向内地大量贩卖，如果没有获准"大陆贩卖权"的政策背景，那只是走私。

媒体痛惜荣智健，是因为荣智健最有可能成为李嘉诚家族、王永庆家族、霍英东家族、李兆基家族等华商翘楚们的标杆，以挑战"富不过三代"的商业魔咒。其实，荣智健，这位红色资本家的后代，这位中国的首富、福布斯连续上榜的富翁，注定成为百年荣氏商业王朝的痛，中华民族工业的痛，这个痛不是没有突破华人家族"富不过三代"的魔咒，不是没有超越港台华人家族企业，不是没有验证大陆家族企业的体制优势，而是不断用血的事实验证一个从胡雪岩到荣智健中国商人传承的基因：没有红顶哪来商人？

（三）荣氏家族企业传不过三代的感悟

从荣氏家族财富传承与家族企业无法传承，给我们怎样规律性的启示呢？我想中国大陆家族企业命运中有如下两个规律性的结论。

一是只要有暴力革命就没有财富的创造、企业的传承。只要有暴力革命，只会有财富的掠夺、企业的毁灭。一百七十多年来，中国从鸦片战争、洋务运动、太平天国起义、甲午战争、义和团之乱、辛亥革命、北伐战争、土地革命、抗日战争、解放战争，以及"文化大革命"，都是革命。革命的成本太高、革命导致企业无法正常经营。所以，革命是企业发展的死敌，企业包括家族企业都成了革命的牺牲品。

二是政商关系总是家族企业无法回避也不能回避并逼死家族企业的主要因素。在鸦片战争之前，中国商业就处于不正常的政商关系下。徽商因明朝崛起而崛起，因明朝衰败而衰败。晋商也因清朝衰败而衰败。洋务运动的"官督商办"，结果是官贪商难办。第一次世界大战给与中国民间资本发展的大好机会。但是，政府喘过气来马上收拾民办家族企业。国民党执政期更是如此。新中国成立前30年无家族企业，改革开放的30年，特别是近10年也是政府太强、民间企业太弱的结构。可以说60多年经济，特别是改革开放的30年，计划经济的惯性、官本位的余威，必然导致新型的政商关系，制约着家族企业的命运。家族企业依然靠政府的政策与文件，依然靠官员的人治存活与传承。

现在，媒体与学者太多去关心与研究家族内部传承、接班人培养、职业经理人等问题，其实，健康的中国大陆家族企业传承既不是死于接班，更不是死于职业经理人，而是死于外部环境、制度变迁与政商关系。

六、从制度成本看曹德旺美国投资

（一）中国首善的创业传奇

曹德旺，福耀玻璃集团的创始人。目前福耀玻璃集团生产的汽车玻璃占中国汽车玻璃 70%，是中国第一、世界第二大汽车玻璃供应商。成为宾利、奔驰、宝马、路虎、奥迪等豪华汽车品牌重要的全球配套供应商。

1993 年，福耀玻璃登陆国内 A 股，是中国第一家引入独立董事的公司，第一家现金分红是募集资金 12 倍的上市公司。

多年来，福耀坚持每年投入巨额研发费用，福耀玻璃的部分高新技术产品代表当今世界上最高的制造水平，并拥有独立的知识产权。曹德旺曾带领的福耀团队历时数年，耗资 1 亿多元，相继打赢了加拿大、美国两个反倾销案，震惊世界。

曹德旺 2009 年荣登企业界奥斯卡之称的"安永全球企业家大奖"，这是首位华人获得者。作为一项享誉全球的企业家奖项，此前的安永企业家奖获得者包括：Actelion 生物技术公司创始人 Jean－Paul Clozel；戴尔计算机创始人迈克尔·戴尔；星巴克董事长霍华德·舒尔茨；eBay 创始人彼埃尔·奥米迪亚。2009 年安永全球企业家奖评委会主席及相关人士致辞时说：曹德旺董事长的成功不止限于汽车行业，他对中国及国际汽车行业都做出了贡献。他代表中国企业家获此殊荣，其深远意义更在于它见证了成就今天中国在国际经济体系中显赫地位的主要动力所在，那就是生生不息的企业家精神。

据统计：中国私营企业的平均寿命只有 2.9 年，中国每年约有 100 万家私营企业破产倒闭，60% 的企业会在 5 年内破产，85% 的企业会在 10 年内消亡，能够生存 3 年以上的企业只有 10%，大型企业集团的平均寿命也只有 7.8 年。其中有 40% 的企业在创业阶段就宣告破产。在中国每天有 2740 家企业倒闭，平均每小时就有 114 家企业破产。日本企业的平均寿命为 30 年，是中国的 10 倍；美国企业平均寿命为 40 年，是中国的 13 倍。从这组数据中，我们可以真正感受到曹德旺董事长成就之不易。

其实，曹德旺受到国人普遍尊重的不仅是他企业的巨大成就，更是他白手起家、艰难创业过程中不屈抗争的精神。他 14 岁辍学，在街头卖过烟丝、贩过水果、拉过板车、修过自行车，成年累月一日两餐食不果腹，在歧视者的白眼下艰难谋生，尝遍了常人难以想象的艰辛，但他不屈服于命运的不公而逆境奋发成就事业。

曹德旺得到国人尊重的不仅是他艰难的岁月与事业的成功，更是他对国人的慈悲为怀的心肠。曹德旺是虔诚的佛教徒，据悉，曹家四代信佛。他为修复家乡的寺庙，前后投入了 2000 万元。从 1983 年第一次捐款至今，曹德旺父子累计个人捐款已达 60 亿元。曹德旺没有简单地把慈善等同于捐款捐物，而是致力打造一个独立运作、活水长流的民间慈善基金。2009 年 2 月，曹德旺宣布捐赠自己及其家族名下 60% 的股票，成立以其父名字命名的"河仁慈善基金会"，这是国内首家以股份运作成立的慈善基金会，资产规模 35 亿元，是中国目前资产规模最大的公益慈善基金会。但曹德旺认为财施不过是"小善"，修行公德才为慈善。公德就是公平，施予是德，虔诚是公，真实是德。

看看 10 年来中国企业家群体中一些企业家极其夸张的慈善作秀、在商言商的回避、个人情怀的夸张，更能感受到曹德旺的佛教徒的慈悲心肠，与受国人的真正的尊重及这次在美国投资建厂引发的地震般的反响。

（二）中美实体企业投资生产成本比较

曹德旺 2016 年因宣布将投资 10 亿美元到美国建厂做汽车玻璃，再次成为国人关注的热点。他到美国投资的基本成本收益分析：中国实体经济的成本，除了人便宜，什么都比美国贵。

当媒体记者提出一些刁钻古怪问题时，曹德旺做了一个直言的回答。他说，美国土地基本不要钱；能源，美国的电价是中国一半；天然气价格只有中国的 1/5；中国综合税负比美国高 35%；运输成本更高，在美国 1 公里还花不到 1 块钱人民币，我们这里过路费比较高；劳动力成本，美国蓝领是中国 8 倍，白领是中国的 2 倍多，白领便宜，蓝领贵。曹德旺通过简单核算回答记者，在美国办厂，还有很多优惠条件，总的来说，算起来他那里比这里总利润会差 10%，会多赚百分之十几。

站在经济学教授的角度看，曹德旺董事长只进行了企业运行的生产成本核算，比生产成本更高的则是交易成本。

（三）中国家族企业传承最贵的成本是制度成本

曹德旺的直言引起媒体、国人的高度关注，也引起政府高层的高度关注。李克强总理说，最近有声音认为企业税负过高，其实仔细掰开来算细账，主要是企业的非税负担过重。企业成本高在哪儿，还不是制度性交易成本太高。

李克强总理是经济学家，一言击中要害，中国办实体企业最贵的不是劳动力成本、不是生产要素成本，而是交易成本，即制度设计的成本。

第一，中国民营家族企业生之不易。中国虽然历史悠久，但不允许民间办企业历史也悠久。但西方工业革命影响至深、至远，也至广，几千年封建集权制度的中国，随着鸦片战争、甲午战争、抗日战争一次一次的影响着中国经济的转型。中国企业是从官办企业开始的，只是因为官办企业必然的腐败与低效，官办企业走不通了，政府才允许民间资本进入市场，但也是开一个小口：官督商办。官督商办依然不行，特别是甲午战争惨败后，国家才允许民间办企业，于是才有现在意义的民间企业，当时主要是家族企业。十年浩劫结束后，国家痛定思痛，才有邓小平领导的改革开放，才有允许发展民间企业，才有三十多年的民营家族企业的发展。

第二，中国民营家族企业存之不易。首先是税收制度的死亡税率的设计，有专家研究后说，中国企业面对的40%、30%的税是死亡税率。因为在中国，除新兴行业及金融等领域外，大部分企业的利润率都不到10%，30%～40%的税费负担足可以导致大多数东部沿海加工企业处于困境之中，甚至亏损倒闭。如果用世界银行世界发展指标中的"总税率"指标来衡量中国企业所承担的税负，2013～2015年，中国企业总税率为68.7%、68.5%和67.8%的高水平上。

第三，中国民营家族企业强之不易。我可以很尖锐的指出，中国创一代创立的家族企业基本是山寨企业。包括生产山寨产品的企业，也包括在生产山寨产品中模仿创新的企业。为什么会是山寨企业，核心是缺乏技术创新。政府也提出要从山寨驱动走向创新驱动。实际上，没有技术创新，就没有新产品、新业态，就不可能把企业做大做强。而技术创新的背后是专利制度和知识产权制度的设计，而专利制度与知识产权制度设计的背后又是私人产权制度的设计。这个问题虽然理论上似乎解决，但在实际上似乎依然没有很好的解决。

第四，中国家族企业传之不易。家族企业传承不仅是传子与传贤的问题，也是"一代一业"产业转型的问题。家族企业传承貌似家族企业家在选择，实际上是制度在安排。比如，中国企业产业进入制度的安排，国有企业可以进入80多个行业，外资企业可以进入60多个行业，而家族企业只能进入40多个行业，你的产业转型是无奈的产业转型。不能在高利润的产业中发展，只能在低端产业去血拼。

第五，中国家族企业长之不易。中国家族企业为什么缺乏百年传承企业，实际上也是一个制度设计问题，即继承制度设计的问题。中国继承法是诸子均分制度。虽然，中国家产继承的诸子均分制家族制度是一种最古老的社会制度，也是一种配置资源要素的特殊方式，也是人类为了适应复杂环境而形成的制度产物。但诸子均分制，一是导致中国家族财富呈现一个"积累—分散—再积累—再分散"的周期性循环，结果导致绝大多数家庭往往无力发家兴业，甚至"一代不如一代"，很难守住祖业；二是人人窝在家里等着分财产，缺乏进取心，追求安稳，不敢冒险，缺乏创业精神，富不过三代；三是一种诸子均分制是一种家庭大锅饭的制度，体现的是"结果的平均"而非"机会的平均"。这也使得中国历史上大大小小的农民起义者都提出的"均贫富""打富济贫"之类的目标和口号。茅理翔老先生的口袋论，不过也是诸子均分的温情版。

所以，李克强总理进一步指出，推进简政放权改革，既要取消审批项目、缩短审批流程，又要切实清理中介等各种不合理收费项目，从而真正降低企业的制度性交易成本。

降低交易成本，即降低企业生、存、强、长的制度成本，才是企业留在中国的唯一出路。

第五章
CONSANGUINITY, INSTITUTION AND CULTURE

专利制度与家族企业传承

第一节　创一代传承的是怎样的家族企业

一、创一代创立的家族企业基本是山寨企业

（一）什么是山寨企业

山寨产品是指一些大型正规工厂生意红火，工人连续加班加点而市场仍未饱和，因此部分业务就流向了小作坊，这些小作坊大部分是建造在山坡上的小木屋，久而久之这些作坊产品就被称为"山寨货"。山寨企业一般指一种由民间力量发起的产业现象，表现为仿造性、快速化、平民化，以兼容的强大功能、花哨的包装、低廉的价格赢取消费者而盈利。我们说山寨企业时，不包括企业的山寨，主要指模仿品牌产品的生产企业，更指在模仿中创新产品的企业，还包括在模仿中创立自己企业品牌与技术但缺乏核心技术的企业。部分学者认为山寨文化是网络、电脑和 DV 等的广泛普及时代中草根文化对精英文化的挑战，是一些人在较大生活压力下的某种情感宣泄的需求，山寨文化在2008 年的兴起深刻表达了公众对主流文化的不满，"比如恶搞，它既是娱乐，也是挑战"。[①]

山寨产品我们可以定义为市场存在着的一种固有的产品因为长久没有创新和换代，而通过"复制、模仿、学习、借鉴和创新改良"推向市场的一种"快速、满足平民、适销对路、具有多功能性低价位"的品牌产品。其实，山

---

① 流行与挑战："山寨文化"是对主流文化的不满［EB/OL］. 中国网，2009 – 01 – 20.

寨并不是简单地盗版、剽窃和抄袭，山寨产品也有技术含量。比如，山寨版春晚和央视的春晚大 PK。这台山寨版春晚就绝对不是抄袭，而是模仿中有创新。

在某种意义上说，山寨企业是对垄断行业暴利行为的民间反抗。山寨企业也是促进中国技术创新、发展新型科技的一支重要力量。三十多年前家族企业从创立到发展，基本是走了一条从模仿到模仿创新之路。大量的山寨产品的出现，山寨企业之间的竞争，山寨企业和庙堂企业的竞争，客观上对促进各自产品的更新换代，促进各自从功能到样式的不断创新，从而推进整个社会技术创新、科技发展。

（二）山寨企业的积极意义

山寨就是模仿，而模仿是人类文明延续的方法。英国经济学家凯恩斯说：我们知道个人的判断是毫无价值的，因此我们尽量模仿大多数人或一般人的行为，每个人都努力模仿他人的这种社会心理，导致我们可以称之为常规判断的形成。学者将这种模仿称为社会性学习。① 依据法国著名心理学家加布里埃尔·塔尔德认为，模仿是先天的，是我们生物特征的一部分。模仿性行为犹如其他许多种类的行为一样，也是习得性的。模仿是社会学习的重要形式，在个体社会化过程中起着重要的作用。他在《模仿律》中指出：社会就是模仿、模仿就是传播。模仿与生物的遗传有很相似之处，人与人越接近，模仿的成分就越大，社会关系也越亲密，社会就由这种模仿作用而趋于巩固和发展。群体的规范和价值都是由于模仿的结果而产生的，模仿是社会进步的根源。② 也有学者指出，使我们人类区别于动物而成为人的，乃是我们所拥有的模仿能力③。而道金斯把模因④定义为模仿。他指出，模因为"文化传递的单位，它通过一个过程而从一个人的头脑跳入另一个人的头脑之中。这个过程，广义而

---

① 转引自亚历克斯·本特利等著. 窃言盗行——模仿的科学与艺术［M］. 清华大学出版社，2013：40.

② 加布里埃尔·塔尔德. 模仿律［M］. 北京：中国人民大学出版社，2008.

③ 苏珊·布莱克摩尔，高春申等译. 谜米机器——文化之社会传递过程的"基因学"［M］. 长春：吉林人民出版社，2001：4-5.

④ 模因论是基于达尔文进化论的观点解释文化进化规律的一种新理论。它试图从历时和共时的视角对事物之间的普通联系以及文化具有传承性这种本质特征的进化规律进行诠释。

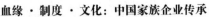

言，可以被称为模仿"①

在某种意义上说，山寨这个词汇本身就是创新的产物，山寨企业是伴随改革开放的步伐孕育而生。山寨企业在中国像雨后春笋般的出现，山寨产品无所不包越来越多：从山寨电器、山寨服装、山寨地板，到山寨手机、山寨汽车。以至于"你山寨了吗"成了时髦的见面问候语。

美国今天是全球最有创新力的国家，但我们很难想象一百年前，美国也是一个山寨之国。在 18～19 世纪，美国主要山寨的对象是英国。美国的经济间谍活动集中在英国纺织工业，就是高速纺织机技术，并且，美国在国家层面给了很大的帮助。美国要求在美国之外的外国注册的专利，在美国不受保护，所有的专利只有注册在美国才能获得保护，这样就给他们的企业提供了一个机会，仿照别的国家产品，不但不是违法的，还是政府鼓励的。美国企业家试图把英国的纺织机和工厂设计的秘密资料抄过来，而美国政府随时准备帮助他们。

日本也通过山寨获得成功的。日本以前从政治和经济上仿制中国，然后在明治维新以后，日本开始山寨更先进的国家，就是欧美。德国的矿山冶炼厂、法国的缫丝厂、英国的军工厂都在日本的工业化进程中起到了标杆的作用。日本山寨策略是引进国外的专利技术、知识产权，在此基础上，日本发明一个术语，叫"逆向工程"。通过逆向工程迅速消化了国外的知识产权，然后去追赶。最初是本田仿制福特的发动机，然后用在摩托车上，然后不断地去创新，根据需求做改进，成功出口到美国，成为美国汽车的发动机。今天本田的发动机已经成为全球领先的发动机。日本所采用的策略就是我所用，但是不一定为我所有。

雷小山在《山寨中国的终结》一书中指出：在一个基本商品供应不足的国家，发展最先进技术的动力往往不足。如果靠山寨就能赚钱，谁还会去关心技术创新？这也正是很多中国企业在过去几十年里所做的。② 他通过 5 万份消费者调查报告、广泛地与普通消费者、公司高管、最具创新能力的企业创始人、官员进行面对面的深入交谈后，得出的结论是：在过去的三十多年，对于大部分的中国企业来说，几乎没有理由搞创新或创立品牌。经济增长依赖大量

---

① 里查德·道金斯著，卢允中等译. 自私的基因［M］. 吉林：吉林人民出版社，1998：192.

② 雷小山. 山寨中国的终结［M］. 上海：上海译文出版社，2016.

投资，现成的创意发明就像低垂的诱人果实随手可得，刺激着企业山寨别人成功的模式，只看短期利益，赚快钱。特别在缺乏知识产权保护的情况下，这个时期的中国企业不关注长远的未来，并认为投资搞创新花费太大，风险太高。

20 世纪 80 年代开始的改革开放，正是给中国经济提供了这种"低垂的果实"。当中国人刚开始接触全球市场时，他们很快发现海外早已成熟的商业模式和产业技术，只需要拷贝到中国稍加改造，就能获得巨大的市场和需求。于是，从服装到生活用品，从家电到电子设备，中国各行业在过去 30 年共同组成了一部巨大的企业山寨史。[1]

中国部分中小家族企业、加工厂受发展资金不足和科研条件的限制，只能走模仿和改良的"短平快"式发展道路。作为中国改革开放的前沿东南沿海一带，有着许多得天独厚的制造业优势。此外，由于中国目前不像欧美国家那样有着先进的管理经验和健全的法律制度。部分企业对知识产权保护不够重视，如很多产品未申请专利保护，一旦山寨产品出来后，维权成了大问题。

二、创一代创立山寨企业之必然

（一）从国民收入看山寨企业

一是消费占 GDP 的比重偏低，消费不足导致老百姓主要消费山寨产品。从中国的国家统计局公布的数据来看，中国老百姓的消费占整个经济的比例已经从 20 世纪 80 年代的 50% 左右缩减到现在的 35%。美、日两国的国民收入当中，老百姓消费占 70%。也就是说一个发达国家，老百姓的消费购买力在他们本国的物价体系中大概占的比重应该是 70%，中国在 35% 这个范围。从这个角度来看，也能说明一个问题，其实中国老百姓的购买力其实正在萎缩。

二是从人均收入看老百姓只能消费山寨产品。看人均收入主要看基尼系数。据北京大学社会学研究所不久前做的一项统计显示，目前只占人口 1% 的人群已经拥有中国总财富的 1/3，而占总人口 1/4 的收入较低人群却只拥有总

---

① 雷小山. 山寨中国的终结［M］. 上海：上海译文出版社，2016.

财富的 1%，见表 5-1。学者华生的研究的 2013 年的基尼系数达到 0.61% 。[①]

表 5-1   国家统计局颁布各年基尼系数

年份	系数	年份	系数	年份	系数
1981	0.288	2003	0.479	2010	0.481
1987	0.3052	2004	0.473	2011	0.477
1988	0.382	2005	0.485	2012	0.474
2001	0.49	2008	0.491	2013	0.473
2002	0.454	2009	0.49	2014	0.469

文贯中教授在《吾民吾土》一书中指出，中国 13 亿人口的 55% 即 7.5 亿人生活在农村，18 亿亩土地，人均 2.5 亩，每亩 800 元收入，农村人均收入 2000 元左右，相当于 322 美元，每天不到 1 美元，按国际标准，收入绝对是贫困状态。文贯中教授还指出城镇化数据，官方数据 53.7%，民间数据 28%，比世界平均水平低 22 个百分点。他特别指出，农民工是农民还是工人，两亿农民工算城市人口，但没有城市户口；城市化不是 53.7%，而是 36%。[②] 实际上他指出了这两亿农民工就是山寨产品消费的主体，他们也是山寨企业打工的主体。

再从贫困人口看老百姓为什么只消费山寨产品。这之间我们对贫困的定义与理解。按世界银行的标准，简单地说，就是每天收入不到 1 美元就是绝对贫困，不到 2 美元就是相对贫困。例如，2008 年，世界银行根据 75 个国家（其中包括转型国家）的贫困线数据以及 2005 年购买力平价（PPP），对 1 天 1 美元贫困线进行了重新修订。根据这次估算，15 个最不发达国家贫困线的平均数为 1.25 美元/天。75 个国家的中位数贫困线是 60.81 美元/月，相当于每天 2 美元。扣除 15 个最不发展的国家，其余 60 个国家（含转型国家），贫困线的中位数相当于 2.5 美元/天。

中国减贫取得的成就在世界上最为显著，贫困人口也从 1981 年的 8.4 亿，

---

① 文贯中. 吾民吾土 [M]. 北京：人民东方出版社，2014：5.

② 文贯中. 吾民吾土 [M]. 北京：人民东方出版社，2014：6.

下降到 2008 年的 1.73 亿；到 2015 年，国家统计局数据显示，全国农村有 7017 万贫困人口。这一组数据表明，贫困人口是中国产生山寨企业的主要原因之一，也是山寨企业、山寨产品可以横行的根本原因。

此外，"二战"以来世界新的格局，在经济上体现就是产业生态—产业转移的 70 年。新产品、新技术、新产业、新商业模式不断从北美、欧洲、日本逐步向中国台湾、韩国转移，并进一步转移到中国大陆等地。这也为改革开放之初到现在生产山寨产品与产生山寨企业提供了好的条件，也是一个经济发展的必然规律。市场对廉价的山寨产品有需求，市场也能容易地获得山寨企业必需的低价的劳动力，靠近港澳台，生活必需品、服装、电子产品以致后来的山寨手机、山寨汽车都能生产。在我们的社会上，穷人和富人都想享用名牌优质产品，问题是穷人没有足够的钱，于是就想以低成本享用名牌产品。应当说，这是穷人的天赋人权，是对高端产品垄断性、反人民性的一种突破。民间仿制名牌产品的山寨现象，正是适应了这种普遍性的社会需求而出现的，因而具有必然性和广泛的社会基础。家族企业的创立者，发现这个市场商机，加上家族成员可信度高，创办企业成本低，山寨家族企业自然应运而生。

（二）从科研看山寨企业

中国民营家族企业自主技术创新能力先天不足。据科技部门提供的数据，中国民营家族企业对外技术依存度高达 50%，技术进步贡献率只有 33%，民营家族企业的自主核心技术、世界公认的标准化技术和享有世界声誉的知名品牌十分缺乏，自主创新能力强和拥有重点领域核心专利的企业仅为万分之三，大型民营家族企业中只有 11.9% 开展了技术创新活动，研发经费只占其销售收入的 0.71%，而发达国家企业的这一比重一般为 3%。从最近调查情况分析，中国民营家族企业的技术进步和研发能力正在不断加强。模仿创新是企业创新能力较弱时的合理选择但对于民营家族企业日后的发展而言，民营家族企业还是应该增强自主技术创新的能力。[①]

根据瑞士管理学院的统计，中国科技研究开发效率低下。按每万人产出专利（包括国际专利与国内专利）的件数，中国每万人产出专利为 10.8 件，美

---

① 吴奇志，方文红. 新时期我国民营企业技术创新对策研究 [J]. 中国乡镇企业，2008（10）.

国为1714.4件，日本为1737件，德国为1534件，法国为1504.9件，都超过中国150倍以上；英国为984.8件，韩国为554件，是中国的50倍以上；就拿印度来比，人家为446件，也超过中国40倍。① 国家知识产权局资料表明：中国拥有自主知识产权核心技术的企业仅为万分之三，99%的企业没有申请专利，60%的企业没有自己的商标。民营家族企业在这方面尤为突出。多数企业自主创新意识普遍较弱，民营家族企业申请的专利中发明专利只占13%；而发明专利中，多数又是近几年才申请的。②

根据中国民（私）营经济研究会家族企业研究课题组编著的《中国家族企业发展报告（2010）》表明，在技术创新方面，家族企业的研发活动尚不活跃，获得的政府支持还比较有限。抽样调查显示，在提供研发费用信息的企业中，有37%的家族企业在2009年投入了研发费用。而且，家族企业的研发活动主要依靠自身投入，企业技术改造得到政府支持的仅占13.1%。③

叶恩华与布鲁斯·马克恩在《创新驱动中国》一书中指出，在华公司的创新也是在成本驱动、市场驱动下进行的，而知识驱动也是放在海外的，见图5-1。④ 在华跨国公司的基础研究与应用研究放在欧洲、美国、日本与韩国等地完成，而把产品开发才放在中国，见图5-2。⑤

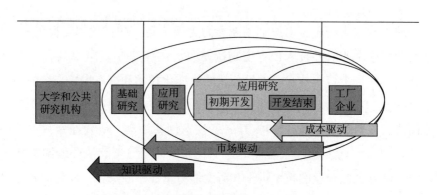

图5-1　在华公司技术创新的三大驱动

① 郎咸平. 科幻：中国高新技术企业发展战略评判 [M]. 北京：东方出版社，2006：1-12.
② 黄孟复. 中国民营企业自主创新调查 [R]. 北京：中华工商联合会出版社，2007：11.
③ 中国民（私）营经济研究会家族企业研究课题组.《中国家族企业发展报告（2100）》[R]. 北京：中信出版社，2011：30-31.
④ 叶恩华，布鲁斯·马克恩. 创新驱动中国 [M]. 北京：中信出版社，2016：149.
⑤ 叶恩华，布鲁斯·马克恩. 创新驱动中国 [M]. 北京：中信出版社，2016：152.

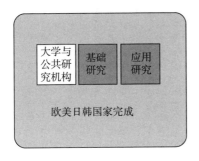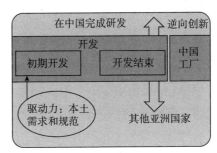

图 5 - 2　在华公司技术创新的不同国度

此外，山寨企业产生的不仅是国民消费占 GDP 的比率问题，不仅是贫富差异问题，不仅是知识产权问题，也不仅是科技投入与缺乏知识创新研究问题，还有我们的教育方式、思维方式与传统文化等因素，我们就不一一展开分析了。总之，山寨企业是改革开放的历史必然，但也是家族企业传承中必须走出山寨之必然，否则，家族企业传承中就走入陷阱，传承的过程就是消亡的过程。海鑫就是一个传承中没有转型，而是在继续山寨传承中消亡的典型案例。

三、创一代传承山寨企业之陷阱

现在，家族企业模仿发达国家技术的山寨空间在缩小，近 40 年的计划生育与教育使得低成本劳动力的人口红利在消失，资源约束在增大、环境污染也在恶化。所以，传统山寨产品与山寨企业难以为继，必须在传承中创新才能生存与发展。

我们的家族企业为什么要从山寨走向创新。从需求侧看，这是因为，30多年前我们什么都缺，30 多年后我们什么都过剩。从供给侧看，主要是资本密集与劳动密集，从 1 到 N 的拷贝，这是中国成功的经验的秘诀。而美国成功的经验是技术与创新，是从 0 到 1。

（一）中国已经是中等收入国家

世界银行是按人均国民总收入对世界各国经济发展水平进行分组。通常把世界各国分成四组，即低收入国家、中等偏下收入国家、中等偏上收入国家和高收入国家。但这个标准不是固定不变的，而是随着经济的发展不断进行调

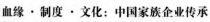

整。中等偏下收入国家和中等偏上收入国家合称为中等收入国家。

按世界银行公布的数据，2015 年的最新收入分组标准为：人均国民总收入低于 1045 美元为低收入国家，在 1045～4125 美元为中等偏下收入国家，在 4126～12735 美元为中等偏上收入国家，高于 12736 美元为高收入国家。2015 年世界银行所统计的 215 个经济体中，高收入国家 80 个，中等偏上收入国家 53 个，中等偏下收入国家 51 个，低收入国家 31 个。

国家统计局网站数据显示，2014 年中国人均国民收入为 7400 美元，按照世界银行的标准已经属于中等偏上收入国家。中国只有跨越中等收入陷阱，才能在今后的十年内进入高收入国家。当今世界，绝大多数国家是发展中国家，存在所谓的"中等收入陷阱"问题。像墨西哥、巴西、菲律宾、马来西亚、南非，以及东南亚和拉丁美洲的一些国家，在 20 世纪 70 年代均进入了中等收入国家行列，但直到现在，这些国家仍然挣扎在人均国内生产总值 4000～12000 美元的发展阶段，并且见不到增长的动力和希望。

从世界经济史来看，"二战"以来，全球范围内有很多经济体都成功地由低收入国家转变为中等收入国家，但只有很少的经济体能够由中等收入国家转变为高收入国家。剩下大多数国家在过去五六十年里一直停留在人均收入 5000～10000 美元区间里，这些国家被称为陷入了所谓的"中等收入陷阱"而不能自拔。例如，几乎所有的拉丁美洲国家，都被认为遭遇了中等收入陷阱。[①]

（二）中国很容易陷入中等收入陷阱

中国经济目前已经体现出日本陷阱或拉美陷阱的一些特征。一方面，中国目前房地产行业已经出现一些泡沫迹象，一线城市房价远远超过合理的房价收入比与房价房租比所能解释的程度，部分二三线城市出现了严重的供过于求状况。中国经济在很大程度上与中国房地产市场的兴衰紧密联系在一起。另一方面，中国的人口年龄结构在最近几年似乎已经出现重大变化，中国也将面临人口快速老龄化的挑战。而且日本是"先富后老"，中国却面临"未富先老"的局面。

① 管清友等. 刀锋上起舞：直面危机的中国经济［M］. 杭州：浙江大学出版社，2012.

令人担忧的是，当前中国社会阶层的流动性，与20世纪八九十年代相比，已经显著下降。在八九十年代，来自农村或城市低收入阶层的年轻人通过上大学改变家庭命运的例子比比皆是。而现在的普遍情况是，第一，来自农村与城市低收入阶层的年轻人，通过自身努力，能上好大学的概率已经越来越低；第二，中国大学的情况是，质量越差的大学，收费却越贵；第三，大学毕业生的就业状况堪忧。因此，过去是大学教育能够帮助年轻人改变命运，而现在大学教育很可能使得一个低收入家庭变得负债累累甚至破产。用经济学的术语来讲，低收入家庭投资子女人力资本的收益率，近年来已经显著下降。

中国已经进入中等收入国家，但能否走出中等收入陷阱，是一个很大的问题。走出中等收入陷阱的国家其社会的需求结构是：总需求中投资率经历了先升后降、消费率先降后升的过程，储蓄率较高（20%～50%）；对外贸易长期围绕着零点上下波动。还在中等收入陷阱中的国家，总需求的情况是投资率与储蓄率双低，消费需求严重不足，对外贸易净出口比成功国家高。

走出中等收入国家的社会结构是：中产社会占比高达70%以上，城市化与工业化同步，基尼系数从升到降，较为完善的社保、医保、养老；而未走出中等收入陷阱的国家情况是：中产阶级难以壮大，存在过度城市化现象，基尼系数较高，不完善的社保、医保、养老，要素驱动难以为继。

传承的家族企业的劳动力成本也面临涨还是不涨的问题：不涨，劳动者权益得不到保护，违背劳动法；收入低，不能形成消费者群，中产阶层难以形成。涨价，必然导致产品的国际竞争力下降，出口导向受到影响，导致通货膨胀。

以前，山寨企业可以通过传统增长方式增长，可以通过要素投入驱动，可以通过高消耗、高污染、量的扩张、出口拉动，但现在难以为继。必须要创新驱动、绿色低碳、智能制造、服务型制造、内需拉动。

我们现在只能走创新驱动之路：就是要从生产型制造向服务型制造转型，从山寨模仿向自主创新，从低端产品生产向高端装备制造。创新驱动是走出山寨中国的唯一出路，这就需要新制度、新技术、新产品、新商业模式、新组织与新业态。

山寨企业是中国企业发展的必由之路，山寨企业通过山寨产品，为赢得中国与世界市场提供了廉价产品，此外，通过山寨，通过模仿实现了模仿创新，提升了山寨企业的生存空间，提高了山寨产品的附加值。同时，山寨企业抑制了中国企业的创新基因，打击了中国企业创新带来的经济回报，消费者广受假冒伪劣产品之苦。

第二节　技术创新与知识产权

一、技术创新是人类社会发展的不竭动力

（一）技术创新的新解读

根据世界知识产权组织的定义，技术是指在工业、农业或商业领域，关于制造一种产品或提供一种服务的有系统的知识，这些知识必须是可以传播的可以被用来解决或满足在工业、农业或商业领域人类特殊活动中产生的问题或要求的。

从这个定义出发，技术至少可包含着以下四个明显的特征：一是技术是一种系统知识，这种系统的知识可以完整地解决一个问题；二是技术是一种可以传播的知识，这种知识不管以何种方式存在，都可以由一个人传递给另一个人；三是技术是一种有用的知识，这种知识可用来解决人类一个特殊的目的和需要；四是技术是一种比较宽泛的概念，它包括工业、农业或商业领域，是一种新的经济发展观。

从技术的这四个特征出发，技术创新就是要创造出一种前所未有的技术，这种技术具有系统性、有用性和可传播性。用这种知识创造出来的智力成果大都具有新颖性、创造性和实用性，它们可以转化为一种无形资产，是知识产权制度保护的客体。技术创新是最积极最活跃的因素，它以市场为导向，把科技潜力转化为技术和经济的优势，是人类社会发展不竭的动力。用比较通俗的说法，技术创新是指在生产体系中引入"新的组合"，运用创新的知识和新技术、新工艺，采用新的生产方式和经营管理模式，提高产品质量，开发生产新的产品，提供新的服务，占据市场并实现市场价值。

西方技术创新理论的研究和发展先后形成了新古典学派、新熊彼特学派、

制度创新学派和国家创新系统学派四大理论学派。其中，国家创新系统学派以英国学者克里斯托夫·弗里曼（Chris Freeman）、美国学者理查德·纳尔逊（Richard R. Nelson）等人为代表，该学派通过对日本、美国等国家或地区创新活动特征的实证分析认为，技术创新不仅仅是企业家的功劳，也不是企业的孤立行为，而是由国家创新系统推动的。国家创新系统是参与和影响创新资源的配置及其利用效率的行为主体、关系网络和运行机制的综合体系，在这个系统中，企业和其他组织等创新主体，通过国家制度的安排及其相互作用，推动知识的创新、引进、扩散和应用，使整个国家的技术创新取得更好绩效。①

从哲学层面上说，创新是人类思维和实践的一种特殊形式，是人类突破传统，实现旧质状态向新质状态转化的创造性活动，也是人类寻求新的发展空间的存在形式。熊彼特认为，创新是生产要素的重新组合，是创立一种新的生产函数，实现经济新的发展的过程。创新不只限于科学领域，也包括艺术、教育和服务行业等广泛领域。美国管理学家彼得·德鲁克在其《创新与企业家精神》中也认为"创新行动就是赋予资源以创造财富的新能力"。很明显，创新的一层意思是创新与应用相联系，且"发明"和技术必须商业化应用成功才能说创新完成，发明没有商业化应用就不能说实现了创新；第二层意思是创新不仅仅是技术创新，也包括制度创新、组织创新和服务创新等。

在熊彼特看来，每个经济活动的长周期都是独特的，受完全不同的产业群的推动。一般说来，当一组新的创新得到普遍应用的时候，一个长周期开始上升。譬如在18世纪末是水力、纺织和铁；19世纪中期是蒸汽、铁路和钢；20世纪初是电、化工和内燃机。依次，每个浪潮的升起刺激了投资和经济的扩张。随着机会数量的减少，投资商的回报下降，一段长期的繁荣最终随着技术的成熟而消退。经过一个阶段更加缓慢的扩展之后，萧条不可避免地来临，接着是崭新的创新浪潮。新浪潮摧毁旧有的做事方法，同时为新的高涨创造条件。

（二）技术创新新趋势

20世纪从某种意义上讲是技术创新的世纪，产生了一系列重大技术创新：

---

① 周新川，陈劲. 创新研究趋势探讨［J］. 科学学与科学技术管理，2007（5）.

1901 年，马可尼第一次用无线电沟通了英国与加拿大的联系；1903 年，莱特兄弟第一次成功地演示了机动飞机；1928 年，亚历山大·弗莱明发现了青霉素；1942 年，恩里科·费米演示了第一个受控核反应；1946 年，莫克莱等人研制成功了第一台电子计算机；1947 年，威廉·肖克利等人发明了第一只晶体管；1957 年，苏联发射了第一颗人造卫星；1959 年，第一块集成电路问世；1961 年，苏联第一名宇航员被送入地球轨道；1969 年，美国阿波罗宇航员登月成功；1971 年，英特尔公司制造出第一个商用计算机微处理器；1990 年，欧洲粒子物理实验室的蒂姆·伯纳斯与罗伯特·卡约促进万维网（WWW）诞生；1996 年，英国罗林斯研究所用单个成年哺乳动物细胞培育出克隆羊"多莉"。这一系列重大的技术创新推动了社会的发展，也推动了知识产权制度的发展和完善。

1994 年，凯文·凯利在《失控：机器、社会与经济的新生物学》一书中，对蜂群、电脑网络、大脑神经元网络、动物的食物链，以及代理群集进行研究，提出分布式管理的思想。[1] 根据库姆斯和梅特卡夫的定义，分布式创新是指创新所需要的技术以及相关能力在多个公司和其他知识生产机构之间分布实现的情形。关于分布式创新的定义得到了其他学者的认同，如安德森（Andersen）等人在此定义基础上进行了深入研究。[2]

我们熟知熊彼特的创新理论。其创新理论有六大特征：一是创新是内生的；二是创新是革命性；三是创新是创造性的毁灭；四是创新必须能够创造出新的价值；五是创新是经济发展的本质规定；六是创新主体是企业家。

现在对熊彼特创新理论有新探索。要素组合有新解读，不仅是生产要素的重新组合，而且是信息量的组合，信息量的组合才是当前意义上的创新。企业家的新解读，企业家不仅是创新者，更是创意创新创业三位一体。创意的源头是无数正在进入市场的年轻人。创业资本新解读，以前是技术 + 资本 + 企业家精神，现在是有创意，就有创投、天使投资、风投等投资基金。

美国依然引领世界技术创新新潮流。美国重新制定了创新新战略。其主要特点：一是打造创新创业的基石，包括人才、科研、基础设施、STEAM 提升

① 凯文·凯利. 失控：机器、社会与经济的新生物学 [M]. 北京：电子工业出版社，2016.

② See Drejer, Andersen, Distributed Innovation in Integrated Production Systems：the Case of Offshore Wind Farms [DB/OL]. http：//www. druid. dk/uploads/tx_ picturedb/ds2005 – 1548. pd, f2007 – 12 – 18.

计划、建立具有国际竞争性和创新型的教育体系，消除数字鸿沟；二是培育市场，包括培育刺激创新创业的高效竞争市场，从资本获得、创新资助、集群发展角度阐释了推动创新创业新举措；三是培育新一代科技力量，包括大数据技术、可再生能源、先进电池、替代燃料、生物、纳米和先进制造业、新一代的太空交通工具等。

美国创新创业战略还包括再工业化，即打造智能制造业，一是集中产、学、研力量，打造创新共同体，推动制造业创新发展；二是积极推动工业互联网战略，其核心就是构建工业信息高速公路，保持其制造业的领先地位。

技术创新新趋势不仅强调创新更强调创客。创客不仅是创新者，更是创意者＋设计者＋实施者。我们可以把创意者理解为创客中的精灵，包括发现问题、改进办法、提出创意；可以把创意理解为是对意义的表现。设计者可以理解是创客中的魔法师，即能将创意转化为可执行计划，通过设计来表达意义。实施者则是创客中的剑客，能把设计、生产、销售三位一体，并直接联通到使用者，此外，创客还是对意义的创造。

创客在中国有六大新趋势：一是创业模式是通过天使投资＋合伙人制＋股权众筹方式实现；二是形成创业社区，为青年创业者提供了全方位服务，成为实实在在的创业者之家；三是提倡和鼓励内部创业，保持创新活力，留住人才、小规模创业团队，降低企业内部沟通成本，形成"鲶鱼效应"；四是形成股权奖励机制，就是形成有人同行、有树可种、有果可分的模式；五是形成创业生态圈，以前是产业链低端，后来是讲产业链，现在创业讲生态圈；六是在尖端技术创业，以前是山寨中国，至多是商业模式创新，国外设计＋中国制造，现在是拷贝中国、中国设计＋全球销售。

二、专利（知识产权）制度与技术创新

（一）专利法与知识产权的关系

知识产权有广义与狭义之分。广义的知识产权包括著作权、邻接权、商标权、商号权、商业秘密权、产地标记权、专利权、集成电路布图设计权等各种权利。狭义的知识产权，即传统意义上的知识产权，应当包括著作权（含邻接权）、专利权、商标权三个主要组成部分。

（二）专利制度的历史与技术工业化国家的广泛建立

15～19世纪，以英国为代表的资本主义国家为适应引进技术，建立新工业的需要在建立专利法，实行专利制度方面进行了有益的探索，为世界各国树立了典范，带动了世界范围内专利制度的迅速推广。

1474年3月19日，威尼斯共和国颁布了世界上第一部专利法，正式名称为《发明人法规》（Inventor Bylaws），从1475年到16世纪，在威尼斯许多重要的工业发明，如提水机、碾米机、排水机、运河开凿机等被授予10年的特许证。

1449年资产阶级工业革命的发源地英国产生了最早的发明专利。1545年，德国查尔斯五世国王颁发了风轮机和水轮机的12年专利权。1551年，测距仪在法国被授予专利权，荷兰和西班牙也涌现一些专利。1552年诞生了英国历史上第二件有记载的专利，是有关诺曼底玻璃的制造方法。

1624年是专利史上的重要一年，英国的"*Statute of Monopolies*"（一般译为《垄断法》）开始实施。《垄断法》宣告所有垄断、特许和授权一律无效，今后只对"新制造品的真正第一个发明人授予在本国独占实施或者制造该产品的专利证书和特权，为期十四年或以下，在授予专利证书和特权时其他人不得使用"。《垄断法》被公认为现代专利法的鼻祖，它明确规定了专利法的一些基本范畴，这些范畴对于今天的专利法仍有很大影响。其后，欧美其他国家纷纷效仿。美国的第一件专利出现于1641年，是关于食盐制造的方法专利。1787年的美国联邦宪法规定"为促进科学技术进步，国会将向发明人授予一定期限内的有限的独占权"。1790年，以这部宪法为依据，又颁布了美国专利法，它是当时最系统、最全面的专利法。

1800～1888年，大多数工业化国家都颁布了本国专利法，它们是荷兰（1809年）、奥地利（1810年）、俄罗斯（1812年）、瑞典（1819年）、西班牙（1826年）、墨西哥（1840年）、巴西及印度（1859年）、阿根廷及意大利（1864年）、加拿大（1869年）、德国（1877年）、土耳其（1879年）、日本（1885年）。

专利制度在世界范围内发展迅速，据统计，世界范围内实行专利制度的国家在 1873 年有 22 个，1990 年有 45 个，1925 年有 73 个，1958 年有 99 个，1973 年有 120 个，1984 年有 158 个。到目前为止，世界上建立起专利制度的国家和地区已经超过 175 个。

（三）专利制度：技术创新的保护机制

与技术创新和经济发展关系更为紧密的制度形式，便是专利制度。专利制度的实质是一种对发明创造进行激励和保护的法律制度。专利就是对能够用来从本质上改进产品或工艺，具有新颖性、创造性且易于在工业中应用的创造与发明，给予一定时期独占权利的所有权证书。发明是技术创新的主要因素，是形成持续的经济增长、经济繁荣和增强竞争力的关键。建立专利制度的主要目的，主要是为投资于新技术开发的最终成果提供保护。

我们知道，对技术创新者而言，在多数情况下，一旦推出新产品，则其生产技术就将暴露在他人面前，只有一小部分技术，像可口可乐饮料的配方、中国许多传统的手工艺，可通过保密的方法保护自己，在很长的时间内，由于没有找到保护这种技术信息的方法，人们只好借助师徒相承、代代相传等方法来保护自己的创新权益。人类为此失传了许多极有价值的技术（中国尤甚）。为了提高人们创新发明的积极性，唯一的方法是在法律上确定人们对新技术的拥有权，这就是专利制度，后来拓展到知识产权。

技术创新的重要特点就在于"易逝性"和"外部性"，其发明的成本很高，但复制成本却极低，所以很容易被不付报酬地使用。发明和创造本来是一种"创租行为"，能够增加社会经济福利。可是，如果没有专利成果的有效保护，人们就会窃取发明成果和从事仿制活动。而技术的发明者如果感到自己的创新活动因别人的窃取和仿制得不到相应的回报，往往就会中断技术创新活动。如果没有一定的制度安排来保护技术创新者的权益，就不会有企业或个人投入大量资源从事这种不能获利的创新活动，从而阻碍社会的技术进步和公共福利的增进。阿罗指出：当由投资产生的知识被不情愿地扩散到竞争者那里时，一个企业从事 R&D 的投入的激励将减少。因此，为了鼓励人们对技术创新的热情，通过一定的制度安排来保护技术创新者的利益是十分必要的，专利制度就是用来保护创新者利益的一种制度安排。而对发明创造的有效保护必须建立在法律的基础之上，没有法律基础的保护制度安排是无效的。这种法律形

式就是在法律上认定允许和保护私人对创造发明的垄断经营。一项技术创新成果的取得，往往需要付出极大的经济代价，如果没有专利的法律保护，创新者不仅难以获取收益，甚至还有可能血本无归。专利制度是无形的，但是可以通过有形物表现出来。正是由于这种特性决定了对这种财产的归属和占有的垄断，这就需要借助于法律，通过专利的形式加以界定和保护。专利制度之所以能对技术创新产生激励作用，是以市场经济条件即市场激励机制的运作为基础的。这种市场激励机制的本质，就是以技术创新成果的私有产权为特征并遵循"等价交换"原则的产权交易机制。纳尔逊认为，技术具有私有和公有两重属性。技术创新开始时是私人所有，并由于暂时的垄断而为创新者带来租金。然而这种垄断是有限度的，竞争者迟早能够模仿先进的技术，使技术最终走向所谓的公有。但只有通过专利制度的建立，才能既能保护创新者的利益，又能促进技术创新的溢出效应，减少社会技术创新的成本。这是因为专利制度要求，专利申请人要完整、准确地阐明并公布其发明成果，从而使其后的研究者能以最新创新水平为研究起点，克服重复研究现象，实现技术情报交流，打破技术封锁，促进技术创新发展，充分实现社会效益。根据世界知识产权组织统计，在技术研究中如果充分利用专利文献，平均可节省 60% 的科研时间和节约 40% 的科学经费。①

作为知识产权早期形态的专利制度就明文规定，发明者对其发明产品有一定年限垄断权。这就排除了模仿者对创新者权益的侵犯。由此可见，专利制度的实质是一种对知识创新从产权角度出发进行激励的制度。林肯有句名言："专利制度就是给天才之火添加利益之油。"专利权极大地推动技术创新活动。可以这样说，18 世纪 60 年代在英国开始的产业革命，没有专利制度是难以发生的。在当时的领先产业——棉纺织业，许多发明，如水力纺纱机等，都是在专利权的保护下做出的。有人甚至这样说，没有专利，瓦特就不可能对蒸汽机作出重大改进。法国在产业革命时期的 1851 年，一年内就颁发了大约 2000 件发明和专利特许证。诺斯这样说道：这种包括鼓励创新和随后工业化所需的种种诱因的产权结构，使"产业革命不是现代经济增长的原因，它是提高发展新技术和将它应用于生产过程的私人收益率的结果"。

---

① 庄卫民，龚仰军. 产业技术创新 [M]. 上海：中国出版集团东方出版中心，2005：38 - 39.

专利制度的作用在 19 世纪变得更为明显了。德国、美国利用专利保护，有力地推动本国科学和工业的发展。金西顿认为，德国从 1850 年的穷国，跃升为 1900 年的富国，1866 年的《专利法》起着重要的作用。

三、技术创新的激励制度设计

（一）知识产权与技术创新

所谓的知识产权（intellectual property rights），亦称智力成果权，旨在保护人的智慧创造的具有商业价值的产品的法律制度，主要包括版权（著作权）和工业产权（专利权、商标权），也包括商业秘密权、精神权利和反不正当竞争权。而《保护工业产权巴黎公约》工业产权外延更为广泛，除了上述工业产权外，还包括制止不正当竞争。[1] 知识产权中的保护对象的创造性要求愈高，则被保护的力度愈大，即允许被模仿的空间就愈小。知识产权中的专利的创造性要求最高，要求创造发明具有技术先进性（非显而易见性）；模仿者受制于字面侵权原则甚至等同原则，否则便属专利侵权。[2]

我们知道，只有明晰产权，才能降低交易费用，而交易费用的降低可以推进市场的扩大，而市场的扩大会加剧分工的深化，分工的深化必然导致技术的创新；所以，产权包括知识产权的保护是技术创新的源泉。

以日本为例，日本曾创造过举世瞩目的"日本经济奇迹"。在日本的高速发展过程中，技术创新的贡献功不可没。日本政府提出了"技术立国"的根本政策，正是其对科技重视的反映。"二战"以后，日本政府实施新的政策，采取了新措施，完善知识产权制度，积极从国外引进技术，并致力于技术的自主开发与创新。这一时期，日本的创新政策是依靠完善的专利制度，引进先进的技术，在消化、吸收引进技术的基础上进行自我创新和发展。进入 20 世纪 70 年代以后，日本技术出口额超过了技术进口额，真正进入了自主开发、自主发展的良性轨道。其实，日本文化已经不知不觉浸染着我们的生活。40 年

---

① 薛波. 元照英美法词典［M］. 北京：法律出版社，2003：710.
② 曾庆敏. 法学大辞典［M］. 上海：上海辞书出版社，1998：997.

代末，日本三菱开发了人类第一台电饭锅。我们再熟悉不过的方便面、卡拉OK、计算器等都是由日本人发明的。

（二） 激励制度设计

所谓激励，英文应该用 incentive 一词的含义，而不是 motive、impulse，它是指运用产权、宏观政策、市场等力量、手段以影响、推动创新活动。我们认为，在宏观层次上创新活动水平的高低，乃取决于以下几组关系：一是人们愿不愿意创新，与创新收益的多少相关，而创新收益，在很大程度上又取决于创新者与创新成果的产权关系。所以，创新的主体——个人、企业或科研机构，愿不愿意创新取决于他们与创新成果的产权关系。二是企业、个人愿不愿意创新，还与存在着什么样的交换关系、制度相关，在这里，市场化的程度、市场结构是一个重要的因素。三是创新水平的高低还取决于政府通过什么手段使创新的私人收益率和社会收益率趋于一致。四是在创新越来越企业内部化的今天，创新水平的高低还取决于企业激励员工创新的机制是否有效。

创新激励的方式可分为四种：产权激励、市场激励、企业激励和政府激励。产权激励通过确立创新者与创新成果的所有权关系来推动创新活动。市场激励通过市场力量来推动创新。企业激励是一种内部激励。政府激励应视作是前几种激励机制不能有效发挥作用时而实施的辅助措施。以上四种激励机制，互相作用，构成了一个创新的激励系统。

在中国现有的国有企业的制度设计中，企业创新、个人创新都与创新成败无关。一些做出重大科技发现的专家、工程师和企业，根本得不到应有的报酬。科研人员、企业从事创新，只是按照上级的部署，而不是根据市场需求。而且，在专利法未公布之前的几十年内，国家明文规定，发明者除得少量奖金外，没有发明拥有权，发明乃归全社会所有，任何国有企业都可无偿使用此项发明。在这样的条件下，发明、创新，变成了一种任务、义务，变成了德国社会学家韦伯（M. Weber, 1864 - 1920）所说的惯例性活动。而熊彼特指出，一旦创新变成为一种惯例活动，创新便失去了作为经济增长发动机的意义。市场把创新成功与否的裁决权交与消费者，这既达到使创新服务于消费者的目的，又达到引导创新的目的。

家族企业虽然有强大的创新动机，但无强大的创新能力。但因规模小，责任无限、资金少和企业寿命受所有者年龄的限制，企业的技术创新能力是有限的。如在蒸汽机的发明改进过程中，赞助瓦特对蒸汽机进行改进的第一个商人约翰·罗巴克因破产而停止了对瓦特的资助，这迫使瓦特停止了工作。只是后来博尔顿等人再次对瓦特进行资助，才使瓦特完成了对蒸汽机的重大改进。

（三）国家利好政策

我们知道，新中国成立以来的专利制度，是从美国、德国等移植而来，是在对外开放和科教兴国战略的深化中而逐步发展起来的。为了保证对外开放过程中"以市场换技术"战略举措的实现，在 1985 年就出台了专利法。其后，为了更好地引进国外的先进技术、加强外资知识产权保护，专利法先后进行了两次修改：1992 年，为更好履行中国政府在中美两国达成的知识产权谅解备忘录中的承诺，中国对专利法进行了第一次修改；2000 年，为了顺应中国加入世界贸易组织的需要，对专利法进行了第二次修改。2008 年的第三次修改，是在"增强自主创新能力、建设创新型国家"的国家发展战略的背景下，旨在鼓励创新、加强专利权保护。①

中国通过近 40 年的改革开放，已经充分认识到知识产权对技术创新的重大意义，在国家《十三五知识产权规划》中，特别赋予重视。国务院新闻办公室国家知识产权局官员在举行 2015 年中国知识产权发展状况新闻发布会上表示，国家已经明确将知识产权的"十三五"规划纳入到了国家"十三五"的重点专项规划之中，这也是知识产权规划第一次进入到国家的重点专项规划。对知识产权纳入"十三五"规划，国家立足于知识产权的保护和运用这两个重点：一是由创造、运用、保护和管理这四个知识产权的轮子支撑，使保护和运用这两个重要驱动轮，更好地激励创新、保护创新、推动创新驱动发展。二是研究出台一批知识产权"十三五"期间的重大政策、重大工程和重大项目。三是努力推动在"十三五"期间知识产权领域实现"五大转变"，即推动知识产权的创造由大到强、由多到优转变；知识产权的保护由不断加强向全面从严转变；知识产权的运用从单一效益向综合效益转变；知识产权的管理

---

① 陈超."以市场换技术"没有过时［EB/OL］. 人民网，2007－03－13；专利法第三次修改突出两特点：鼓励创新 加强专利权保护［EB/OL］. 新华网，2008－12－27.

要从多头分散向更高效能转变；知识产权的国际合作交流从积极参与向主动作为转变。

国务院出台《关于深化科技体制改革加快国家创新体系建设的意见》，进一步发挥资本市场的资源配置功能，促进科技成果出资入股，建立资本市场推动企业科技创新的长效机制，支持实体经济发展和企业提高科技创新能力，现就进一步优化科技成果出资入股，依法确认股权的相关制度安排提出以下指导意见。

一是鼓励以科技成果出资入股确认股权。以科技成果出资入股的，支持在企业创立之初，通过发起人协议、投资协议或公司章程等形式对科技成果的权属、评估作价、折股数量和比例等事项作出明确约定，形成明晰的产权，避免今后发生纠纷，影响企业发行上市或挂牌转让。按照《公司法》的相关规定，包括科技成果在内的无形资产占注册资本的比例可达到70%。

二是鼓励企业明确科技人员在科技成果中享有的权益，依法确认股权。支持企业根据《科学技术进步法》《促进科技成果转化法》《专利法》《专利法实施细则》等相关法律法规的规定，在相关的职务发明合同中约定科技人员在职务发明中享有的权益，并依法确认科技人员在企业中的股权。

所以，当家族企业传承中的转型主要靠的是技术创新创造新的业态与新的技术及产品，这就要吸纳新技术与新技术的持有者，这些技术创新的持有者不能是打工者，必须要给予股份，这就是为什么现在家族企业传承中需要股权激励，因为股权激励可以大大提高创新能力。此外，传承中的股权多元化，不仅是技术创新者需要股权，还要吸纳股权获得更多的资本推进技术创新，这样既是新技术、新产品产业化的需要，也是分散风险的需要。这表现在，一是股权多元化可以因创新风险而出现的创新投资不足，有效的规避风险；二是股权多元化能大规模地聚集创新所需的资本；三是股权多元化的可以扩大家族企业的规模，提高企业的创新风险承担能力。

第三节　从三个案例看中国
家族企业技术创新

一、创新激情：西门子百年传承的一条金带

（一）西门子六代传承

西门子是世界上最大的电气工程和电子公司之一，总部位于柏林和慕尼黑。公司的前身是 1847 年创建于柏林的西门子——哈尔斯克电报机制造公司。西门子是一家大型国际公司，其业务遍及全球 190 多个国家，在全世界拥有大约 600 家工厂、研发中心和销售办事处。公司的业务主要集中于 6 大领域：信息和通信、自动化和控制、电力、交通、医疗系统和照明。公司的传统优势在于其创新能力、客户为本、全球性业务及财务实力。西门子拥有 90 多万名股东，是世界上最大的家族企业的上市公司之一，家族股份已经从全资降低到 10%，但依然是第一大股东。

（二）西门子百年传承的是对技术创新永葆激情

家族企业创始人维尔纳·冯·西门子是一个伟大的发明家、科学家和创新企业家，他一生中有无数个重要发明，如金、银电镀方法、自动断续指针电报机、马来树胶电线、自激式发电机、酒精定量器、有轨电车，等等。1847 年，维尔纳发明了指针式电报机和远程电报线路通信，这项弱电工程领域的发明，推进了电信时代的来临；1866 年，成功研发了直流发电机，这项强电领域的重大发明，迎来了电气时代，成为今天发电站、高速传动系统、电气化交通技术等电气设备的源头。

从创立之初，西门子家族就对创新及科学充满热情。西门子 169 年历史，实质上是其孜孜不倦追求技术发明与创新的历史。西门子最后一任掌门人彼得·西门子曾说："放弃技术领先地位，就是放弃竞争和美好未来。"在长达

一个多世纪西门子的家族传承中，一脉相承的原则就是，西门子家族的继任者们必须坚持对技术创新的追求与技术创新连续性的保持。不论是家族第二代传人威尔海姆·西门子，还是第三代传人赫尔曼·冯·西门子。即使到了1968年西门子迎来职业经理人时代，也没有使西门子的创新减少一分，依然把技术创新作为西门子发展的基石，把研发作为西门子发展战略的基本动力。为了保持技术领先地位，公司每年把其销售额10%左右的资金用于研究与开发。无论是已经成熟的工艺，还是正在发展的技术，作为关键专利的持有者，在所涉足的众多业务领域，都坚持占据技术领袖地位。

（三）我们需要借鉴什么

所有成功的家族企业百年传承，除了社会责任、价值观、产品质量、职业经理人、股权分散这些传承成功的共同要素之外，还有各自不同的要素，而西门子百年传承的核心基因就是永远对技术创新充满激情。

借鉴之一：家族企业要基业长青必须传承企业的核心基因。

西门子现在虽然是一家公众上市公司，但在西门子公司文化中依然保留了许多西门子作为家族企业时的基因，就是对于技术创新的激情。维尔纳·冯·西门子对于科学有着绝对的热情，但对于他来说最重要的事情是把科学与实际应用相结合。发明、创造与西门子家族的兴衰荣辱相伴相生。西门子是电气技术的先锋，现在则既是提高能源效率及工业生产力的先锋，也是经济型个人健康护理及智能基础设施解决方案的领头羊。西门子是如何保证创新的呢？矢志创新是其价值观之一，也是家族企业传承文化的一部分。西门子把收入投资于研究与开发，从5%~10%，技术创新已经融入西门子的血液里；西门子家族成员都很喜爱科学，并对于创新及科学充满热情。在西门子公司博物馆中，我们可以看到西门子20世纪30年代发明的半导体，70年代发明的计算机断层扫描技术，80年代借助电气技术发明的高速电气列车、城市电气轻轨，直到最新的西门子手机。

借鉴之二：家族企业要做大必须靠技术创新。

我们媒体常说两句话。第一句是中小企业在国民经济中的重要性，体现为56789，即中小企业提供了50%以上的税收、创造了60%以上的国内生产总值、完成了70%以上的发明专利、提供了80%以上的就业岗位、占企业总数的 90% 以上，并容纳 90% 以上的新增就业。第二句话是中小企业 80%～90% 是民营家族企业。这两句话提炼一下，从整体看，中国民营家族企业对国民经济的贡献体现为 56789；从一个家族企业看，它们在国民经济的地位是微乎其微的；也就是说，一个国家的经济还是要靠大型企业，特别是大型民营企业支撑。

当我们常常指出中小企业、家族企业就业率高时，实际上也是说这些企业生产率低。站在政府的角度看，希望有更多的中小民营家族企业，可以提供更多的就业岗位；但是站在企业的视角看，只有把企业做大才能提高生产率，才可能做强做长。世界发达国家的家族企业的经验都是大型的家族企业就业率低，但对经济增长的贡献大；而中小企业就业率高，但生产率低、经济贡献低。不论是沃尔玛、IBM、丰田，包括西门子莫不如此。中国的经验也可以证明这点，不论是华为，还是沙钢莫不如此。所以，我们要学习西门子做大的经验，这个经验就是技术创新。

借鉴之三：家族企业要做强必须依靠技术创新。

思略特《2014 中国创新调查：中国创新走向全球》提供的数据是，中国企业的创新能力弱于跨国公司的 12 个百分点。如果将创新分产品形态创新、商业模式创新、应用技术创新、技术理论创新的话，中国在商业模式方面还是具有创新的，但技术创新远远不够。中国经济已经走完山寨时期，走完商业模式创新时期，必须进入技术创新的时期。

技术创新应该是现代企业的基本特征，但中国很多家族企业还没有充分认识到技术创新对企业做大、做强、做长的关键作用。中国家族企业创新能力内在动力不足的根本原因，一是不愿意把利润投到研发上去，一味山寨，不知道山寨可以一时，不可以长远；二是家族企业研发人才缺乏，这主要是家族企业的文化问题，缺乏对人才的尊重，对多元化的包容，对创新失败的包容，抑制了企业员工技术创新的积极性、主动性和创造性；三是只重视与关注政商关系，有企业家说，中国商业模式既不是 B2B 也不是 B2C，只是 B2G（政府）。

当然，家族企业技术创新缺乏不仅有企业的原因，更有文化与制度的原因。文化的原因在于中国人缺乏科学与理性的历史传统及儒家文化的制约。"五四运动"提出德先生与赛先生是很有道理的。美国学者在《福布斯》杂志

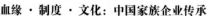

上撰文中指出，中国缺乏创新是由于中国文化先天缺乏创新能力，中国人"儒家的顺从性"阻碍了创新，妨碍了自由的思想。

此外，制度也存在一些问题，首先是知识产权保护不力。我们知道，知识产权是创新的原动力。知识产权一头连着创新，一头连着市场，是使科技成果向现实生产力转化的桥梁和纽带，是科技成果转化为现实生产力最后一公里。要解决中国家族企业技术创新不足、产品创新不足的问题，政府必须加大知识产权的保护力度。

更为根本的问题就是中国教育的问题。大学教育成为政治的附庸，培养应试型考生，而不是培养具有独立人格与自由精神的人才，更不是培养具有批判精神与创新精神的人才。娜塔莉·冯·西门子是西门子家族的第六代，是少数几位还在西门子工作的家族成员。她特别指出，西门子基因传承中与西门子家族另一位高曾祖父有重要关系，就是19世纪最后的几位博学家之一——维尔纳，以及德国洪堡大学的杰出校长赫尔曼·冯·亥姆霍兹。维尔纳和赫尔曼都是那个时代德国重要的科学家，只是维尔纳选择进入商业领域将科学付诸实践，而赫尔曼选择了教育。家族的科学传统使得西门子的成员从小就对科学充满热情，对新技术充满好奇。"我绝不会在一个没有创新的公司里工作。"她说，这也是她选择在西门子工作的原因之一。

媒体上常说，中国人是世界上最聪明的民族，历史与现实告诉我们，中国人也是最缺乏创新的民族。为什么，我想就是我们缺乏创新的环境。只有在一个多元、包容、批判的环境下，才可创新；没有这个环境，就没有创新。为什么中关村不如硅谷，就是因为硅谷是一个多元化的环境，是一个政府只能服务，不能指手画脚的多元化环境。

诺贝尔经济学获得者费尔普斯教授曾在《大繁荣》一书中把一个国家经济的大繁荣的前提条件总结为四个方面：以自由、财产和金融为核心的经济制度，以及代议制民主为核心的政治制度、崇尚节俭、勤奋和身份的资产阶级文化、人口和城市的增加。家族企业的技术创新也需要这些条件。

二、范旭东的"永久黄":技术创新才是企业传承之要

(一) 回望历史:民国企业家范旭东与他的"永久黄"

范旭东(1883~1945),湖南人,日本京都帝国立大学应用化学专业毕业。1914年在天津塘沽创立久大精盐公司,1917年创立永利制碱公司,1922年创立黄海化学工业社,人们把永利制碱、久大精盐与黄海化学简称"永久黄"。为此,范旭东被誉为"化工大王""重化工之父"。

民国时期几乎所有的民营家族企业都没有自主创新的技术与产品,不论是张謇创办的"大生",还是荣氏家族创办的"申新"系列企业。虽然,荣宗敬注重引进新设备、新技术,并注重引进后的改造,但他还是缺乏技术创新的意识与企业技术创新的发展战略。当第一次世界大战结束后,西方资本纷纷回到中国市场时,中国的民营家族企业就纷纷败下阵来。

1914年范旭东在塘沽的盐滩上创办的久大精盐公司,采用了融溶盐、蒸发、冷却、再结晶的新工艺,生产出纯度高、色泽好的精盐;不仅结束了"食土民族"中华史,更为中国民族化工业奠定了基础。1917年范旭东创业团队邀请留美的侯德榜博士回国主管技术,克服制碱过程中种种困难,使中国的"红三角"牌纯碱问世,并获万国博览会的金奖。随后,范旭东成功创办"黄海化学工业研究社",不仅解决了制盐、制碱中的技术难题,开发并取得了中国无机、有机化学应用和细菌化学研究的成果,而且培养造就了一大批化学工业人才,从根本上打破了西方人的技术垄断。成为民国时期民营企业技术创新与自主创新的一枝独秀。

我们知道,企业具有技术创新能力,就具有可持续发展力。20世纪90年代,巨人集团为什么会从IT退出,就是因为缺乏在IT行业生存下去的核心竞争力;"飞龙""三株""太阳神"为什么"其兴也勃也、其亡也忽也",就是因为缺乏产品与技术创新。企业没有自有的核心技术,就好比树没有宽深的根系,根不宽深,叶自然不会茂盛,花不会灿烂,果实也不会丰硕。

(二) 我们应该从范旭东这些创新企业家身上学到什么

从范旭东的"永久黄"创办与发展过程,我们的家族企业传承中应该学

到什么？我想：

一是要形成家族企业技术创新的机制。目前我们许多家族企业在引进技术时，缺乏对先进技术的消化、吸收和自身科研队伍的培养，最终无法形成创新能力，陷入了引进——落后——再引进——再落后的怪圈；这与永利通过引进吸收——模仿创新——自主创新的路径形成了鲜明的对比。如果我们借鉴永利的成功经验，通过模仿过程获取核心技术，提高自身的技术水平，并在此基础上研究开发，最终实现技术超越，并向国外输出技术。1933年，侯德榜用英文写作的"Manufacture of Soda"列入美国化学会丛书第65卷出版。该书揭开了苏尔维制碱法的技术秘密，打破了纯碱工业的技术垄断，让那些想发展制碱工业而又不得其门的企业看到了希望。《制碱》一书的出版扩大了永利的国际影响力，巴西、印度等国慕名请求永利给予技术援助，发展本国化学工业。范旭东曾感慨地说道："我们是越走越远了，世界上竟有我们民族翱翔的余地。"1926年8月，在美国建国150周年举办的费城万国博览会上，中国展览区内注明为"国际甲甲级"，纯度高达99%的永利"红三角"牌纯碱获金质奖章，时人评价此乃"中国工业进步的象征"。

二是要打造家族企业技术创新的团队。市场竞争实质是技术的竞争，技术的竞争归根到底是人才的竞争。技术人才是科学知识的重要载体，被誉为"推动工业之原动力"。

"永久黄"的创办人学者居多。范旭东先生早年曾经留学日本，学习应用化学，后又到西方各国考察，立志开创中国的化学工业。公司创办人之一李烛尘曾留学日本，攻读电气化学，并擅长经营管理。著名化学家侯德榜先后在美国麻省理工学院、普拉特学院和哥伦比亚大学攻读化学工程，年获得哥伦比亚大学化工博士学位，归国后担任永利碱厂总工程师兼生产厂长。侯德榜也是永利技术模仿和创新的核心人物，对永利的发展起到了决定性的作用。

打造技术团队就要给技术创新的人才提供技术入股的机制。2015年7月27日，国务院总理李克强在出席2015国家科技战略座谈会上指出，要创新科技收益的分配机制，支持科技人员靠智力创新致富，让科技人员以自己的发明创造合理合法富起来，激发他们持久的创新动力。广东等省也出台技术入股改革实施方案等文件，明确提出一系列破解科技成果转化难的创新政策，破除制约科技成果转化的制度性障碍，以打通科技成果转化最后一公里。技术创新产权入股就是推进家族企业传承转型最有效的利器。正如《经济利益与经济制度——公共政策的理论基础》作者布罗姆利所言，任何一种制度的基本任务就是对个人行为形成一个激励集，使每个人都受到鼓舞而从事那些不但对他们个体有益，而且也对整个社会有益的技术创新活动。激励核心是产权制度安排，包括技术入股家族企业。

三是要建立正确的技术创新战略。市场竞争的规律是"不进则退"。中国不少家族企业，靠山寨过日，一两个产品打天下，缺乏长远规划和有效的技术创新的激励机制。产业层次低、技术开发能力差，后续开发能力更严重不足。据科技部门提供的数据，中国民营家族企业对外技术依存度高达50%，自主创新能力强和拥有重点领域核心专利的企业仅为0.03%，大型民营家族企业中也只有11.9%开展了技术创新活动，研发经费只占其销售收入的0.71%。而发达国家企业的这一比重一般为3%，发达国家的大家族企业往往具有强大的研究开发队伍，不少企业建有研发中心和信息中心，并有配套的企业创新机制，这样能够使企业始终保持前沿的产品和尖端的技术。

没有创新能力的民族，难以屹立于世界先进民族之林。同样，没有技术创新的核心竞争力，没有激励技术创新机制、能力和勇气的家族企业，那么，企业将被市场淘汰。

三、工匠精神：保时捷家企传承之魂

当前国内最吸引眼球的电视剧莫过于《欢乐颂》，《欢乐颂》最吸引眼球的莫过于安迪的保时捷911。其实，最吸引眼球的不仅是保时捷跑车，而是保时捷跑车背后的家企传承精神：工匠精神。

（一）保时捷传承之传奇

伟大的企业背后必然有伟大的企业家。保时捷是以汽车设计者费迪南德·保时捷名字命名的。费迪南德·保时捷既是保时捷跑车的天才设计者，更是保时捷家企传奇的缔造者。1931年，在斯图加特，费迪南德召集了一批设计界的一流人才，成立了保时捷设计与研究公司。1999年年底，在"世纪之车"评选委员会选出了20世纪的"世纪之车"，保时捷不仅当选世纪之车，保时捷的设计师费迪南德·保时捷还当选 20 世纪最伟大的汽车工程师。其实，早在 1983 年的法国勒芒汽车 24 小时耐力赛中，保时捷就获得了"跑车之王"的美誉。保时捷曾先后打破了 8 项世界纪录，夺得过场地赛、越野赛、登山赛等各项赛事的冠军，德国民众虔诚地将保时捷跑车誉称为"银箭"。

1951 年，当 76 岁的费迪南德·保时捷博士逝世时，他的儿子费利·保时捷全面接过了保时捷公司的经营权，秉承父亲的设计天赋，将公司经营得有声有色。当保时捷家企传承到第三代时，费迪南德·保时捷的孙子巴茨·保时捷、彼得·保时捷和外孙费迪南德·皮耶希等人开始争夺公司权力出现纷争时，好在保时捷家族在第二代传承过程中做了一个很好的顶层设计，确立了所有权与管理权分离的原则，要求家族人员全部退出公司的经营和管理，只拥有董事的权利，保留对公司高层管理人员的决定权，1972 年成功转型为股份公司。保时捷除了家企传承中遵循所有权与管理权分离的普遍规则外，保时捷最为重要的传承是坚持家企中的工匠精神。

（二）保时捷传承之魂：工匠精神

保时捷传承的工匠精神要素之一：理念至上。坚持用最高的标准要求自己，对于自身的业务始终有明确的态度。坚持理念至上就是对事业充满激情。费利·保时捷曾经说过："当我环顾四周，却始终无法找到我的梦想之车时，我决定亲手打造一辆。"保时捷一直以来传承着赛道精神，始终将不可能变为可能，努力将种种可能性与看似不太可能的东西相组合。

保时捷传承的工匠精神之二：核心技术。保时捷公司其核心特质及附加值都可以用"Engineer"的缩写"ING"来体现。在技术方面，保时捷拥有令其核心技术并不断发展的工程艺术。位于德国魏斯阿赫（Weissach）的研究和开发中心始终致力于科技创新，从 VarioCam 升级版到陶瓷复合制动系统（PC-CB）、可变几何涡轮（VTG），以及 Cayenne S Hybrid 和 911 GT3 R Hybrid 的混合动力驱动概念均可体现这一点。保时捷共有 7500 名组装工人，6500 名研发和服务人员，可见研发和服务在该企业的重要性。但保时捷的精髓并不仅仅来源于技术，在工程方面的成就也是确保质量的关键因素之一。

保时捷传承的工匠精神之三：精益求精。保时捷始终坚持着"Porsche Intelligent Performance"理念。这种追求精益求精的理念体现在保时捷员工在对每一个零件、每一道工序、每一块零件都精心打磨、专心雕琢。在他们眼中，只有对质量的精益求精、对制造的一丝不苟、对完美的孜孜追求才是尽责。为保证保时捷的品质，虽然组装一部保时捷只需 9 小时，但后序检测调适需要 5 天，出厂则需要数月。保时捷的订单最快也需 3 个月，有些配置高的甚至需要提前一年预订。为保障品质，保时捷除玻璃和发动机外，均为手工组装。挡风玻璃过于沉重，机器人操作更精准严实，而发动机拧螺丝较单调费力，也由机械手代劳，而其他工序均为手工组装。在保时捷工厂，工人负责组装，机器人负责搬运，全场通过 WIFI 遥控和联络。在保时捷，好的工人永远比机器人更精准，更有灵活性。

保时捷传承的工匠精神之四：持续性。持续性就是对于消费者所做出的所有承诺，都要去履行，而且不能中断。保时捷永远保持着细水长流的生产节奏：从来未有所谓旺季与淡季。每天只能生产 200 辆车，从不轻易急速扩张，员工更不轻易加班。持续性，既有承诺、责任、研究成果的持续性，又有从学徒到员工培养的持续性。这种持续性也是通过老技工的技艺（know－how）的老带少、传帮带式的师徒制传承的。技工的职业生涯中，学徒与培训生的经历占据了相当长的时间，让他们有恒心一生钻研一项事业。持续性的核心是人才。

（三）中国家企从保时捷传承中能学到什么

找寻昔日的工匠精神，追求制造的精益求精。中国文化中虽然缺少科学与理性的基因，但不缺乏务实与动手的要素。英国学者罗伯特·坦普尔，在他出版的《中国——发现和发明的国度》一书中指出：现代世界赖以建立的基本的发明创造，几乎有一半以上源于中国。从公元前 200 年至公元 18 世纪，两千多年的农耕经济时代，中国一直是全世界最大的产品输出国，中国的丝绸、瓷器、茶叶、漆器、金银器、书画等精美的产品是世界各国王宫贵族和富裕阶层的宠儿。

但中国千年科举制毁掉了传统文化中的务实与技术要素，改革开放以来的大干快上、只争朝夕、效率就是生命等理念的过分发挥，更加快了工匠精神的丧失。现在，中国家族企业创办人都梦想把家族企业能传承百年、企业产品成为百年品牌。但百年品牌的打造需要全力以赴、需要关注每一处细节、需要持续坚持目标、需要执着于产品的创新创造，更需要不断地把产品品质从 99% 提升到 99.99%。这是中国家企基业长青的唯一道路。家企转型不是从实体经济转向虚拟经济，而是从传统制造业转向智能制造业。

美国华尔街是一个的坏榜样。美国高达 70% 的就业人口转向金融和金融服务业。中国则盲目跟风，学习美国，将实业创造的利润与财富，砸向房地产、砸进股市，搞基金、搞风投。最聪明的年轻人则考金融专业，到证券、期货、基金公司去工作。众多学者也提第三产业主体论、金融中心论、互联网思维论、脱实就虚论等。据统计，2014 年全国企业 500 强中，有 226 家制造业企业，其利润只占总数的 18.8%，而 18 家金融企业利润总额占比高达 49.95%。回看历史，不论是 1997 年的亚洲金融危机，还是 2008 年全球金融危机，危机的背后就是虚拟经济过度发达，而实体经济、现在制造业发展滞后的恶果。

现代化的历史告诉我们，19 世纪中叶以来，全球范围内曾先后出现过三个"全球制造业中心"，无一例外都成为一度主导世界发展方向的发达国家：19 世纪 70 年代的英国，20 世纪 20 年代的美国和 20 世纪 80 年代的日本。可以说，当一个国家失去制造能力时，同时也在失去创新能力。中国要在 21 世纪主导世界，还是要从传统制造业转向智能制造业，成为现代化进程的第四个世界制造中心。

标准为王，拒绝空疏描述。保时捷等德国制造领先全球的首要因素，当属标准化。于 1917 年成立的德国标准化协会（DIN），专门制定行业标准，到如今每年发布上千项标准。2012 年年底，德国标准化协会已颁布的标准累计达 33149 个。当 2013 年德国提出"工业 4.0"时，第一个领域就是"标准化和参考架构"。简单的理解就是，信息技术变革的基础就是万物数字化、标准化，最终实现智能化。标准化是工业 4.0 的基础与前提，更是"德国制造"的核心竞争力。中国家族企业传承，首先要执行的还是坚持标准化准则。

标准不仅来自"为什么、是什么"的知识，更来自"做什么、怎样做（Know－how）"的知识。Know－how，就是当一个做法被证明高效可行时，就被当做规范遵守下来，这就是标准。当多数人达到这个标准后，再打破标准，进行改善并将最新的状态规范下来。这样，标准在不断提升、不断改善，产品的品质也在不断提升。

德国企业不仅在制定标准，更尊重标准。遵循标准就要尊重作业的标准化。其实很简单，就是守时、按序。守时就是遵守节拍时间，而按序就是指为了完成一项作业，必须遵循的一组生产要素的特定顺序。每项工作要素包含一系列的动作。

学习德国人，把企业办小些、办慢些、办长些。德国办企业的指导思想与中国人办企业的指导思想是不一致的。以保时捷为代表的德国企业的员工，注重技术细节，承担生产一流产品的义务，追求生产过程的和谐、安全与成就感；而不是像中国企业那样最求利润的最大化。其实，做得少才能专注、专注才能极致。为什么德国企业与产品动不动上百年，就是他们办企业与生产产品的指导思想是探索本源、追求长远，这就是为什么德国企业不生产价廉物美的产品、不生产山寨产品，而是去生产经久耐用的产品，去追求百年传承的企业。

注重职业教育、培养工匠精神。其实，保时捷在内的德国制造的技艺传承不过是德国双元化教育教学模式的产物。德国是一个崇尚劳动与技能，以规矩、标准、制度管理人性；踏实、勤劳、守规矩成为国家的性格名片。德国父母也会把靠劳动生存当作美德传递给子女。德国 70% 的青少年在中学毕业后会接受双轨制职业教育。在德国，应用型人才、高素质的熟练工人很抢手，高级蓝领也比普通白领收入高，企业领导人也经常从蓝领中提拔。

四、家族企业传承与转型中的技术创新的战略选择

（一）在模仿创新与自主创新模式中平衡

自主创新作为率先创新，具有一系列优点：一是有利于创新主体在一定时期内掌握和控制某项产品或工艺的核心技术，在一定程度上左右行业的发展，从而赢得竞争优势；二是一些技术领域的自主创新往往能引致一系列的技术创新，带动一批新产品的诞生，推动新兴产业的发展；三是有利于创新企业更早积累生产技术和管理经验，获得产品成本和质量控制方面的经验；四是自主创新产品初期都处于完全独占性垄断地位，有利于企业较早建立原料供应网络和牢固的销售渠道，获得超额利润。自主创新模式也有自身的缺点：（1）需要

巨额的投入，不仅要投巨资于研究与开发，还必须拥有实力雄厚的研发队伍，具备一流的研发水平；（2）具有高风险性；（3）时间长，不确定性大；（4）市场开发难度大、资金投入多、时滞性强，市场开发投入收益较易被跟随者无偿占有；（5）在一些法律不健全、知识产权保护不力的地方，自主创新成果有可能面临被侵犯的危险，搭便车现象难以避免。①

模仿创新是指在率先创新的示范影响和利益诱导之下，创新主体通过合法方式引进创新成果，并在此基础进行改进的一种创新形式。模仿创新并不是原样仿造，而是在原有范式内涵得以保存的前提下有所发展，有所改善。模仿创新具有跟随性，并因而具有被动性。

根据曼斯费尔德的研究表明：模仿的平均成本是创新成本的65%，平均耗时是创新耗时的70%；模仿创新企业比自主创新节约，其中，研发是自主创新的0.28倍，人均技术开发投入是自主创新的0.57倍，人均技术改造是自主创新的0.87倍。中国两类企业技术投入的比较也印证了这点，且模仿创新比自主创新拥有更高的成功率。

模仿创新使日本汽车工业从无到有，并迅速发展壮大。丰田汽车公司的创始人丰田喜一郎分别于1932年4月和1933年10月购买了雪佛兰的发动机和整车，并进行了拆装研究。丰田汽车公司于1934年9月开始试制发动机，1935年9月即生产出了以福特牌载货汽车为样板的GI牌货车。以美国车为样本起步的丰田汽车20世纪60年代大量销往美国，70年代在美国成为丰田汽车的时代。日本汽车工业先后从美国、英国及意大利等国引进405项先进技术，以这些引进技术为基础进行了大量的模仿创新。同时，针对大量非专利技术的模仿创新更是不计其数。比如东洋工业公司对从德国汽车公司购买的转子发动机技术进行模仿创新，克服了缸体与活塞接触产生的振纹，其生产的转子发动机的性能和质量大大超过了德国汽车公司的水平。

韩国现代汽车公司从1967年建厂后直至20世纪90年代中期不断模仿创新使该公司具备了独立开发研制能力。该公司的新车型经历了从单纯地对国外汽车产品的简单模仿到创新性模仿，再到自主开发这样一个渐进性的过程。现代汽车公司借助从国外购买的专利汽车底盘技术，经过消化吸收，逐步开发出

---

① 吴奇志，方文红．新时期我国民营企业技术创新对策研究［J］．中国乡镇企业，2008（10）．

Excel 微型车、Stella 小型车、Sonata 中型车等。正是这样持续地模仿创新，使现代汽车公司能够开发出与欧美轿车相抗衡的车型。

模仿创新主要侧重于二次创新，而自主创新则主要依靠自身努力，就本质而言，二者都是一致的。针对武汉市创新情况而言：模仿是手段，创新是目的，应模仿创新与自主创新并重，逐步从模仿创新为主走向自我创新为主。

（二）在大众创新与精英创新模式中选择路径

坐落于美国斯坦福大学旁边的硅谷，凭借着其独特的创业文化，富有创新竞争精神的中小企业，以市场为导向，引领了 IT 行业的一个又一个潮流。其发展过程可以看作是大众创新的典范。所谓大众创新是以市场拉动创新为主，从市场需求出发，开发出市场所需的产品，其过程可以用施莫克乐需求引导的技术创新过程模型（图 5 - 3）表示。

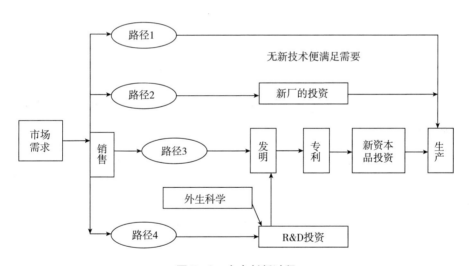

图 5 - 3　大众创新过程

众多高新开发区堪称精英创新的表率。所谓精英创新是以技术推动创新为主，将科研成果推向市场，其过程可以用图 5 - 4 表示。市场和技术对创新是交互产生作用的，因此，大众创新和精英创新对产品生命周期和创新过程的不同阶段有着不同的作用，单纯的大众创新或者精英创新对经济发展的促进作用是有限的，因此，众多高新开发区在自主创新的过程中，应以"市场为导向，

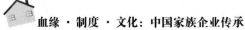

创新为手段，技术为支撑，应用为后盾"，在不同的阶段采取不同的技术创新模式①。

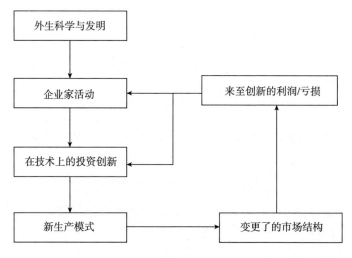

图5-4 精英创新过程

（三）探索技术合作—消化吸收—自主创新模式路径

基于技术合作的技术需求对于企业技术能力提高过程，是指以技术创新为目标，以合作为基本手段，以资源互补为核心内容的技术合作活动。参加合作的各方可发挥各自的优势，做到优势互补，以合作的方式进行技术创新，可以将企业外部的技术资源内部化，而且可以通过合作各方技术经验和教训的交流，集中各方的智慧，减少创新过程中的判断失误。最为常见的技术合作有两种：一种是产学研的技术合作；另一种是企业间的技术合作。企业间的技术合作一般可以采取两种方式进行合作：横向合作性技术创新，即产业相关度较高的若干科技型中小企业组成联盟，实行横向技术协作，提高中小企业整体的经济实力；纵向合作性技术创新，即广大中小企业作为大型企业的零件供应商，积极与大中企业保持技术协作，实现生存互补；一方面尽量减少与大企业间的竞争；另一方面还要利用大企业以求得自身生存。同样，由于社会协作和专业化分工，大型企业也需要中小企业的发展，实现互利共生，即与竞争者的技术

---

① 韩言锋，科技型企业创业环境研究 [M]．吉林大学，2005：20-21.

合作和与非竞争者技术合作。

（四）技术引进—消化吸收—自主创新模式路径

技术引进是指取得技术的一方为达到一定目的从转让方取得技术的行为过程。这一模式是指企业获取技术促进企业技术能力的提高，是建立在引进国内外先进技术的基础上，通过对引进的先进技术知识不断消化吸收，并结合自身的研究开发，使企业技术能力提高到具有自主技术创新和持续自主技术创新的水平。这种模式的出发点是国内外先进技术的引进。

技术引进促进企业技术创新模式也就是我们平常所说的模仿创新，这种模式是由于企业自身技术研发、财力、人力等方面的弱势，独立完成技术创新会有较大的阻力，所以进行模仿创新具有一定优势。模仿创新对创新能力较弱的企业是比较适合的，科技型企业在创业初期的研发能力是有限的，采用模仿创新的策略，可以在成功的率先者的启发下学习、积累，避免了大量可能的失败，保证在有限的物质条件下获得最大的实践机会，大大提高了学习效率，并不断积累技术经验，实现技术进程上的跨越，但是科技型中小企业在实施模仿创新策略时，要避免单纯模仿的行为。单纯模仿创新策略的缺点是被动性，因为单纯模仿在技术方面只能被动适应，同时也会受到原有技术壁垒的限制。

（五）国家对技术入股的新政策

市场激励机制的核心是产权制度安排，即对技术创新成果个人所有权的承认和保护。新制度经济学认为，产权制度越是具有排他性，就越是具有激励性。道格拉斯·诺斯认为："当存在资源的公共产权时，对于获得高水平的技术和知识几乎就没有激励。相反，排他性的产权将激励所有者提高效率和生产率，或者，从更根本的意义上讲，去获得更多的知识和新技术。"在市场经济条件下，排他性的个人技术创新产权制度是以专利或知识产权的法律形式固定下来的。专利制度之所以能对技术创新产生激励作用，是以市场经济条件即市场激励机制的运作为基础的，没有市场机制，产权制度不过是无源之水和空中楼阁，绝不可能对技术创新起激励和推动作用。

从机制设定的角度看，一个以计划经济为主体的机制和一个以市场为主的经济机制；一个肯定个人物质利益的经济制度和一个否定个人物质利益的经济

制度；一个保护私有产权的法律制度和一个消灭私有产权的法律制度；一个崇尚技术创新的文化制度和一个贬斥技术创新的文化制度，其激励机制的选择；运作和绩效无疑是不同的。如在市场经济条件下，对资本所有权的利润激励机制和对劳动力所有权的工资激励机制无论如何是不同的。大众之所以在创业家身份和工人身份之间宁愿产生对前者的选择偏好，而不愿对后者产生选择偏好的根由，正在于两种激励机制的运作和绩效不同。

目前国家在知识产权相关法律正处于紧锣密鼓地修改阶段，计划制定的有《职务发明条例》《人类遗传资源管理条例》，加紧修改的有《专利法》《著作权法》《反不正当竞争法》《国家科学技术奖励条例》等，商业模式与文化创意等创新成果保护办法、规范和管理科研活动的法规、科学数据保护与共享的法规、天使投资管理的法规等也正在研究中。这给家族企业创新发展提供了政策支撑。

继承制度与家族企业传承

第一节 诸子均分制对家族企业传承的影响

一、中国家族财产继承的诸子均分制及其合理性分析

（一）中国家族财产的诸子均分制度

家族继承制度作为一种制度安排，是一种最古老、最基础的制度之一，是一种配置资源要素的特殊方式，是家庭或家族能否绵延不绝、持久发展的核心。它被视为社会新陈代谢的重要指标，也是人类为了适应复杂环境而形成的制度产物。诸子均分制取代长子继承制和同居共财制，则成为中国社会核心的家产继承和分割制度，至今还影响着中国家族企业的所有权分配。

所谓诸子均分制，即当父（母）亲遗传家产时，按其儿子人数平均分配，每人各得一份。诸子均分制发展到现代，变化的不过是"子"不仅包括儿子，也包括女儿。

战国以来，中国只有皇权爵位是长子继承制，而家产包括土地的继承，则实行的是诸子均分制。《唐律疏议·户婚律》明文规定："诸应分田宅及财物者，兄弟均分。"《宋刑统·户婚律》原文照抄了这句唐律条文。明朝的《大明令·户令》规定："其分析家财田产，不问妻、妾、婢生，止依子数均分。"《大清律例》也与之相同。民间家产包括土地，实际也都采取诸子均分的继承制度。①

---

① 转引自范忠信. 中国法律传统的基本精神［M］. 济南：山东人民出版社，2001.

历史上有两个案例可以给我们佐证。一个是历史上著名的"陆贾分金"的故事：陆贾是西汉初年的政治家，他年老后，把自己的五个儿子找来，每个儿子分给价值"二百金"的庄园，并和儿子们约定：我今后轮流在每个儿子的家住一个月，如果年老病死在哪一家，哪个儿子就要给我送终，我随行的骏马、车辆、宝剑、侍女等财产就归他，来补偿损失。

另一个是《红楼梦》中荣国府里的贾宝玉和贾环，一个是贾政的正妻王夫人生的，一个是贾政的妾赵姨娘生的，平时两兄弟的生活待遇相差很大，宝玉住的怡红院是大观园里最好的院落之一，伺候他的大丫鬟就有袭人等4个，院落里扫地的、锄草的小丫头，宝玉大多不认识；而贾环住的地方就差很多，大丫鬟只有一个彩云。可是如果贾政一死，尽管贾宝玉可以继承贾政的爵位和家族中的地位，但在分家产时，他和贾环就只能是完全平等的，各得家产的一半。

（二）中国家族财产诸子均分制的合理性与局限性

中国的诸子均分财产的继承制度，几乎是与土地的私有制同时诞生的。在单一农业社会，土地是家庭最主要的财产和几乎唯一的生存资料——唯一生存的命根子，有地则生，无地则死！如此重要的财产不得不实行诸子均分。试想骨肉兄弟全都指望耕田而食，岂容一人独占田产而使其他子弟寸土皆无？故在家庭内部实行诸子均分制（在全社会实行均田制），不仅符合"不患寡而患不均"的儒家思想观念，而且是小农业社会最合情理、最理想的分配方式。它使家庭诸子都有平均继承家产的机会，从而降低了财产分割中的家庭冲突，有助于促进家庭内部和谐相处。新分出的小家庭自立门户，有地种、有饭吃，体现了家庭浓厚的脉脉温情。何况私人大地产不但不受法律保护，还往往因为占田"逾制"，随时可能被官府勒令退田甚至被统统抄没。因而，主动分户析产，免得树大招风，实为一种自我保护的明智之举。

诸子均分制与战国以后独立的家庭小农经济几乎同时产生，它是家庭小农经济的产物，反过来又不断裂变出新的小农家庭。只要家庭小农经济不消亡，诸子均分制就不会终结。

诸子均分制的弊端：一是导致中国家族财富呈现一个"积累—分散—再积累—再分散"的周期性循环。在这个循环过程中，绝大多数家庭往往无力发家兴业，甚至"一代不如一代"，很难守住祖业；即使少数富裕家庭在一定时期能够扩大田产，积累了巨额资财，但随着下一代长成，积累起来的田产又很快分散了，其大田产很难长久保持下去。二是巩固了家族意识，人人窝在家里等着分财产，使中国人缺乏进取心，追求安稳，不敢冒险。三是富不过三代，大家变小家，这和中国的平民社会相关。比如《红楼梦》中的贾府就是一个士大夫地主家庭的典型代表，没有工作的年轻人不必工作，只要待在家里，照样可以传宗接代、享受生活，而在老年时尤其占据优越地位。所以，中国人永远在家庭保护之下，盼望悠然过活一生。

诸子均分制本质上是一种"家庭大锅饭"制度，它体现的是"结果的平均"而非"机会的平均"。不同儿子虽然贡献不同，但最终结果是平均的。这种观念代代相传，深入人心，并泛化到一切行为关系中，使得中国人的平均主义思想比西方更强烈。中国历史上大大小小的农民起义提出的"均贫富""打富济贫"之类的奋斗目标和口号，与家庭内部财产"诸子均分"的习惯，无不体现了一种"结果平均"的思想。

诸子均分制度的弊端，早在民国时期就有学者指出。费孝通先生通过田野调查指出："遗产的各次相继划分，结果使个人占有土地的界线变得非常复杂。农田被分为许多窄长的地带，宽度为几米。在中国广大地区都可见到农田的分散性。……这种划分确实加大了土地的分散程度。每家占有相隔甚远的几条带状田地。从一条地带到另一条地带，有时要乘船 20 分钟。"①

此外，家产诸子均分制也不利于激发中国人的创业精神。家产诸子均分制意味着每个儿子都会坐拥一份土地和房产，这等便宜好事，但却导致年轻人缺少创业的刺激。中国保守的农业社会，本来就不赞成青年人脱离土地、离家创业。如果谁家的小伙子雄心勃勃地去创业——除非是去参加科举考试，社会上不仅没有一个人会赞扬他的奋发进取精神，反而会指责他不知道安分守己。

儒家经典的核心是"父母存，不有私财"。但财产既是公有，谁愿爱护财产。财产既然不是个人私有而是全家公有，那么，有权势的就可从中舞弊，将公产变为私财。以《红楼梦》建大观园为例。许多杂务均由贾家子弟担任，贾家子弟不是单尽义务而已，盖欲从中谋利。

---

① 费孝通. 江村经济 [M]. 北京：北京大学出版社，2012：173.

西方和日韩普遍实行的是长子继承制，长子以下的子弟没有财产继承权，也没有家庭作他们的藏身之所，只好离开家庭，出去奋斗，如或者去当佣人，或者去当骑士，在外面闯荡，这便很容易培养向外发展的扩张精神。

此外，西方农民起义的目标则更偏重于追求机会的平均，机会平均之后需要自己去奋斗，而结果平均之后只能坐享其成，容易鼓励懒汉、鞭打快牛。显然，机会的平均要比结果的平均更公平、更合理、更有利于激励人们创业和发展。

中国先秦时期实施的也是家族继承嫡长子的，只是中国政治体制是皇帝制，皇帝制的核心问题是皇权的传承问题。秦始皇二世而亡本质上是郡县制的失败，汉朝吸收秦朝二世而亡的经验，制定了非刘姓者不得立王的原则。但后来兄弟之间也相互残杀，为了减少儿子们之间的斗争，就改为均分，这样每人都有份。汉朝的时候有推恩令，就是属于这类：不光嫡长子继承王位和封地，每个王子都有继承的权利，这样就把一个很大的诸侯国逐渐分化为若干个小诸侯国，无力与中央政府抗礼，以此来增强中央集权。所以，中国诸子均分制的2000多年的一贯制的实施，不仅是农耕文明的产物，也是皇权政治的产物。①

这就是为什么现代资本主义产生于西方而未能出现在中国，现代科学产生于西方而未出现在中国一样，绝非历史的偶然。分析中西方经济结构和财产继承关系，我们就会发现，中世纪欧洲的条件和传统显然更容易或更有利于走向资本主义；而中国则不然，数千年的单一小农业经济结构和在此基础上竖立的强大专制制度相匹配，土地国有、均田限田、重农抑商和家产诸子均分等制度，一桩桩一件件，皆使农民世世代代束缚在土地上，永远走不出农业社会的小天地，我们之落后于西方自不待言。

（三）西方家族财产长子继承制分析

当我们说，中国家族企业或者说中国家族财富传承"富不过三代"时，也是在问：为什么中国的王朝顶多只能维持短短的几个世纪，而欧洲的那些贵族历史追溯却可以那么长。其实，这是由于中国与欧洲财产继承制度不同导致的。

---

① 管东贵. 从宗法封建制到皇帝郡县制的演变 [M]. 北京：中华书局，2010.

中世纪的欧洲实行只能由长子继承不动产的制度，一般来说也就是使长子能够获得遗产中最大份额。这是从贵族身份地位的继承发展而来的制度，当时各级贵族身份地位的继承都是长子继承，而当时贵族都有一块领地，这块领地都附带有为上级领主出征、贡赋之类的义务，为了防止这些义务被分割，甚至被落空，因此强调"封地不能分割"原则。欧洲中世纪的地产作为遗产只能由子女中的一人继承，一般是长子继承比较普遍，但也有个别其他子弟继承的情形，故可概称为"长子继承制"。继承者有权终身乃至世代拥有土地，却不可以自由买卖，更不可由诸子均分或按任何比例分割继承，这是西欧土地财产继续采用单一继承人制度的根本原因。这种情形在世界不少古国都曾出现过。长子继承制导致欧洲、日本贵族与家族企业延续的根本原因。长子继承制度的影响：一是确保大家族和贵族的延续，使贵族成为一种重要的社会力量，深刻影响了欧洲政治和历史走向；二是由于非长子没有继承权，不得不独立开创新生活，形成了欧洲人的冒险和创业精神，以及与此相关的文化。

张宏杰在其著作《中国国民性演变历程》中指出：贵族精神之所以宝贵，是因为勇敢、尊严、优雅、荣誉心等品性的成长和发育非一朝一夕之功。贵族精神的产生和完善就像酿酒，需要一个代代承继、陈陈相因的漫长过程。所谓培养贵族需要三代，一般来说，第一代贵族身上的草莽味、江湖味、暴发味是很难随着时间的流逝彻底洗掉的。从第二代贵族开始，由于拥有良好的教育条件，他们开始形成与第一代截然不同的生命经验和价值观。从第三代开始，贵族们追求物质利益和开拓家族基业的激情开始淡化，贵族精神内化到他们的骨子里，举手投足、待人接物都透露出良好的教养和风度。贵族文化想要产生和传递下去，首要条件是稳定性。

贵族家族的分家方式保证了其稳定性。贵族们分家采用长子继承制，即由长子承袭所有家产，别的孩子没份。这是因为贵族的爵位是没法分的，父亲是公爵，不可能十个儿子个个是公爵，所以爵位只能给一个儿子。有了爵位，就要有与之相配套的土地和财产，所以贵族家的土地不能像老百姓家那样，一人一份。儿子们都要争，怎么办？那就法定下来，只给长子。所以就形成了长子继承制。

长子继承制使得贵族家族能保持高度稳定性。英国大贵族往往能存在几百年。1764年，约翰·道尔利普尔估计，大约50%的英格兰地产是根据旧的财产继承制代代相传的。百年之后，法国学者希伯利特·泰纳访英后总结："多数古老的地产是借助长子继承制法则保存下来"。①

不仅欧洲中世纪实行土地长子继承制，日本也实行长子继承制。陈凯《李嘉诚分家，欲破解传承难题》一文中指出："幕府时代初期，日本家族还实行诸子均分制，但随着家产被后代越分越小，众多大型家族企业走向了消亡。意识到诸子分产的危害后，日本逐渐选择了严格的长子继承制，……避免了财产的分割。"②

梁漱溟先生早在 1937 年就指出："西洋为什么能由封建制度过渡到资本主义制度呢？即是因为长子继承制的缘故——因为长子继承制，所以在封建制度中已为他造成一个集中的力量，容易扩大再生产。考之英国社会转变，可资佐证。那么，中国始终不能成为工业社会，未始不是由遗产均分造成的。"③

西欧中世纪中后期，大部分地区商品经济比较发达，以货币为支付手段的雇佣劳动成为普遍现象。那些在长子继承制度下没有土地继承权的子弟，无论男女，不断被迫离开农村和农业，与土地分离，到城市社区去做佣工，积攒一定财富后，他们就在做工的地区结婚成家，由此转化为非农业人口。有的则担任骑士、水手和船员，或从事工商业及海外殖民活动，从而促进了工商业经济和资本主义关系发展壮大。

很显然，长子继承制具有鼓励长子以外的"余子"向外开拓的作用，因此它是"适合于自由竞争及在此基础上建立的社会的本质的"。④简明不列颠百科全书也指出："11 世纪晚期，……在经济上当时处于经济复兴时期，在长子继承制下贵族的次子以下诸子都乐于外出冒险，……贵族、市民和农民都在寻找新的出路。"⑤ 正是这些被长子继承制排挤出来的"余子"们，支撑了历时近二百年（1096~1291 年）的十字军东征——这是欧洲发展的起点，它打开了东方贸易的大门，使欧洲的城市及其商业、银行和货币经济发生了飞跃，造成了有利于产生资本主义萌芽的条件。同时也大大促进了东西方文化交流，使

① 张宏杰. 中国国民性演变历程 [M]. 长沙：湖南人民出版社，2013.
② 陈凯. 李嘉诚分家，欲破解传承难题 [N]. 北京日报，2012 年 6 月 13 日，第 18 版.
③ 梁漱溟. 乡村建设理论 [C]. 自：梁漱溟全集（第二卷），山东人民出版社，1990：171.
④ 马克思，恩格斯. 马克思恩格斯全集（第 30 卷）[M]. 北京：人民出版社，1985：608.
⑤ 简明不列颠百科全书（第 7 卷）. 北京：中国大百科全书出版社，1986：266.

欧洲人发现了用阿拉伯语保存下来的丰厚的古希腊典籍，最终导致了文艺复兴的出现，由此走向开放的现代世界。

二、从案例看诸子均分制

（一）汉朝的推恩令与诸子均分制

西汉初年，中国虽然在形式上建立了统一的中央集权的封建王朝，但由于刘邦推行同姓分封制度，大量分封刘姓皇族为诸侯王（即封藩），导致国内出现了许多诸侯王国。这些王国拥有广阔的领土（大的王国动辄拥有几十座城池，据说仅齐、楚、吴三个王的封地就分去了天下的一半）、众多的军队（七国之乱时仅吴国就发兵 20 万），拥有相对独立的行政权、财税权和官吏任免权，俨然是一个半独立的国家。

从产权的角度看，就是刘邦创建了一个集团公司，下面有若干个独立法人与独立财产权的子公司（不是分公司），并且有保护产权的军队。

刘邦在世时，这些刘姓诸王还畏威怀德，不敢胡作非为。等刘邦死后，随着朝廷中功臣宿将逐步凋亡，以及诸王与皇帝血统的逐步疏远，这些产权独立的子公司的法人代表、实力雄厚的诸侯王们开始日渐跋扈起来，集团公司逐步虚弱、子公司逐步强大，干弱枝强的问题日益突出，构成了对中央政权集团公司的重大威胁。

为了解决这一问题，西汉政府从文帝开始，历经景帝、武帝，进行了前后长达半个多世纪的以剥夺产权为指导思想的削弱子公司的改革。

削藩改革是御史大夫晁错于景帝二年（公元前 155 年）提出的，其基本思想是大刀阔斧地剥夺诸侯王的土地权。主张削藩的，也就是说主张剥夺产权的主导者晁错认为，这些诸侯王，特别是实力最强的吴王刘濞，是必定会造反的。削藩会反，不削藩也要反。削藩，反得快，祸害小；不削藩，反得迟，祸害更大。秉承着这样的指导思想，朝廷决定，更改法令三十条，削夺吴王的豫章郡和会稽郡、楚王的东海郡和薛郡、赵王的常山郡和胶西王的六个县。削藩令一出，就捅了诸侯王的马蜂窝。次年正月，吴王刘濞就以诛晁错、"清君侧"为名，起兵造反。随即楚王刘戊、胶西王刘卬、胶东王刘雄渠、苗川王刘贤、济南王刘辟光、赵王刘遂，也都先后起兵响应。这就是历史上著名的"吴楚七国之乱"。叛军数十万浩浩荡荡直入河南，势不可挡。汉景帝在惊慌之下杀了晁错，试图安抚七国，但也无济于事。最终幸亏朝廷有梁王刘武（景帝弟弟）死守睢阳，阻滞了叛军的进攻，又以名将周亚夫为帅，出奇兵断叛军粮道，才最终取得了战争的胜利。

最终解决封藩问题的，公元前127年（汉武帝元朔二年）汉武帝根据主父偃的建议而实行的推恩令。推恩令的内容其实很简单，但又极其巧妙，就是诸子均分制的温情版。汉初原本诸侯王的爵位、封地都是由嫡长子单独继承的，其他庶出的子孙得不到尺寸之地。推恩令则规定诸侯王所有的儿子都有继承权，都可以在原有的王国中分到一份土地。这一政策表面上以"关怀"诸侯王的庶子们、实践"仁孝之道"为幌子，实际上却是大大削弱了诸侯王的实力。按原有的继承制度，王国代代相传，规模一直不变，始终是朝廷的心腹之患。而推恩令一下，过一代，一个诸侯王国就会一分为几，甚至十几。即使是吴、楚、梁那样拥有几十座城的大国，不过分上一两代，就变成了一盘散沙，再也构不成对朝廷的威胁了。推恩令颁布后，诸侯王势力迅速瓦解，很快就"大国不过十余城，小侯不过十余里"，只能老老实实做顺民了。就这样封藩问题得到顺利解决。

（二）茅理翔的口袋论与诸子均分制

我们知道，"口袋论"最早是由浙江方太集团掌门人茅理翔提出来的，茅理翔老先生在谈到其家族产权问题时，将其观念归结为"口袋论"。他提出夫人和自我与儿子在同一口袋，不会与自我争利益。而为了防止公司成为家族冲突的牺牲品，茅理翔给了自我女儿另外一个口袋。这就是"口袋论"的来历。

在商海沉浮数十年，丰富的阅历使茅理翔对人性的洞察更为深邃。我们经常在香港的电视剧、电影里面看到一些反映豪门恩怨的故事，里面的兄弟姐妹为了能得到上一代的巨额财产斗得你死我活，最后弄得整个家族元气大伤，乃至衰落。在现实生活中，这样的事例也并不鲜见，相信茅理翔老先生也见得多了。茅理翔曾经在公开场合说过，如果让女儿留在方太，今后的关系就变成了姑爷与小舅子、兄弟与姐妹、外甥与舅舅，侄子与姑姑、外甥与儿子等一大堆的关系，到时候就会有一大堆无法避免的麻烦。于是，务必在家族内部进行

"口袋"分流了。中国人,多数还是相信自我的儿子,毕竟,儿子是自我梦想的延续,茅理翔曾经自豪地说过,把企业看做自我的儿子,把儿子看作未来的企业。而女儿,嫁了人是他人家的,下一代连姓氏也改了。茅理翔还是用老办法分流,成立了菱克塑料厂,作为方太的外协厂家,交给女儿打理,把女儿放在另外一个口袋里。

大家可以看出,茅理翔的"口袋论"本质上是诸子均分制的模板加上长子继承制的色彩。不过茅理翔的"口袋论"的诸子均分制的子不仅是儿子,还有女子,自己的女儿。这也是当下中国继承法的男女平等的产物。企业交给儿子,部分动产、包括现金分给女儿。这是部分吸纳西方长子制的经验。好在茅理翔只有一位儿子与一位女儿,茅理翔庆幸的是生在大陆,如果生在香港、台湾、澳门,企业也成功了,又能一妻多妾的,子女众多,他的"口袋论"就会更明显的是诸子均分制加长子继承制。如同李嘉诚,长子继承老子的企业,次子另开拓其他的事业。"口袋论"问世以后,得到了家族企业的广泛回应。而其所以能够得到普遍认同,不仅在于其出发点是基于对人性的深刻洞察,更是在传承中国诸子均分制的基础上吸纳西方长子制的经验。

我们知道,家族企业从诞生那一天就为家族成员利益的分割困扰着。很多企业家能够在家族之外做好,却无法解决家族内部的争斗,弄得兄弟相争,甚至家业落入女婿、外甥甚至儿媳等近支外族之手,而茅理翔的"口袋论",为家族企业解决产权治理问题提供了示范。这个示范,还是诸子均分制加长子继承制,而这个"子"不仅是儿子还有女子。

三、从日本松下百年传承看家企传承

(一) 松下家族创业:从三人小作坊到跨国大公司

或许,我们对松下公司的了解是由于两位受人尊敬的老人的推动。那是1978 年10 月28 日,一个细雨纷飞的日子,政界、商界两位巨人的手紧紧地握在了一起。一位是被誉为中国改革开放总设计师的邓小平,另一位是被誉为经营之神的松下幸之助。

松下电器产业株式会社创建于1918 年,创始人是松下幸之助先生。创立之初是由本人、妻子与妻弟 3 人组成的小作坊，经过几代人的努力，如今已经成为世界著名的国际综合性电子技术企业集团，2012 年世界 500 强中松下电器排名第 50 位。松下电器的品牌口号是："Panasonic ideas for life"，不仅为全球知晓，也在为提高世界人民的文化生活水平做出贡献而努力。

（二） 养子制度：松下跨过百年传承风云的基本制度

松下幸之助儿子夭折，只有一个独生女儿。松下幸之助把女儿幸子的丈夫平田正治招为赘婿，随后平田正治更名为松下正治，成为松下第二代掌门，开启了松下家族外姓人接班的历史。到 1977 年，松下幸之助没有安排第三代的家族成员接班，而是让锐意改革的原公司一名普通雇员山下俊彦接班（1977 ~ 1986 年）。随后公司的接班人都是家族之外的谷井昭雄（1986 ~ 1993 年）、森下洋一（1993 ~ 2000 年）、中村邦夫（2000 ~ 2006 年）、大坪文雄（2006 ~ 2012 年）、津贺一宏（2012 年至今）。从山下俊彦到津贺一宏等，接班人虽然都不姓松下，也没有照搬松下幸之助的经营理念，但始终坚持"脚踏实地、坚韧不拔、锐意改革、积极向上"的松下精神。松下电器公司的发展过程也是松下幸之助个人股权比例不断下降和稀释的过程，从企业成立之初的 100%下降到 1950 年的 43%，1955 年的 20%，而 1975 年更猛降到 2.9%，使松下企业的发展突破了个人和家族的局限，保证了企业的持续稳定发展。

我们要探究日本的松下为什么传承百年而不衰。当然，不仅是松下，日本上百年的家族企业至少有 5 万家都是通过养子制度传承家族企业的，我们有必要研究一下日本松下及 5 万家家族企业养子制度传承的核心是什么，我们要借鉴什么？

（三） 养子制度：血缘传承与契约精神的融合

我们知道，血缘关系是由婚姻或生育而产生的人际关系，是人的社会化摇篮。家族中所孕育的价值观、伦理观是民族传统文化中的最基本部分，对人们的影响和制约是最直接的也是最具体的。中国传统文化就是家文化，就是以父与诸子相传为主轴，父系血统为核心的血缘关系，外婚（同姓不婚）、从夫居、嫡长子继承的血缘家族制度，并在血缘关系基础上形成了宗法制度。这种宗法制又通过儒家思想支撑与传播，至 2000 年而不衰。虽然，儒家思想中很多因素都是世界文明的共通，但以血缘为基础的三纲五常的儒家精神则是中国所特有的。

中国人为什么强调血缘的家。这是因为，中国的亚细亚的农业生产方式，生产者是农民、靠土地生活，则导致安土重迁、故土难离，此外，因为农业及相关的丝织业、种茶业、运输业需要大量人力；80% 的农业人口只能养活 20% 的人口，所以，中国家文化特别强调血缘传承与无后为大。

日本虽然继承了中国的儒家文化，在大处看，有着种种近似之处，深入分析下去在血缘问题上却存在巨大差异。日本的家更多是地缘意义上的家，而中国的家更多是血缘意义的家。日本虽受儒家文化影响，但其地缘意识重于血缘意识。这种区别是通过养子制度所体现的。中国人的家以男性血缘为中心的，而日本人的家以家业为中心，家业包含了男方女方的血系和家产等。财产传承是不可动摇的，而血统则是可超越的。

中国人的"不孝有三，无后为大"所说的"后"是指男性孩子，并不包括女孩。而日本人不仅重视男方血缘延续，但并不排斥女方的血缘延续。这就是养子制度中的婿养子制度。所谓"婿养子"就是"收养子且让其与女儿结婚"。当然，中国也有上门女婿，它跟日本"婿养子"最重要的区别在于中国的上门女婿保持本姓，只是让孩子跟岳父姓，而日本的"婿养子"一律改为妻家姓。松下公司的平田正治更名为松下正治正是婿养子制度的体现。

在日本社会，男性的生存之道就是三子之道：当长子、当浪子、最后回归当养子。养子制度，也就是关于人与人关系的契约制度。据统计，14 世纪中叶以来，日本旧民法就规定，家业和家名必须要嫡出长子继承。由此导致次子处于一个从属的地位，处于不被重视、不受欢迎的地位。如此境遇，次子们只能选择离家外出谋生。对于财产，次子也无法分到家中财产，即使分到少量财产，也难自立门户，这只能导致次子选择到别家充当养子，还可以得到颇为可观的财产和出人头地的机会。这种制度的设计与文化的习成，使得日本 1/4 的男子成为养子，再加上 1/4 的养父，即全部男子的 1/2 被卷入关于养子的契约关系中，即在日本每两个男人中有一个具有养子的契约关系。在日本众多的首相中，寺内正毅、高桥是清、加藤高明、滨口雄幸、吉田茂、岸信介都是养子出身。日本之所以拥有 5 万家百年家族企业，关键的是超越血缘的养子传承制度。这也是中日两国文化最深层、最本质的差异，也是自唐代以来日本全盘学

习中国，却越走越远的根源所在。

日本这种不拘泥于亲生子、超血缘的养子继承模式是融汇了东西方文化的一种模式。一方面可以把企业传承给相对优秀的人才，在人与人之间建立一种契约关系；另一方面又兼顾了传统东方文化重视家族薪火相传的文化。

其实，血缘传承也是一直纠结与中国历史的政界与商界的领袖。如果把辛亥革命前的王朝看做是一个家族企业的话（除经营范围有区别外，在财富与权力传承方面其实是没有太大区别）。秦始皇为什么废封建、建郡县，就是他看到了血缘传承中存在着一个"后属疏远"的问题，即亲属关系会随世代而疏，作为封建制基础的血缘内聚力则会随之解体。但秦二世而亡，西楚霸王项羽分封异姓十八王，五载而亡；就有人指出，这是没有启用血缘传承制度的原因。于是有刘邦刑白马盟："非刘氏而王，天下共击之"。但血缘制度一是世代传递而疏远；二是借助血缘也导致分支对主干的反叛。刘邦大封刘姓王而导致七王之乱，晋武王分封子弟导致八王之乱，明有靖难之师，等等。不实施血缘制度，导致二世而亡；实施血缘制度也导致三世必反。[①]

企业发展越大、历时越长、血缘内聚力则越小，这是家族的血缘制度与企业的经济组织基业长青制度设计的一对矛盾。血缘传承不仅涉及子孙不肖、缺乏能力、富不过三代的人性问题，更有传承百年后的堂兄弟妹及堂兄弟妹的堂兄弟妹的问题。或许，企业在创办之初时血缘制度是有效的组织，企业发展大时则是阻碍企业发展的瓶颈。企业传承不借助血缘则企业不安全，依赖血缘则做大、最强、做久则血缘则是瓶颈与危害。所以，家族企业传承应该在血缘与职业经理人之间找平衡。血缘团队中有能人则可以子承父业，没有则请职业经理人。此外，请职业经理人的进度也与中国社会诚信制度建立同步才好。

日本超血缘的养子制度是值得中国家族企业学习的。著名法学史家梅因说过：迄今为止，一切进步性社会的运动，都是一场从"身份到契约"的运动。即从人身依附或身份统治关系让位给日益增长的个人权利与义务的关系，这是人类文明发展的内容和实质。那么，中国的家族企业的传承是否可以学习这个制度，这是可以在不依赖血缘企业发展不安全，依赖血缘也导致人才短缺、后属疏远问题之间找出第三条道路。当然，更需要政府与社会建立一个可信的社

---

① 管东贵. 从宗法封建制到皇帝郡县制的演变 [M]. 北京：中华书局，2010.

会，大家遵守契约，改变儒家的人伦关系，形成人与人之间的契约关系，而不是把契约当手纸。

四、简要的评论

血缘关系对家族企业的劣势：第一，血缘关系以外的"低信任度"。人与人之间的血缘关系是先天赋予的，中国人对"自己人"和"外人"有明显的区别对待。从家族企业的实际情况看，绝大多数家族企业人总是不能放心把自己辛苦赚来的钱交给他人去经营。因而家族企业的领导者（核心圈）由创业者及其继承人组成，重要岗位由血缘、亲缘关系的近亲组成。如此，族外的优秀专业人士难以晋升决策层。第二，由于成功后的成果是靠亲情进行分配的机制，不能够满不同的家族成员的利益欲望，他们为了追求各自的利益就会形成不同的利益群体与核心层明暗、软硬对抗，矛盾增多，不断激化，离心力加大，企业发展困难。

第二节　遗产税是怎样改变一个家族的财富

一、世界发达国家遗产税的基本规律

（一）遗产税

遗产税（death duty）就是对人去世后留给后代的财产按比例或累进征税，国外有时称为"死亡税"。征收遗产税的初衷，是为了通过对遗产和赠与财产的调节，防止贫富过分悬殊。从理论上讲，遗产税如果征收得当，对于调节社会成员的财富分配、增加政府和社会公益事业的财力有一定的意义。遗产税常和赠与税联系在一起设立和征收。但是，为了吸引投资和资金流入，也有一些国家和地区故意不设立遗产税或者废除遗产税。

遗产税最早产生于4000多年前的古埃及，出于筹措军费的需要，埃及法老胡夫开征了遗产税。近代遗产税始征于1598年的荷兰，其后英国、法国、德国、日本、美国等国相继开征了遗产税。遗产税在古代的国家和中世纪的欧洲都偶尔开征过，但在19世纪才获得了大发展，尤其在第一次世界大战以后。大不列颠在1894年开征了继承税。在美国，正式的联邦遗产税在第一次世界大战期间开始征收。①

《环球》杂志在美、英、日、德等国进行调查后发现，遗产税的征收对象是非常明确的，即绝对意义上的富人——美国起征点为夫妻财产1050万美元；德国缴纳遗产税的人口比例只有0.17%；在英国，当房价上涨等原因导致遗产税可能殃及中产阶层时，它成了英国人最憎恨的税种。

征收遗产税的初衷是缩小贫富差距，在客观上促进了慈善业的发展。但近年来一些国家和地区发现，遗产税会导致富人、企业家、资金大批出走，对其经济严重不利，它们也因此取消了遗产税，如澳大利亚、新西兰、意大利、瑞典、印度、新加坡、中国香港等。不过全球仍有100多个国家在征收这个税种。其中一个较为重要的原因就在于避免财富的过度集中。具体来看，遗产税是以被继承人去世后所遗留的财产为征税对象，向遗产的继承人和受遗赠人征税。在市场经济发展的过程中，人与人之间的财富差距会越来越大，政府为解决财富分配的问题，用完善的财产税调节财产存量，征收遗产税在一定程度上避免了上一代人的财富差距在下一代人身上延续。

美国遗产税征收最高税率达55%，但缴遗产税的家庭不到1%。美国联邦遗产税是对有生之年赠与财产和死后继承财产征收的一种税。按照美国目前税法，个人赠与和继承的财产总额不超过525万美元就不用缴纳遗产税，超过这个门槛后，税率为35%。双方都拥有美国国籍的夫妻总共可将1050万美元的财产免税赠与或遗赠给他人，而且夫妻之间继承不用交遗产税。

拥有1050万美元的家庭，在美国是一个什么概念？他们是绝对意义上的富人——据美联储统计，2010年美国家庭平均拥有的净资产为49.88万美元。另据2013年世行统计报告，美国有1.2亿家庭，其中，有600万家庭户均财产为600万美元，占美国家庭的5%；有财产1000万美元的家庭则不到1%。

德国遗产税是面向所有人的税种，但是由于起征点较高，真正需要缴纳遗产税的个人并不是多数，因此依然属于"富人税"而不是"人头税"。德国遗

---

①　查理德·派普斯. 财产论［M］. 北京：经济科学出版社，2003：280.

产税对于不同的税率等级适用不同的基本免税额，例如针对配偶或同性伴侣的遗产免税额是 50 万欧元，针对子女的遗产免税额为 40 万欧元。另外，除了正常的免税项目外，德国《遗产（赠与）税法》对继承企业资产、农林业资产，以及合资公司股份又给与了特殊的减免税优惠，以利于家族企业能更好地参与市场竞争。

德国遗产（赠与）税法案在 2008 年有一次较大的改革，其背景是德国联邦宪法法院认为，原法案中对不同类型的财产使用同一税率不合适、有失公平，违反了德国宪法的平等原则。

德国 2008 年税改涉及两方面重要内容。一方面，由于家族企业是德国经济的支柱，在继承家族企业经营性资产时，保留工作岗位和促进就业成为一个重要议题。在出现企业继承时，如果满足特定条件，比如在接手后 5 年内维持一定的工资额水准，不变卖或停止运营、保持较低比例的管理用资产，则可以享受 85%～100% 的免税额度。另一方面，由于家庭是社会的基本组成单元，政府认为应该适当地提高家庭成员之间相互继承时的免税额度，因此，自 2009 年 1 月 1 日开始，从免税额和计征比例上都作了适当的调整，视亲属等级的不同分别提高了减免额度并降低了税率。另外，对配偶间及父母子女间转让私有住宅自用不征税。此外，德国将会逐步取消对经营性资产的继承遗产税，前提是被继承的企业得以持续经营并创造就业岗位。同时，遗产税的征收会更加注重课税的实质平等和社会公正。

（二）遗产税与慈善

美国的遗产税在客观上促进了慈善业的发展，但对遗产税也一直有很多争议。遗产税自 1916 年固定开征以来，便时征时停，税率也起起落落，各派政治力量围绕遗产税的角力至今余波未平。例如，1999 年和 2000 年，美国国会曾两次通过废止遗产税的法案。但出人意料的是，反对取消遗产税的主力军，居然是比尔·盖茨的父亲威廉·盖茨、沃伦·巴菲特、索罗斯、迪斯尼的女继承人迪斯尼等 120 名亿万富翁。他们联名向美国国会递交请愿书，反对取消遗产税，并在《纽约时报》上刊登广告："Please tax us（请对我们征税）"。美国富豪之所以会写这样的请愿信，是因为他们认为，这样做会打击富人从事慈善捐赠的积极性，损害公益事业。他们还表示，不希望自己的子女不劳而获。

但反对者则认为，征收遗产税难以实现既定的社会公平目标，因为纳税人可以轻易地利用多种渠道躲避纳税义务。其次，开征遗产税打击纳税人投资和储蓄的积极性，促使他们减少投资和储蓄、增加消费和赠与等以逃避遗产税。另外，遗产税导致潜在的双重甚至三重征税，即已纳税资产可能被再次征税。

二、众说纷纭遗产税

（一）中国人关注的热点

遗产税是中国民间财富代际继承中绕不开的一个命题。开征遗产税可以消除过大的贫富差距，但会不会抹杀人们的创业精神？我们看各方是如何说的。但遗产税在中国仍然未引起足够重视。这种忽视，来自企业和社会两个层面。在企业界，第一代民间创业者，虽然已接近自然退休年龄，但他们中的很多人仍忙于创富，未想到也没有去安排传富。在一个针对企业家的小型调查中，我们惊讶地发现，在"有没有立遗嘱"这个问题下，所有的被调查者全部选择了"NO"。很多企业以管理权的交接，掩盖了财产权的继承。①

（二）遗产税起征的依据

随着中国社会财富的高速积累，贫富差距、收入分配不公等问题已经发展到了非常严重的地步。中国的基尼系数近年来呈不断攀升之势，远远超过0.4的警戒线。中国经济体制改革研究会收入分配课题组2012年的调查和测算表明，中国的基尼系数已经超过0.5，是全球两极分化最严重的国家之一。

改革开放近40年，中国社会完成了财富的高速积累并显著分化的过程，而国家对此缺乏有效的调节手段，致使中国0.4%的家庭占有70%的国民财富（据波士顿咨询公司《2006全球财富报告》）；而在日本、澳大利亚等成熟市场经济国家，一般是5%的家庭控制国家50%~60%的财富。②

2013年3月，北京师范大学中国收入分配研究院发布《遗产税制度及其

---

① 刘建强，边杰. 中国式继承［M］. 北京：中信出版社，2005年版，第11页。
② 熊剑锋. 大陆遗产税风波［M］. 凤凰周刊，2014（5）.

对我国收入分配改革的启示》报告，认为开征遗产税将对社会财富的高度不均衡性起到一定的再调节和校正作用，能直接降低居高不下的基尼系数，有效缓和贫富悬殊的状态。"无论促进社会公平、转变增长方式，还是缩小贫富差距，推进遗产税改革的时机均已成熟，条件也已基本具备。"①

2015 年，招商银行与贝恩顾问公司发布《中国私人财富报告》指出，2013 ~ 2014 年，在中国宏观经济进入"新常态"的背景下，中国私人财富市场的可投资资产总量和高净值人群数量继续保持两位数的快速增长。在资本市场回暖、新兴投资产品不断涌现的拉动下，2014 年末中国个人总体可投资资产达到 112 万亿元人民币，相较 2012 年年均复合增长率达到 16%。2014 年末，中国高净值人群规模突破 100 万人，相较 2012 年增长了 33 万人，相较 2010 年年底已经翻番。②

（三） 遗产税反对的理由

均贫富被认为是遗产税的最主要的功能之一，但诺贝尔经济学奖得主斯蒂格利茨认为，遗产税会鼓励人们消费，而不是把钱储存起来留给子孙后代，这会减少社会储蓄以及市场中的资本供应量，其长期后果是导致劳动力的实际工资下降，资本的收入份额反而更大，进一步拉大贫富差距。

中国征税成本名列世界前茅，2007 年时征税成本就已上升到 5% ~ 6%，远高于美国、新加坡、澳大利亚、日本、英国等国的 0.58%、0.95%、1.07%、1.13% 和 1.76%。在当前的财税体制和制度环境下开征遗产税，一方面税务机关征管能力低下；另外一方面富人避税能力高超，最后很有可能收不抵支。③

全国人大财经委副主任委员廖晓军曾指出：中国民营经济发展和资本积累还处于初级阶段，大多数致富者都是创业者，其拥有的财富基本上是经营所得。按照国际惯例，这部分财产在征收财产税时应扣除，或给予一定照顾。这些致富者大多处于青壮年阶段，大多数的遗产继承人都是潜在的。因此，即使

---

① 北京师范大学中国收入分配研究院. 遗产税制度及其对我国收入分配改革的启示 ［R］. 2013 – 3 – 4，中国行业研究网 http：//www. chinairn. com.

② 招商银行，贝恩公司. 2015 中国私人财富报告 ［R］. 新华网，2015 – 5 – 16.

③ 熊剑锋. 大陆遗产税风波 ［M］. 凤凰周刊，2014 （5）.

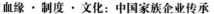
开征遗产税，国家近期内收入也不会太多，还可能对民营经济造成一定冲击，挫伤其生产积极性，带来资金外流。①

中国财税法学研究会会长、北京大学教授刘剑文在接受《法制日报》记者采访时持不同意见："对于遗产税的调节分配功能不可过分夸大。结合目前的情况来看，认为中国已经具备开征条件的判断太过乐观"。②

（四）政府的起步

1. 中国遗产税的足迹

中国早在 1940 年 7 月 1 日正式开征过遗产税。新中国成立后，1950 年通过的《全国税政实施要则》将遗产税作为拟开征的税种之一，但限于当时的条件未予开征。1994 年的新税种改革将遗产税列为国家可能开征的税种之一。1996 年全国人大批准了《国民经济和社会发展"九五"计划和 2010 年远景目标纲要》，纲要中提出"逐步开征遗产税和赠与税"。

征遗产税存在一定的必要性，有利于社会公平的实现；从完善税收体系方面，到 2013 年为止，已在百余个国家征收遗产税，可调节收入分配，完善税收体。征收遗产税是完善税制，防止偷逃税收，弥补税制不足的需要。通过征收遗产税，一方面运用税收的调节功能，鼓励纳税人积极为社会多作贡献；另一方面向纳税人征收遗产税，可以防止遗产在死者生前发生转移逃税，这是对财产税和个人所有税的一种有效补充。

到 2013 年为止，中国尚未实行统一的个人财产登记制度，纳税人所拥有的房产、股票、机动车数量等数据，税务机关很难准确掌握。这对遗产税的开征产生很大阻力。遗产税的起征点及税率高低等核心要素，还需要根据各地区实际差异化进行弹性规划。遗产税的征收需设置专门的机构，避免重复征收。

2. 中国遗产税的进程

征收遗产税是大势所趋，从各国征收情况、二次分配、鼓励创业等均需要推出遗产税，推进遗产税一直在议程之中，2013 年 2 月 5 日，中共中央国务

---

① 廖晓军. 认为开征遗产税时机尚不成熟. http：//www. chinaacc. com/new/184/187/2005/12/ad520738495992215002271 20. htm.

② 北京师范大学中国收入分配研究院. 遗产税制度及其对我国收入分配改革的启示 ［R］. 中国行业研究网 2013－3－4，http：//www. chinairn. com.

院同意并转发《关于深化收入分配制度改革的若干意见》中，第四部分第15条，明确表明：研究在适当时期开征遗产税问题。政府从未说过不征收，只是要在恰当时机推出。

时至今日，遗产税仅仅处于"新版草案"阶段，距离具体实施还有很长的过程。据北京大学法学院教授刘剑文介绍，开征一个新税种一般程序是：

第一步，法律草案的起草；

第二步，公开征求意见，草案起草完成后会公开征求意见，近期的环保税法草案、烟叶税法草案就是如此；

第三步，征求意见后，经国务院常务会议审议通过后，才能提交全国人大常务会；

第四步，全国人大常委会审议法案一般要经过三审。有的法案一审、二审通过了，有的法案经过五审、六审都有，如物权法经过六审；

第五步，全国人大常委会审议法案，一审、二审后还要公开征求意见；

第六步，在全国人大或者常委会表决前还要经过专家对某一方案评审会。评审会通过后，才能提交全国人大常委会或者全国人大表决。基本法律由全国人民代表大会表决，一般法律由全国人大常委会表决；

第七步，表决通过后才付诸实施。

整体来看，虽然遗产税的开证可以增加政府的财政收入，调控社会人员的财富差距，但结合中国国情，似乎还不具备开证的条件。中国政法大学传播法研究中心副主任朱巍称，征收遗产税的大部分属于高福利国家，中国还不太适合征收，中国的民法典和继承法还在修改，隐蔽财产、生前赠与、遗嘱等各方面都会有很多法律漏洞；福利、保险、社会保障、政府信息等公开都没有健全。朱巍指出，中国现在不具备征收遗产税的法律土壤和制度环境。

三、合法避税知多少

（一）遗产税避税的成功与教训

1. 规避遗产税成功案例

造成征收数额如此低的一个重要原因是富人们深谙避税之道，比如创建沃尔玛连锁超市的沃尔顿家族就曾规避了大量遗产税。

沃尔顿家族资产净值超过 1000 亿美元，是美国最富有的家族。现在的沃尔顿家族包括创始人萨姆·沃尔顿的 3 个儿女（本来有 4 个，但有 1 个现已去世）和 8 个孙子女，家族财富可以把一个标准游泳池用黄金填满。

据萨姆·沃尔顿的自传《富甲美国》所述，沃尔顿在 1953 年的时候就已经计划避税，当时他的事业还在起步阶段，最大的孩子只有 9 岁，而沃尔顿当时就决定把家族企业的股份分成 5 份，4 个孩子每人一份，自己和妻子一份。沃尔顿在书中写道："减少支付遗产税的最好方式就是在资产增值之前就给出去。"

沃尔顿在事业初期采取的这种方式确实值得普通家族企业借鉴，但对于后期富可敌国的沃尔顿家族来说还是不够经济。沃尔顿家族发言人兰斯·摩根坦言，沃尔顿家族使用慈善基金的方式避免遗产税，而这种财富规划手段在美国被广泛使用，不足为奇。

摩根所说的"财富规划手段"是通过建立慈善先付年金信托的方式将财产转移给后代。慈善年金信托是一种长期信托基金，委托人投入一笔善款，然后定期向慈善机构支付善款，若干年后再将信托基金的余额交给一个非慈善受益人，通常就是委托人的后代。

比如设立一个价值 2000 万美元的慈善基金，然后每年向慈善机构支付 100 万美元，共支付 20 年，按当前 1.4% 的利率进行复利计算，20 年实际支付善款 2640 万美元（现在的 2000 万美元，相当于 20 年后的 2640 万美元），完全消耗掉了名义的 2000 万美元的慈善基金，因此美国国税局不对这个慈善基金征税。

但在实际操作中，如果有 5% 的年均回报率，20 年后这 2000 万美元将增值到 5306 万美元，子女可获得 2666 万美元；如果年均回报率达到 10%，20 年后慈善基金将增值到 1.34 万亿美元，子女可获得 1 万多亿美元。

2. 规避遗产税失败案例

据台湾媒体报道，2004 年的 12 月 7 日因为脑中风去世享年 55 岁的前英业达副董温世仁，身后留下百亿新台币遗产，2015 年 8 月 6 日传出他的家人已经完成遗产税申报，要缴的遗产税高达 40 亿新台币，是台湾遗产税有史以来的最高纪录。另据报道说，温世仁生前虽然握有庞大资产，却没有享受过奢华的日子，反而过着像苦行僧的生活，而他身后种种风波，以及变调的人情事故，让人不盛唏嘘。①

（二）美国人的章法与中国人的套路

1. 美国人的章法

一是对于"小门小户"人家，最常用的方式就是利用每年赠与豁免额给儿女留钱。按照税法，2015 年每个人每年可向任何人赠与 14000 美元，在这个额度以下任何的财产赠与都无需缴纳赠与税。如果一对夫妻有 3 个未成年孩子，每一个孩子夫妻两人一年可以赠与 26000 美元，3 个孩子就可以赠与 78000 美元而不必缴税。不用多，10 年下来父母转让给孩子的财产可以达到 780000 美元。而且这些钱用来投资，投资所得和本金则都属于孩子的财产，而无需缴纳赠与税。

二是美国最简单和最有效向子女转让财产的方式是买人寿保险，既可以为自己买也可以为后代买，而最终的目的是让子女能够有"意外之财"或是让财产顺顺利利"传宗接代"。很多人一生中能留给子女的财产可能不会超过百万美元，如果买下一份百万美元理赔的人寿保险，这就等于是实实在在为子女留下了百万现金。而且人寿保险的理赔受益人不用缴纳所得税，也不用缴纳遗产税。

三是为子女购买永久人寿保险也是美国人将财产转移给后代较常见的做法，孩子小保费自然低，这样的投资效果好。保险公司一般是在投保时对投保人做身体检查，为孩子买人寿保险等于使孩子有了终身可保性，而且以后孩子身体不好，保险公司也无法取消其保险而且也不能涨保费。父母为子女买人寿保险，孩子不用出钱，父母将自己的财产无形中转移到孩子身上，而且即使以后留下其他遗产，有一部分财产已事先转移，这样自然也降低了遗产总额，从而降低遗产税。

2. 中国人的套路

一是设立多层投资公司，母体公司控制着下面众多的子公司、孙公司。一般第一层公司拥有上市公司的股票，资产主要反映在股价上，下面的子公司、

---

① 华夏经纬网，http：//www.sina.com.cn 2004－8－6.

孙公司只反映上一层资产公司的净值。母体投资公司只靠投资，名下没有不动产，也不用配股配息，所以可以维持较低的资产净值。一般通过把上市公司股票先转移到资产公司名下，然后通过下面的子公司以低于市价的账面价值转给下一代。这种手法也是蔡万霖转移资产的一种方法。

二是成立基金会。因为很多国家规定捐赠基金是可以得到税收减免的。这样的基金会一般由家族人控制，家族成员可以通过在里面报销各种费用，如买车等，同样可以达到逃税的目的。

三是把资产转移到境外。资金转移的方式有很多种，可以投资海外基金、国外股票，或者通过海外信托把钱汇到海外账户，或者把资金转移到一些免税的天堂，如英属维京群岛、开曼群岛等，成立境外公司，然后转回到国外进行投资。

四是化整为零。利用财产赠予免税额进行蚂蚁搬家式的转移。比如某国法律规定 100 万美元开征遗产税，而 10 万美元的赠与是免税的，这样可以通过 10 次赠与来达到转移资产而不用缴纳遗产税的目的。

五是中国商人在风闻中国要开征遗产税后，开始把名下一些物业的所有权转让给自己尚未成年的子女，或者以子女的名义购置物业或买保险，以便在将来节省一大笔遗产税金。

（三）洛克菲勒家族的经验

1. 洛克菲勒家族财富创造与传承的传奇

在 20 世纪的绝大部分时期，"洛克菲勒"就是"美国财富和权力"的同义词。"富不过三代"的家族财富传承魔咒一样的铁律似乎对洛克菲勒家族传承失效。洛克菲勒家族从发迹至今绵延六代，不仅代代传承皆有传奇，而且从未引发家族争产风波。

这个六代传承的传奇是否可以用洛克菲勒曾说过的："我们的命运由我们的行动决定，而绝非完全由我们的出身决定。享有特权而无力量的人是废物，受过教育而无影响的人是一堆一文不值的垃圾。"洛克菲勒家族财富传承传奇是否应验了洛克菲勒的命运是由洛克菲勒家族行动决定的，是否应验了洛克菲勒家族智慧的借助了一种力量，是否应验了洛克菲勒家族借助一种独特的方式而产生巨大影响？我们要思考的是，这个行动、这种力量与这种影响来自何方？我想，这种行动、这种力量与这种影响不仅来自六代家族成员责任、使命与决策；更来自一种借助外脑的智慧及借助外脑实现家族行动、体现家族力量与践行家族慈善事业而产生的伟大的、持续的、全球的家族影响。

出生于普通家庭的老洛克菲勒第一份工作是簿记员，年轻时每个星期挣 5 美元，而在他此后人生的一长段时间内，他平均每半分钟就能赚 5 美元。到 1890 年，标准石油公司已拥有了 10 万名员工，是世界上最大最富有的公司，而洛克菲勒则被称为"美国史上第一个 10 亿富豪"。到 1895 年，56 岁的约翰开始逐步引退。

小约翰·D·洛克菲勒共有 6 个子女，他的第三子是劳伦斯·洛克菲勒。1937 年，劳伦斯继承了祖父买下的纽约证券交易所，从华尔街踏上创业之路，开了美国风险投资的先河，成为现代风险投资的开拓者，也把从洛克菲勒家族继承来的财富成功翻了数倍。1959 年《华尔街日报》的一篇文章特别指出劳伦斯在"风险资本"这一新领域所作的贡献，从而确立了他"风险投资之父"的地位。

大卫·洛克菲勒是洛克菲勒第三代 5 个兄弟中最小的一个，也是日后成为洛克菲勒经济帝国第三代掌门人的那一个，也是第一批在中美关系开始解冻后的 1973 年到访中国的资本家。他跟周恩来、邓小平、荣毅仁等中国领导人均有交往。作为哈耶克和熊彼特的学生、萨缪尔森的同学，使得他对企业、政府与世界产生深刻与广远的影响，并深刻地影响了美国经济走向和政策制定。

与众多显赫家族不可避免的衰落一样，今天，进入第六代的洛克菲勒家族不再富可敌国，不过，这个总共有 240 多位成员的家族，仍然是一支强大的力量，从推动环保和支持社会到资助科学和艺术，都能看到他们活跃的身影。

2. 洛克菲勒家族财富传承的核心就是内脑善断、外脑善谋

内脑就是指家族成员与企业内部的决策者，而外脑就是指家族与企业外部的专家与机构。如职业经理人、企业咨询公司、家族基金会与家族办公室。

洛克菲勒家族传承内脑善断外脑善谋，首先体现在老约翰把家族财富与事业一手交给他的儿子小约翰并出任公司董事长的同时；也打破家族企业的"子承父业"弊病，让基层员工出身的阿奇博尔德接任总经理一职。此后的洛克菲勒家族后代，也只有能者才可以参与企业管理，凭自己实力担任一定的职务。

洛克菲勒家族传承内脑善断外脑善谋，也体现在老约翰对财富可以造就人，也可以毁灭人这一哲理的深刻认识。当小约翰承接了家族掌门人的同时，不仅承接了家族的石油生意，同时还承接了家族的慈善事业；而慈善事业是通过外脑，洛克菲勒基金会与洛克菲勒兄弟基金会实现。我们知道这两个基金会都是世界上著名的基金会，其捐赠时间跨度之长、规模之大和成就之广泛和显著，当之无愧地执美国乃至全世界慈善事业之牛耳。这两个基金会不仅始终关注教育、健康、民权、城市和农村的扶贫问题，还资助从事社科研究；比如资助布鲁金斯学会、太平洋国际学会、芝加哥大学、威斯康星大学、哈佛大学的专题项目，以及欧洲许多国家的高等院校研究。

最能体现洛克菲勒家族传承的内脑善断与外脑善谋的是家族办公室。家族办公室起到放大了家族财富、践行家族慈善的责任与使命。洛克菲勒家族办公室是老约翰的善断与他最得力的助手盖茨善谋的产物。最初这个团队包括盖茨及小约翰，由盖茨全权负责。它为人所知的名字叫"Rockefeller Family & Associates"，又被称为"5600 房间"。这个机构可以被看作整个家族运行的中枢，150 多年以来，它为洛克菲勒家族提供了包括投资、法律、会计、家族事务及慈善等几乎所有服务。

洛克菲勒家族慈善事业，中国受益尤多，接受的资金仅次于美国。1915 年，洛克菲勒基金会成立中国医学委员会，由该委员会负责在 1921 年建立了北京协和医科大学，培养出林巧稚、吴阶平、诸福堂等一批顶尖名医，在中国建立起了培养现代医学人才的体系。洛克菲勒基金会还斥资捐助当时中国的世界级一流大学——燕京大学。著名的周口店"北京人"挖掘和研究项目，也是在其资助下完成。1929 年底，中外学者在协和解剖系合作鉴定出举世闻名的"北京猿人"头盖骨。

3. 我们从洛克菲勒家族传承中能借鉴什么？

华人家族企业传承面临的第一个"瓶颈"就是不相信外人，这是中国家族资本与家族文化本质决定的。国际上对华人企业管理研究享有盛名的学者雷丁（G. Redding）和福山（Fukuyama）对这一问题的研究结论有广泛的影响。雷丁认为，对于海外华人企业来说，把权力移交给职业经理人员，并把控制权与所有权分离，明显地存在着很大的困难。这也是为什么华人家族企业总也逃脱不了家庭统治模式的一个重要原因。福山（1998）也认为，华人家族企业通常活力旺盛，同时利润也很可观，可是当他们想要使公司制度化，以达成永续经营的目标，而不要依赖创业家族的财力和能力时，通常会碰到很大的困难。企业主多半不愿意为公司引进专业经理人，因为这需要跨出家族联系的圈子，而他们对外人的信任感太低了。

如果说子承父业是当今大陆家族企业首先的传承之路的话，那么根据交大安泰的一项调查显示，未来10年内，有94%的样本家族企业面临接班，但只有12%的家族子女愿意接班；更为严峻的现实是随着国家经济转型升级，传统制造业难以为继，面临死亡，父辈们的行业传承不下去了，也无法接班。也就是说，第一条道路实难走通。

大陆家族企业不仅不信任外人，也不信任外资。国美家族在危机事件发生后，外资进入几乎使家族创办者丧失家族企业的控制权，成为大陆家族企业共同引以为戒的经验。所以，引进外资不是家族企业传承与发展的首选，家族独占是大陆家族企业的最显著的特征。现在大陆上市的家族企业，治理结构依然是家族控制的，但这必然会成为明日黄花、难以为继。如果让家族企业上市融资走真正的现代企业制度是第二条道路的话，也是大陆家族企业不愿意首选的道路。

此外，中国的家族企业家缺乏财富观念。他们的生活重心、工作重心都放在家族企业上，对家族财富的观念实在肤浅。他们认为，自己的钱花不完就给下一代。他们常做的就是企业与财富的自然传承。他们不做任何规划，百年后由继承者依据《继承法》的规定继承。但自然传承存在不少弊端：一是容易引起子孙争产；二是遗产税开征后需要缴纳高额遗产税；三是无法做到隔代继承，也就是说如果第二代是败家子，那么想给第三代更多的关爱是不可能的事。以美国为例，如果美国富裕家族将财产直接传给子女，子女再传给孙子，那么两次传承讲缴纳转移税，假设以35%计算，传过两代遗产将不敌初始财富的一半。

那么怎样使得中国家族企业能健康传承下去呢？怎样才能不借助进入企业的外人，不借助外部资金的办法放大与传承财富与企业呢？我想就是学习洛克菲勒家族财富传承的办法，内脑善断、外脑善谋，借外丰内，借助家族办公室化解家族企业与家族财富传承的"瓶颈"。可以说，借助外脑类的家族办公室进行家族财富信托是家族财富与家族企业传承的第三条道路。

什么是外脑？家族办公室（family office）就是借助外脑方式推进家族企业传承的有效形式。在财富管理行业中，家族办公室堪称"皇冠上的明珠"，位居金融产业链的最顶端。家族办公室的主要功能是负责治理及管理家族财富的四大资本——金融资本、家族资本、人力资本和社会资本。其一，家族办公室可以从整体上对家族财富进行集中化管理，将分布于多家银行、证券公司、保险公司、信托公司的家族金融资产汇集到一张家族财务报表中，通过遴选及监督投资经理，实行有效的投资绩效考核，实现家族资产的优化配置。其二，家族办公室承担了守护家族资本的职能，不但包括家族宪法、家族大会等重要的家族治理工作和家族旅行与仪式的组织筹办。其三，家族办公室可以强化家族的人力资本，通过对不同年龄段家族成员的持续教育，提升能力与素质。当创富一代积累了巨额财富和家业，而第二代继承人无意或没有能力接班时，家族办公室的财富信托可以避免了因后继无人而变现转卖企业的尴尬局面，即采用信托方式控制企业所有权，而将日常经营交给职业经理人。洛克菲勒的后代不再是石油大亨，但是其家族却一直稳坐富豪榜。中国内地及港澳已借助家族办公室开展家族财富传承的财富信托。如房地产巨头的吴亚军、蔡奎夫妇家族信托；商业地产潘石屹、张欣夫妇家族信托；乳业巨头牛根生慈善信托、家族信托，还有李嘉诚家族信托。家族办公室还包括家族慈善资金的规划和慈善活动的管理、家族社交活动及家族声誉等社会资本的保值增值。

　　当然，家族办公室的家族财富信托本土化还有待以时。没有私有财产的有效保护，动则打土豪、分田地就不会有大众创业、万众创新的动力，就没有创造财富的动力；只有私有财产的保护，没有企业的社会责任，没有慈善事业，社会就会贫富差异巨大，撕裂社会，导致财富一夜丧失。所以，我们社会既应该有私产神圣不可侵犯的法律，也应有遗产税、慈善责任的法律与道德要求。我们知道，境外家族信托是允许进行所有权转移的，委托人可以将财产的所有权全部转移给受托人，由受托人进行资产的统一管理、财富传承和永久经营等。这种所有权的转移是实现家庭成员间真正的隔离，以达到保护资产、避免法定继承程序等作用。但在中国，还没有明确的财产拥有权转移的法则，当前首要问题是完善中国有关家族信托领域的法律空白。

　　另外，家族办公室的财富信托具有极强的避税动机，可以做到合法地规避遗产税。因此，家族办公室的财富信托能否承担起家族财富的信托，关键在政府要尽快出台遗产税，给财富以理性预期；否则中国财富家族的财富不仅会外流，而且会加快外流。

第三节　家企传承的家族与企业平衡战略

中国传统的家庭结构具有自身的特征。著名的社会学家费孝通先生早在1947 年在其《乡土中国》一书中就提出了"差序格局"的概念。他认为中国的社会结构和人际关系实质上是一种差序格局，在差序格局中，社会关系是逐渐从一个一个人推出去的，是私人联系的增加，社会范围是一根根私人联系所构成的网络，这一社会网络是以亲属关系为基础而形成的。亲属关系就是根据生育和婚姻事实所发生的社会关系，从生育与婚姻所结成的网络，可以一直推出去，包括无穷的人，过去的、现在的和未来的人物，这个网络的中心就是自己。家庭是社会的细胞，家庭结构正是社会结构的缩影。

在"差序格局"理论的支撑下，中国传统的家庭结构呈现出以下基本特征：中国的家庭是一个伸缩性很强的事业组织。费孝通先生认为，中国的家是一个事业组织，家的大小依事业的大小而决定，如果事业大，夫妇两人的合作已足够应付，这个家也可小得等于家庭，如果事业大，超过了夫妇两人所能担负时，兄弟伯叔全可以集合在一个大家庭。中国传统社会更倾向于大家庭，由众多小家庭组成的群体也可称为家族。

具体来说，它们都遵循两条重要原则：一是亲情原则（人情法则）。它是由亲情和建立在亲情基础上的互惠构成的人们相互对待的基本原则。在现代家庭，稳定的基础是亲子关系和夫妻关系，它们形成了家庭结构中父母子女稳定的三角基础。也就是说，在强调传统的亲子关系、父系一支的亲属关系的基础上开始重视夫妻关系和母系方面的姻亲关系，血缘关系和姻亲关系已成为当今家族的最基本的纽带。

二是利益原则（理性法则）。它是建立在利益（主要是物质利益）基础上的互惠互利构成的人们相互对待的基本原则。在现代化进程中，中国社会发生了深刻地变革，亲属之间的关系的亲疏与远近，除了人情之外，越来越多地取决于他们在生产经营中相互合作的效果和互惠互利的维持。即使是有亲属关系的人，是否被纳入现代家族中，也要考虑利益原则；而对于非亲属关系的成员，是否被纳入现代家族中，利益原则更是被放在首位，只有懂技术、懂经营、有资金等这样的人才可能被纳入现代家族中。例如，认干亲曾经是中国家庭特别是农村家庭扩大成员的一种形式，干儿干女虽不是家庭的正式成员，但通过认亲之后，两个家庭就联为一体，并由此产生某种认同感，使两个家庭能相互帮助和互相支持，从而扩大了家庭的社会资源。又例如，认同宗、拜把兄弟等形式，也是把原来的正式关系（业缘关系）转换成一种类似血缘的非正式关系，从而纳入现代家族中。

为了保持家族与企业的一种平衡关系，必须调整好家族与企业两者之间的关系。必须以公平的方式有效建立企业怎样在家族内部、管理层和企业所有权方面做出决策的科学程序。必须使不同的家族成员都能在企业内部找到自己的事业道路，得到提升机会并根据业绩得到回报。必须明确制度和统一的规定，使家族成员能够再投资，必要时，在不损害其他家族成员利益的条件下获得投资回报或转卖他们的投资。必须能有效化解家族企业面临的矛盾，因为他们的工作和个人生活密切地交织在一起。必须利用家族价值观来制定计划，采取行动。家族企业文化是家族价值观的体现。为此，家族与企业之间应建立一个平衡计划。

弗洛伊德观察到，家庭和工作关系的紧张由"爱和工作"之间的矛盾造成。他指出，爱和工作是自尊和生活乐趣的主要来源，只有把两者加以平衡，我们才能得到满足。那么，一般的家族企业怎样在弗洛伊德的心理学意义上存在下去呢？实际上，家族和企业关注的目标不同。家族看重情感，他们把注意力集中在成员内部，通常抵制变化。要想继续生存发展，企业系统必须采取相反的态度——完成任务、把眼光投向外部环境、想办法利用变化，这些是企业系统成功的关键要素。家族成员对家族企业而言也许是强大的力量，也许是潜在的不利因素。不管在什么时候，忽视这些问题都会不可避免地削弱企业的实力。过分强调企业系统的家族企业最终会淡化对家族的关注，结果往往是家族成员之间关系冷漠，在公司事务上彼此竞争、勾心斗角。企业事务占据主导地位，家族的问题和需求就被忽略了。家族也可能在考虑问题时过分强调家族事务，这些看法会损害企业的利益。家族的考虑和需求成了影响企业发展战略和决策的首要因素。为了让大家都高兴，结果可能会让不称职的成员插手商业活动，威胁下一代的有效领导。把家族放在第一位的企业往往忽视对家族成员进行客观的业绩评估和领导能力的培养。

制定家族与企业的平衡战略可以保证家族和企业关注的问题都能得到重视。制定家族发展战略可以鼓励下一代和旁系亲属了解家族的历史和价值观；可以强化畅通无阻的家庭沟通过程；可以支持家族在必须做出某项具体决策之前就诸如雇佣或所有权等问题达成统一看法；可以为家族的计划和决策提供公平的程序；可以明确家族成员在围绕诸如金钱、事业和控制权等本身非常棘手问题时应该有什么预期。把家族和企业系统加以平衡的家族可以创造一种积极的环境，使家族蓬勃发展，商业活动活跃繁荣。随着企业的壮大，这种考虑问题的角度尤为重要。平衡地处理这两个子系统是健康的家族关系和家族企业的遗产经久不衰的基础。

传统文化与家族企业传承

第一节　中国传统文化是家文化

一、文化的简要界定

（一）文化是什么？

文化是什么？什么叫文化？文化的本质是什么？要弄清这个问题，实际上就是要给文化下一个科学的定义。

德国当代文化人类学家兰德曼说："我们是文化的创造者，同时我们又由文化所产生。这是一个伟大的因果循环体系，我们决定文化，文化塑造我们。缺乏文化，就缺乏了做人的起码条件。没有文化就没有人的存在，同样，没有人去实现文化，文化也将不存在。"①

英国人类学家泰勒关于文化的定义，被人们普遍认为是经典性的定义。泰勒在《原始文化》一书中指出："文化或文明，就其广泛的民族学意义来说，乃是包括知识、信仰、艺术、道德、法律、习俗和任何人作为一名社会成员而获得的能力和习惯在内的复合整体。"这一定义强调了文化的复合整体性，指出了文化包括知识、信仰、艺术、道德、法律、习俗、习惯和能力。它的缺点是文化与文明不分，包含范围必然过宽，而且主要是从人类学、民族学角度去分析的，不是从文化学的角度去分析的。②

---

① 兰德曼. 哲学人类学 ［M］. 贵阳：贵州人民出版社，2006.
② 爱德华·泰勒. 原始文化 ［M］. 南宁：广西师范大学出版社，2005.

美国人类学家克鲁柯亨关于文化的定义，也是从人类学角度去讲的。他在《文化的概念》一书中说："文化是历史上所创造的生存式样的系统，既包含显型式样又包含隐型式样，它具有为整个群体共享的倾向，或是在一定时期中为群体的特定部分所共享。"也就是说，文化是一种民族生存方式、生活方式。正如他自己所强调的，"美国人类学家所用的文化一词，当然是一个术语，绝不能与普通语言以及历史和文学上比较有限的概念相混淆。这一人类学术语所确定的含义，是指整个人类环境中由人所创造的那些方面，既包含有形的，也包含无形的。所谓'一种文化'，指的是某个人类群体独特的生活方式，他们整套的'生存式样'"。所以，"文化是无所不在的"。看来，这个定义也是失之过宽，不仅包括了全部人类文明，而且无所不在。①

（二） 中国文化形成与演化

每个文化都有其产生的地理背景，我们研究文化，肯定要探索其产生的地理背景，我们以中西方文化产生的背景进行对比，就可以看出为什么有如此差异。

西方文明的源头在希腊，希腊人生活在海洋国家里，靠贸易维持繁荣。他们是居住在城市里的人，他们的活动要求他们在城镇聚居。他们的社会组织不是根据家族的共同利益，而是更多反映城镇的共同利益。这是以希腊人以城邦为中心来组成社会。

中国是一个大陆国家，中华民族历来靠农业维持生存。在一个农业国家里，无论在和平时期或战争时期，农业都同样重要。农业的主要生产者是农民，农民靠土地生活，而土地是无法移动的，地主阶级出身的也无法离开土地。一个人没有特殊的才能，他无法离开祖辈生活的这片土地，他的子孙也只有世世代代生活在同一片土地上。也就是说，同一个家族的后代，由于经济的原因，不得不生活在一起，由此发展起来中国的家族制度，或许可以称之为家邦。

中国传统文化形成的条件有两个重要因素，一个是地理条件，另一个是历史惯性。从地理条件看，中国地理位置经度范围：73°33′E 至 135°05′E （南北

---

① 克鲁·柯亨. 文化概念 ［M］. 杭州：浙江人民出版社，1987.

约 50 度）；纬度范围：3°51′N 至 53°33′N（东西约 60 度）。陆地边界 2.28 万千米大陆海岸线 18000 多千米。中国地势基本上是西高东低，大致呈阶梯状分布。这样的地理条件导致中国农作物分布为畜牧区、旱作区与水田区。

农业在中国的发展有极其悠久的历史和相当辽阔的地域，但主要由于地理环境的原因，黄河中下游最早形成了大片的农业区。而且在中国占主导地位的传统文化，无论是物质的，还是精神的，都是建立在农业生产的基础上的，它们形成于农业区，也随着农业区的扩大而传播。

从历史条件看，中华文明是当今世界唯一一支没有中断的价值系统。古埃及文明开始于 5500 年前（公元前 35 世纪）左右时美尼斯统一上下埃及建立第一王朝，终止于公元前 343 年波斯再次征服埃及。公元前 1894 年左右，来自叙利亚草原闪族阿摩利人建立了古巴比伦，大约在公元前 1595 年被北方入侵的赫梯人所灭。古印度的哈拉巴文化的年代约为公元前 2300 年至公元前 1750 年，公元前 187 年孔雀王朝最后一个国王被推翻。此后，印度半岛再也没有统一过。

虽然，中国文明没有间断，但中国传统文化则多次受到外来文明的冲击。文明可以概括为五大冲击，见图 7-1。

图 7-1　中国历史上外来文化的五次冲击

第一次冲击：两汉之际，印度佛教开始的传入，并在魏晋时期佛教逐渐产生巨大影响，这是第一次外来文化的冲击。

第二次冲击，是 16 世纪中期的明朝。以扶助教皇为宗旨的耶稣会成立，起而与新教抗衡，为了从深得民心的新教那里争取群众，耶稣会派遣教士到南美、非洲、亚洲及中国发展势力。他们带来了与中国文化特征迥异的西方文化，一种异质的高势能文化猛烈冲击我们超稳恒文化。西方的自然科学和新的伦理纲常对宋明理学以有力的挑战。

第三次冲击，是伴随着异族侵略和民族压迫而来的。1840 年，帝国主义的大炮轰开了中国的大门，中国从此沦为半殖民地半封建社会。在西方文化的强行灌输下，中国传统文化的柔弱无力立即显示出来。1853 年马克思曾说："与外界隔绝曾是保存旧中国的首要条件，而当这种隔绝状态在英国的努力下被暴力所打破的时候，接踵而来的必然是解体的过程，正如小心保存在密闭棺材里的木乃伊，一接触新鲜空气便必然要解体一样。"① 正是在这木乃伊式的粉蚀中，中华民族文化才有获得重新排列组合、再振雄风的契机。

第四次文化冲击，是五四新文化运动。五四文化革命运动，表现出传统文化已经无方"保存我们"，这恰是近代以来西方文化意识通过各种方式影响不断扩大的必然结果。五四运动斗争的焦点是批判孔学，口号是"打倒孔家店"，是关系着继续变革中国古代封建文化，以适应社会发展的大问题，同时也是向西方寻求真理的问题。他们用以批判孔孟之道的理论武器主要是西方的进化论，肯定人类社会是进化的，国家制度、道德观念，都应世移时异变更宜矣。因此，孔孟之道绝不是一成不变的永恒准则，以孔孟之道为代表的中国封建文化是同社会进化论相悖逆的。

第五次文化冲击，是以党的十一届三中全会的改革开放为标志的。在当今世界大发展趋势下，文化的撞击、渗透、交流是不可避免的，作为一种势能，强力的向低势的倾斜与流淌是不可阻挡的。这次文化冲击与历次文化冲击皆是不同的。第一，这次文化冲击是完全建立在自觉的基础上的，自觉的引进；第二，第一次以国家组织形式，有组织、有计划地提出、号召和推行的；第三，因而其规模更是无与伦比的，自上而下，东西南北中形成强大的阵势，而且这仅仅是一个兆头；第四，是伴随着经济体制、经济管理的改革而进行的。因此，必然会带来中国各个方面的重大变革，其中包括政治体制的变化。

（三）各国文化的本质

美国给我们的文化直觉是自由文化：有华尔街、百老汇、好莱坞、自由女

---

① 马克思. 中国革命与欧洲革命［A］. 见：《马克思恩格斯选集》（第 2 卷），北京：人民出版社，1972.

神。学术一点说，美国文化的是以新教伦理为基础的文化。新教伦理与市场经济结合，催生出以理性和实用为特征的美国文化的基本信念，即信任、秩序和责任，其核心是个人主义。个人主义认为独立的个人是社会的本源和基础，强调个人权力和个人自由，认为每个人都是独立自主的，有权力选择自己的生活，并对自己的行为负责，其精髓是自主、自决和自负其责。个人主义在价值观上主要表现在三个方面：自由、平等和竞争。

英国给我们的文化感觉似乎是甲壳虫、哈利・波特，是一种绅士文化。这可以从英国人的风俗礼仪与生活习惯看出，可以从英国人有一种强烈的社会责任感，对公共事业、慈善事业关注可以看出。英国人很注重礼貌修养，谈话总习惯轻声细语，很少大声喧哗。在他们眼里，高声喊叫（特别是在楼外喊人）是一种不文明的行为（球赛中除外）。英国人彬彬有礼，提出请求时说"Please"，接受了帮助或者服务后说"Thank you"，无论事情是多么微不足道。先人后己的礼让行为在英国很普遍。有"女士优先"的良好社会风气，对妇女老人都是很尊重的。英国人很自觉地遵守公共秩序，需要等待时会自觉排队。在自动提款机旁，人们会有意识地与正在使用机器的人保持合理的距离。在拥挤的地方，人们习惯尽量保持距离，避免碰撞。

当我们说到法国文化时，自然想到法国人的浪漫，鲜花与巧克力。事实上也的确如此，法国人与生俱来的浪漫与优雅通过不少法国文艺作品，通过法国的文化建筑，还有各种其他的表现形式传达到我们。不管是巴黎的埃菲尔铁塔还是浪漫的普罗旺斯，我们都从中感受到了法国的浪漫。但是除此之外，法国历史悠久，在法国历史上曾经有过无数灿烂的历史文明留给这个国家足够的坚韧与创新精神。法国古老的浪漫主义和尖端的现代文化在这里完美的结合在一起。

当我们说到日本文化时，我们估计会想到美国人类学家本尼迪克特在其名著《菊花与剑》描绘的日本两重性文化：表面上崇拜菊花，一副优雅柔顺的样子，实则迷信暴力和强权，暗藏着嗜血的毒辣心肠。国力强大时，就自高自大、睥睨一切，对其他民族极端鄙视、数典忘祖；同时，又具有强烈的危机感，稍有落后，就马上收敛起狂放的面具，对强大民族换上一副讨好的面孔，摇尾乞怜。①

那么什么能代表中国文化的伟大与局限,是大气磅礴而又落后时代的故宫、长城?还是精美绝伦但辉煌不再的瓷器、丝绸?是驰名中外可以强身,但不能救国的中国功夫?其实,这些都不能代表中国传统文化,能代表中国传统文化的只能是家文化,它是中国的核心与魂脉。

二、中国家文化的五大要素

家文化是中华文明的精髓,是中华民族的灵魂,它所起到的作用异常广泛深远:培养亲情、稳定社会、处理矛盾、教育后代……家文化为中华民族的世代祥和、延绵传承做出了独一无二的卓越贡献。

中国家文化有五个要素:家之序、家之学、家之教、家之规、家之责。见图7-2。

图7-2　中国家文化的五大要素

(一) 家之序

我们知道,一个有序的组织才有效率,一个有效率的组织才能发展。中国家庭在内部有独特的结构,这就是"长幼有序"。这也可以从对亲人的称呼中看出。比方说,称呼父母的亲兄弟(男性),英语只有"uncle"一词,汉语的称呼却分为"伯伯、叔叔、舅舅"等,长幼、内外("内亲"与"外戚")分明。这种秩序看起来"等级森严",但却是构建和谐的基础,唯其有序,方能安稳,唯其安稳,方能和谐。

———————————

① 鲁斯·本尼迪克特. 菊花与剑 [M]. 北京:光明日报出版社,2005.

这在我们工作单位非正式场合也可以看出，见领导必称官衔，称同事必是叔叔、伯伯、哥哥、姐姐的；而不同于西方，非正式场合都是直呼其名的。所以，在 30 多年家族企业发展的历程中，我们可以看到比比皆是家族企业的国企化与家族企业的官僚化，或许只有这样才能在企业内部建立合理的组织结构、平衡有序、权责对等，只有这样方能保障企业的正常运行。

（二）家之规

家之规是一种家庭文化的产物，相当于一个国家的法律。当一个家庭没了家规，就像一个国家没了法律。中国古代的家规广泛而细致，大至报效国家、小至言行举止都有具体的规定，而且家规的执行非常严肃、严格。例如流传几百年了的《三字经》《千字文》《弟子规》等。

（三）家之教

家长要把子女从自己的小家交给企业这个大家庭，他们不仅希望子女到企业做事、挣钱，还希望企业能继续给子女以良好的教育，使他们不断进步、不断发展。在中国，"家教"受到很大的重视，当一个人言行举止不得体，人们说他"没家教"。关于家教的古书很多，其中《弟子规》《颜氏家训·教子》等古书中有一些内容至今仍可值得借鉴。他们有一个共同特点，就是通过细微的"礼"教育，达到"其止邪也于未形，使人日徙善远罪而不自知"的教育效果。

但现在，"家之教"让位于"国之教"。从小学到大学，学习的内容都是现代科学技术、经济地理等，而传统的做人道理是不教的。坊间有言：现在中国的教育是，小学是没用共产主义接班人，中学是社会主义好，到大学才开始"五讲、四美、三热爱"。其中五讲是："讲文明、讲礼貌、讲卫生、讲秩序、讲道德"；或许，这些，在幼儿园期间就应该习得的习惯，到大学才开始。

（四）家之学

中国有个褒义词叫"家学渊源"，体现了家学的传承与发展。家之学的作用，就是传承家文化的。"耕读传家"就是中国家文化之魂。强调读书可以知诗书，达礼义，修身养性，以立高德。

耕读传家的典型案例就是《曾氏家训》。《曾子家训》包括人才方面，例如，天下古今之人才，皆以一傲字致败；天下古今之庸人，皆以一懒字致败。关于生活简朴方面，例如，由俭入奢易于下水，由奢返俭难于上天。在治家方面，例如，一家能勤能敬，虽乱世亦有兴旺气象，一身能勤能敬，虽愚人亦有贤智风味。还有三致祥：孝致祥、和致祥、恕致祥，等等。

（五）家之责

家之责不仅包括家中之责任、家族之责任，更包括家国之责任。家之责最重要的就是无后为大。中国家文化中为什么强调无后为大，首先是中国主要靠农业、丝织业、种茶业、运输业生存，这就需要大量人力；80%的农业人口只能养活20%的人口。此外，中国是农业文明，生产者是农民、靠土地生活，居有定所，食有保障，安土重迁，故土难离。

中国家文化最大特征就是移孝作忠、家国一体，见图7－3。

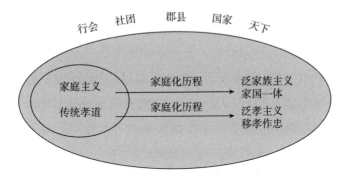

图7－3　中国传统家文化的移孝作忠

最有名的格言是修身、齐家、治国、平天下。儒家重要的一种处世哲学，家、国、天下都在自己的抱负之中，层层推开，展示了中国人的理想和胸怀。

还有张载的豪言壮语：为天地立心，为生民立命，为往圣继绝学，为万世开太平，这是完全做不到的。

中国家文化是通过儒家意识形态体现的。从社会上层看，是大一统官僚机构；从社会中层看，是乡绅自治；从社会基层看，则是宗法家族组织。

家文化千年不断的核心：三纲五常。三纲是君为臣纲、夫为妻纲、父为子

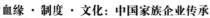
纲。五常是仁、义、礼、智、信。五伦则是父慈子孝、君仁臣忠、夫义妇德、兄友弟恭、朋友有信。

三、中国家文化的局限性与困境

（一）文学家眼中的中国血缘家庭

中国现代小说家也以家为题并通过对家的解析，让读者看到了现代社会道德、权力秩序和人性等基本的价值取向。从鲁迅的《伤逝》中的子君到萧红的《生死场》中那群"老中国儿女"，从巴金《家》中的觉慧、老舍《四世同堂》中的祈瑞全到路翎的《财主底女儿们》中的蒋纯祖等纷纷逃离家庭，建构家的墙也由此轰然倒塌了。

鲁迅先生的《狂人日记》就是通过狂人的觉醒暗示着"家"的解体。小说中写到"割股疗亲"，这完全是封建社会的一种愚孝行为。中国不可能在封建礼教和儒家伦理道德的基础上建立起民主、自由、平等的现代国家。鲁迅从意识形态层面对"家"进行解构。先生正式通过小说暴露家族制度和礼教的弊害。家族礼教是一种分尊卑明贵贱的等级制度，是以纲常立教的。鲁迅笔下的祥林嫂，是半封建半殖民地的旧中国社会中深受封建礼教及家族制度迫害的正直善良的劳动妇女的典型代表。鲁迅曾说过"家是我们的生处，也是我们的死所。"① 巴金小说《家》中描写的高家大门像"一只怪兽的大口"，有着"可怕的阴影"。巴金自己的经历使得他潜意识中有一种难以删薆的家庭情结，对"家"的解构和颠覆是他作品中反复表现的内容。

（二）传统家文化的局限性

一是父慈子孝，为什么中国文化中只有《孝经》而无《慈经》。在君仁臣忠方面，我们的历史是"飞鸟尽，良弓藏；狡兔死，走狗烹；敌国灭，谋臣亡"的历史。朋友有信，在缺乏产权保护、契约精神，我们只能在熟人社会

---

① 鲁迅. 家庭为中国之基本. 见：《鲁迅全集》（第4卷）［M］. 北京：人民文学出版社，1981：620.

中生存，以至宰熟，朋友之间哪有诚信。

家之序中的长幼有序的结果往往是子女成了"维护上辈尊严"的牺牲品。中国家庭的这种秩序格局决定了在家族企业的管理中，最普遍的一种形式为家长制，家族企业的控制者具有无上的权威，其管理模式如同家长对家庭的管理一样。

中国传统家文化有很多好的要素，最大问题就是移孝作忠。人与人之间的礼是很好的，但传统儒家之"礼"的核心是"君君臣臣，父父子子"，是"君叫臣死，臣不得不死，父令子亡，子不得不亡"。统治阶层要人民不抗礼，就是要黎民百姓安贫乐道、逆来顺受，不得僭越、不得抗礼，其目的就是维护统治者家族得长治久安维稳工程。若抗礼则为犯上作乱，大逆不道，必会受到国法族规的严厉惩罚。

特别要指出的，中国古代的"礼"和"仪"实际是两个不同的概念。"礼"是制度、规则和一种社会意识观念；"仪"是"礼"的具体表现形式，它是依据"礼"的规定和内容，形成的一套系统而完整的程序。现代的礼仪与古代的礼仪已有很大差别，我们必须舍弃那些为专制极权阶层服务的礼仪规范，重构、学习、借鉴人类文明现代之礼仪，包括传承人类各民族普遍存在的传统文明之仪，如尊老敬贤、仪尚适宜、礼貌待人等，也包括中国人最为缺乏的守时、礼貌、公共场所不大声喧哗、不乱穿马路、开会不接听手机、不玩ipad等。

此外，中国孩子只有生理成长没有心理成长。妈妈过度的爱，实际是干涉孩子的成长，望夫成龙、望子成龙——导致丈夫与孩子人格不独立。中国家文化就是妈妈上天堂、妇女下了地狱。为什么妇女节、母亲节都不是中国人发明的？

其实家文化与现代文化是存在冲突的。首先是伦理本位和个体本位的冲突。黑格尔说：中国人属于他们的家庭；家庭内不具有独立人格，乃是血统关系和天然义务。在国家之内，他们一样缺少独立的人格。其次是家本位和企业本位的冲突。日本是以企业为家；美国人是企业是企业、家是家；中国人则是以家为企业。再次，家文化导致低信任度文化和契约下信任的冲突。导致只有家族主义而无公共精神。林语堂指出：中华民族是一个由个人主义者所组成的民族。他们只关心自己的家庭而不知有社会，而这种只顾效忠家庭的心理实即为扩大了的自私自利心理。最后是只有家族生活而无社团生活。中国只是前现代化国家，其根本原因就是缺乏公共精神，无社团活动。梁漱溟认为，中国人重关系轻组织。主要特征是不能超于家族。

（三）中国家文化的困境分析

第一，"五四运动"摧毁传统家文化。一是提倡恋爱自由，打破父母之命、媒妁之言；淡化从一而终观念；宽容女子离婚和改嫁现象。二是打破三纲五常，承认女子的独立性和男女平等。例如，革命元老蔡元培的征婚就是千古未有之事。还有离婚案例，离婚观念的改变是家族主义破灭、个性自由解放的一种表现。文绣成为中国历史上第一个离婚的皇妃，而著名诗人徐志摩（1897－1931）是中国近代史第一位离婚人。民国婚姻也多姿多彩，既有胡适与江冬秀的东方模式——包办婚姻，也有蒋介石与宋美龄的西方模式——离婚再娶；还有鲁迅与许广平非法同居模式，以及梁思成与林徽因的身在内、心在外的模式。

第二，"文化大革命"时期摧毁了家文化。典型案例有，1970年春天，安徽固镇县人民医院副主任方忠谋因为在家有批评毛泽东的言论，被当局处以死刑。像方忠谋这样被处死的事并不罕见，罕见的是她的16岁的儿子张红兵和她丈夫的告发。这位红卫兵现在忏悔了，也永不饶恕自己"弑母"的罪行。

第三，改革开放时期摧毁了家文化。典型案例是以傻子瓜子闻名于世的年广久。前不久，冯仑问年广久，30多年改革开放你发生什么变化？对年广久来说，没改变，只是换了四次老婆。年广久是20世纪80年代初中国最早的百万富翁之一，曾三次被邓小平在谈话中提及，分别为1980年、1984年、1992年。此外，还有子女之间与父子之间对簿公堂的，可见改革开放对千年传统家文化的冲击是十分严重的。我们有专题案例分析，这里不多解读了。

第四，城镇化摧毁了家文化。在十二届全国人大一次会议上，安徽代表团的刘丽代表直言，因长久分居，城市农民工中已大量出现"打工潮下组建临时小夫妻"情况。她说，"农村人结婚早，家里老的老、小的小，只能一个人留在家里，一个人外出打工"。现在这个年代不像以前，一个女人可以抱着一个贞节牌坊过一辈子。现在因长久分居，在城市农民工中出现了"打工潮下组建临时小夫妻"情况。农民工这个群体这种临时家庭是常见的。这导致农村婚外恋增多，离婚率增高，也影响下一代的教育，导致两个家庭不得安宁。

经济体制变革对传统家文化的挑战。农业承包责任制，凸显了单个家庭的独立性。国企改革，个人逐渐从单位人向社会人转变。三次创业浪潮对家文化的冲击，地理空间和社会阶层之间的流动形成了跨血缘和跨地域的业缘关系。

家庭变迁对传统家文化的冲击：结构与方式。核心家庭为主体，家庭从三世同堂、四世同堂到核心家庭。婚姻方式也发生巨大变化：丁克族、周末婚、试婚、无性婚、同性婚、合约婚大量出现。个人也从家族人变为单位人以至社会人。

四次浪潮实际上改变了传统的家文化。这也是必然的。这是商品经济对农业经济的一次改变，是核心家庭对传统大家庭的一次改变，是城镇化对传统农村的改变，是社会人对家庭人的一次改变。

对策建议：构建新三纲五常的家文化。人与自然关系：科学为纲。人与人的关系：契约为纲，改革开放的历史就是从身份到契约的历史。政治生活：民主为纲。

第二节　旧传统与新文化：家文化的有效性与有限性

一、从傻子瓜子的三代传承看家文化的有效性与有限性

（一）年广久与傻子瓜子

为什么要选择年广久与他的傻子瓜子的三代传承做分析。这不是一个大家心目中的成功的家族企业，似乎不是一个家族企业，只是一个体户，至多是一个私营企业或者说家庭企业。但换一个角度看问题，年广久与傻子瓜子的传承分析也是非常有意义的。首先，40 年前他就敢偷偷摸摸卖瓜子，并成为中国最早的百万富翁之一；三十多年的市场经济大变革，对年广久来说，企业没死、产业没发展、组织没提升、生产方式没改变，只是换了四次老婆，还是芜湖市傻子瓜子技术有限责任公司董事长、第四任妻子是总经理（可能是只管

2～3个员工的董事长与总经理），这是值得研究的。像这种"family business"既可说是家族企业或者说是家庭企业，在中国大约有私营企业1684.5万户，个体工商户5165.2万户。这些企业或许很小，但数量巨大，我们不能忽视它们的传承。

（二）从年广久四换老婆看家文化的有效性与有限性

我们从他四次换老婆来分析这个家庭企业的传承故事。1963年和1966年，被扣上"投机倒把"、搞资本主义的帽子两次被抓。1978年，党的十一届三中全会召开，彻底翻身的年广久决定大干一场，但遭到第一任老婆耿秀云的坚决反对而离婚。1986年，年广久与芜湖市新芜区联营，就是现在说的"混营"，得罪政府派来的人而被举报贪污和挪用公款，1989年9月被抓进监狱。1990年，在监狱的年广久将"傻子"商标授权给第二任老婆彭晓红，受到两位儿子的反对；由于在监狱待了三四年，与彭晓红在理念上存在很多分歧，并嫌彭晓红过于强悍而离婚。1996年，对面买水果的小贩李爱华成为年广久的第三任夫人，年广久的生意一天比一天好。两个儿子的生意也越来越好，同时竞争也不断升级。在年广久的倡导下，父子三人在1997年6月成立了"傻子集团"，企业经营进入新阶段。但两个儿子提出第三任老婆李爱华不能在新公司任职，李爱华黯然离职，随后与年广久协议离婚。2000年，年家人签署了转让"傻子"商标协议，以此化解他们的矛盾。但出乎年广久意料的是两个儿子反而打得越来越厉害，结果对簿公堂。

媒体有"傻子瓜子"创始人年广久孙女年子君到合肥创业的报道。年子君从香港学成归来，不进家族企业，异地创办了自己的英语培训学校，这一举动，只能说明一个事实，傻子瓜子传承至今还没过三代。

前面指出，"family business"既可指家族企业，也可是家庭企业。那它们的区别在哪里？从产权角度观察，首先，家庭是一个单产权的经济单位，而家族可以是多产权单位的集合。其次，家庭是以婚姻与血缘关系为纽带、存在相互供养权利与义务的多种社会关系综合的生活共同体，而家族则是多层次的、由同一祖先后裔构成的单一血缘关系群体。家族是家庭的扩大或延续。可以说，中国很多家族企业本质上还是家庭企业。

自古以来，有夫有妇，然后为家。婚姻成为建立家庭的必要前提。婚姻形态、质量，婚姻生活是否和谐、美满，必然影响家庭生活方式和家庭质量。有研究表明，家族企业主的婚姻次数（尤其是与多位配偶生育孩子）越多，家族内部发生冲突的可能性越大，企业传给家族后代的成功率越小。年广久的四次婚姻对他是生命的有幸还是不幸，我们不作评价，但对孩子来说肯定是不幸的。离婚也就意味着家散，孩子会对生活产生恐惧，会感受到了世态的炎凉和自私者的冷漠，不再相信爱。据对 1000 名离异家庭子女的统计，其中，45%的孩子有自卑心理；40%的孩子性格孤僻，情感脆弱；25%的孩子情绪波动，起伏不定；24%的孩子心理早熟。不断再婚的年广久自然与家人，尤其和两个儿子的关系日益疏远，包括大儿子意外身亡，或许暗藏多次婚变的因素。婚变也导致家庭企业传承的困难。

我们都认可家族企业或家庭企业传承时，最为重要的是传统文化的传承，或者说是家文化的传承。正如美国著名管理学家彼德·德鲁克说过，管理是以文化为转移的，并且受其社会的价值观、传统与习俗的支配。

严格来说，西方没有家文化的历史传统。家在西方古希腊神话中是一种非常负面的东西。赫西阿德与荷马讲述的诸神家谱和人类英雄之家的故事，充斥着乱伦、通奸、杀子女、弑父母、父子夫妻反目、兄弟相争相残等消极现象。而关爱、和谐、温暖、谦让等人类家庭中常见的正面形象，则甚为罕见。早有论者指出，在一定程度上，一部西方哲学史，就是家庭概念在其中短期出现后逐步消失的历史。

中国传统文化全部建筑在家文化的基础之上，而家文化是中国传统文化的核心。家文化的要义是"父慈子孝、兄友弟恭"，或者说是孝悌。孝：是孝顺。孝顺父母。往大了说，可以是移孝作忠，这也是大孝。悌：是悌敬。就是兄弟之间，兄友弟恭。孟郊的"慈母手中线，游子身上衣。临行密密缝，意恐迟迟归。谁言寸草心，报得三春晖。"这首诗生动表达了中国人深厚的家庭情结。然而，从年广久婚姻、家庭与家庭企业传承看到的是家不稳（四次婚姻，可能好色，也可能无奈）、父不慈（或许在监狱里有心无力，无法慈祥，或许多次被抓扭曲了弱者的心灵，只有对更弱的孩子转移暴力，自然就没有慈祥了）、子不孝（当父亲是一个犯投机倒把罪的父亲，孩子在社会上受歧视时，或许对父母是怨恨，哪来的孝顺）、兄不友、弟不恭（不同娘生的孩子，不友不恭也属正常）。可以说，年广久的傻子瓜子的家庭企业无法传承的核心是家文化的丢失。

年广久的家文化丢失，中国人的家文化还在传承吗？我们知道，中国传统家庭模式一般至少包括夫妻和子女两代人，并普遍存在三世同堂、四世同堂，甚至五世同堂的现象。"五四"时期，已经开始对家文化进行了系统的、尖锐的批判。指出两千多年来的家文化不过是两千多年的农耕文明的产物，是封建专制主义的基础。家文化破坏人们的独立人格，窒息人们的自由思想，剥夺人们的平等权利，要推翻专制统治和批判封建礼教，就必须清除家文化。此外，全球化浪潮、世界扁平化、世界产业大转移、快速城镇化步伐，婚姻观念、性观念的巨大变迁，特别是三次《婚姻法》的颁布与30多年的独生子女政策，传统的中国家庭规模和家庭结构都在发生变化。独生子女政策使得"兄友弟恭"成为历史。而年轻一代的职业和地理上的社会流动，时空分离也使得父慈子孝成为昨日黄花。更为根本的原因或许是60年来只有斗争的家文化、告密的家文化、见钱眼开的家文化、见利忘义的家文化。我们可以看到比电视连续剧不断地上演的父子成仇、夫妻反目、兄弟阋墙的故事，这些故事或许更为精彩、更为出彩、更意想不到。主题只有一个，丧失家文化的家族中人的血腥残杀。

在家族企业或家庭企业传承中家文化的丧失是问题的一个方面；另一方面，我们也要认识到传统的家文化在家族企业或家庭企业传承中的有限性。在经济学家、管理学家眼中的企业（或者说公司）是从西方的一整套理念中发展出来的，他们眼中的企业（公司）是发端于十六七世纪，是人类组织在历史上的一种独特形式，是以企业法人的形式实行股份制。"法人"的概念并非源自中国本土的概念；在西方社会，法人团体的形成得益于个人之间、个人与组织之间达成的契约关系，这是一种从外部规定个体权利义务关系的组织形式。人类学家、社会学家眼中的公司更像是一种社会组织。公司是一个历史文化情境之下的产物，而非独立其之外的实体。

当媒体报道年广久及傻子瓜子的公司没有办公室、办公桌、没有治理结构；办公室就是麻将室，谈生意就是打麻将，年广久着实可笑。但我们反思一下中国大陆许多公司的董事会、监事会本质上还是橡皮图章时，年广久可笑吗？当我们认识到，企业家到高档会所、高档酒店喝茅台、人头马谈生意与年广久打麻将、喝茶谈生意本质没有区别时，年广久可笑吗？看家族企业家身上弥漫着一种匪气、专横、暴戾、猜忌，家族企业中依然还是人治、人身依附、阿谀奉承，依然没有契约精神，年广久的自己说了算可笑吗？看我们众多家族企业三十多年贩卖产品基本是模仿而不是原创时，草根出身的、没有权贵支持的年广久三十年来一直卖傻子瓜子或许也没有那么可笑。

我们是否一边在丢失传统的家文化，一边有没有好好践行西方现代企业制度的契约文化。我们是否要把张之洞的"中学为体、西学为用"反过来用到家族企业传承中来，"西学为体、中学为用"。具体说，就是在家族企业传承中要以现代企业制度为体、为框架，以传统家文化为补充。而传统的家文化为补充不是宋明以后的家文化，而是在现代文明的框架下，先秦时期的家文化，重塑具有独立人格的、孝悌的、没有忠君思想的家文化。

二、从 GUCCI 失败的家企传承看家庭教育

（一）GUCCI 品牌的辉煌

GUCCI 的历史是一个横跨百年的全球品牌的历史。GUCCI 集团旗下现已包括 GUCCI、BottegaVeneta、YvesSaintLaurent、YSL Beauté、Balenciaga、Boucheron、SergioRossi、BEDAT & CO、AlexanderMcQueen 和 StellaMcCartney 等众多国际知名品牌。产品品类包括服装、饰品、珠宝、皮具、手表、化妆品、香水等，GUCCI 成为了"新摩登主义"的代名词。然而，GUCCI 家族则是充满仇恨、纷争与情杀。

所有的百年家族财富传承都有一个传奇的开始，GUCCI 家族也是如此。1898 年，年仅 18 岁的意大利佛罗伦萨少年古驰欧·古驰（Guccio Gucci）在伦敦的 Savoy 酒店当差。当时的 Savoy 酒店是达官贵族出入之地，女的绫罗珠宝，男的雪茄领结。在 Savoy 酒店，印有客人名字缩写的豪华行李箱和帽子盒，令古驰欧产生浓厚兴趣。到他 40 岁的那年，他已经是法兰兹皮具公司罗马分店的经理，完全熟悉了皮革的制作过程和等级排序，也了解制作皮具带来的丰厚利润——每件商品的销售价都在成本的 5 倍以上。1921 年，他在佛罗伦萨开出第一家皮具店，随后生意日渐兴盛。他的长子艾杜（Aldo）经常帮助父亲打理店铺，多年之后回忆说：我父亲是个很有品位的人，他设计和销售的

皮件无一不显示出他的高雅。

GUCCI 真正的辉煌其实是从家族第二代传人艾杜开始的，他把店开到了巴黎、伦敦和贝佛利山庄。在艾杜的不懈坚持下，把 GUCCI 品质高雅，手工精良的手袋、钱包和皮带及 GUCCI 品牌传到英国、法国和欧洲大陆，以及 GUCCI 日后最大的市场——美国。品位的高雅带来生意的蒸蒸日上。GUCCI 店里总是挤满了来自世界各地的富商名流，GUCCI 品牌也以高档、豪华、性感而闻名于世，以"身份与财富之象征"品牌形象而成为富有上流社会的消费宠儿，一向被商界人士垂青。GUCCI 已经取得了巨大的成功，目前已是全球第三大奢侈品集团。

（二）失败的传承，失败在家族教育

GUCCI 品牌的成功并不意味着 GUCCI 家族的成功，或者说 GUCCI 家族传承的成功。GUCCI 家族传承的转折点在第三代的掌门人莫里吉奥·古驰（Maurizio Gucci），成为 GUCCI 家族纠结于权力、金钱和欲望的极致。

在莫里吉奥执掌 GUCCI 后期，谁都不会想到 GUCCI 会是这个样子：没有流动资金、没有设计师、货架没有新货，甚至连客户订制皮包的鳄鱼皮都没钱购买。花旗银行逼债、意大利银行逼债、瑞士信托银行也在逼债，GUCCI 的不动产和莫里吉奥的私人豪宅全部被冻结。1993 年 9 月 25 日，纷乱闹剧终于收场，莫里吉奥在银行签署了股权出售书，从投资集团拿到 1.2 亿美元现金后彻底退出 GUCCI，至此，GUCCI 成为没有 GUCCI 家族参与的 GUCCI。

GUCCI 家族失控于 GUCCI，本质上是财富家庭教育的失败。所谓家庭教育，通常指父母对子女自觉或非自觉、经验的或意识的、有形的或无形的教育行为。可以说家庭教育是整个教育大厦的基石，家庭教育能将家庭文化寓于日常生活中，在这种自然状态下进行教育，往往比学校教育、社会教育更具影响力，对孩子人格品行的塑造、道德情操的培养、处事态度的养成起到其他教育形式无可替代的作用。此外，家庭教育是一种终生教育，家庭生活伴随人们一生，人们在生活中时刻接受家庭教育的影响。

在强势父亲的控制下，从小失去母亲的莫里吉奥乖巧而安静，每天按时吃饭，到点睡觉，恭恭敬敬待人，规规矩矩做事，乃模范青年一名。父亲鲁道夫（Rodolfo）和伯父艾杜一致看好莫里吉奥，将他内定为 GUCCI 家第三代接班人。其实，这样的家庭环境，家庭教育并没有给莫里吉奥好的家庭教育、价值观，也推迟了莫里吉奥少年成长的反叛期。莫里吉奥掌管 GUCCI 时期，有无数的情人分布在欧洲和美国，为自己在佛罗里达海边建造价值 1200 万美元的别墅，短短 6 年间就把父亲留给他的 2 亿多美元遗产花个精光，这些行为说明家庭教育的失败。而莫里吉奥与妻子帕特里亚婚姻出的问题主要在于妻子帕特里亚控制欲特别强，就像当年老爸一样，大事小事都要插一手，逼得莫里吉奥选择离家出走，并提出离婚。

财富家族的教育应是怎样的教育？财富家族子女教育不同于一般家庭以及中产家庭的子女教育。后者的良好教育是谋生的手段，所谓知识改变命运；没有教育、就没有专业能力、没有证书，就不能走进就业的市场。而财富家族的子女教育不是就业的教育，他们不需要就业，他们生下来父辈就为他们准备了巨额财富，他们没有追求学业成功的动力，严格地说，财富家族孩子的教育更要侧重于心智的教育，侧重于家庭、友谊、社会关系建立的教育。财富家族的父辈必须告诉子女，财富是一种特权也是一份责任，财富不是懒惰、张扬与狂妄的许可证。

《红灯记》有一句台词：穷人的孩子早当家。这是符合人类社会生态规律的。与此规律相对应的是富豪家庭的孩子晚当家或当不好家，也是规律。财富家庭子女心智发育迟缓及对生活艰辛的无知是其共有的特征。作为财富的继承人，在年轻时就继承了一笔巨大的财富，这会使得他们感到生活很无聊，不具备必要的生活技能去处理好家族带给他的财产。对他们而言，生活该是成为一个接一个的惊险刺激。滑雪、快艇、汽车，还有赛车与女人。

继承人心智成长是否健全第一条标准就是，有没有跟父母住在一起。如果没有父母在身边，心灵的成长是不完整的。莫里吉奥就是这样在缺乏母爱的环境下成长，在父亲的全面掌控下成长，结果影响了他的价值观、婚姻与生命。继承人没有人自觉经历那些促使他们心智成熟的事情，所以，情感发育推迟是最常见的原因，还包括大部分继承人会选择逃避与回避自己心智的成熟。财富家族的父母也因忙于事业与财富的创造而在继承人的教育上花时太少，错过了促进继承人心智成熟的良好机会。即使关注也是把主要精力放在子女的学业上，忽视了品行教育、习惯教育、自信心培养；忽视了对子女进行与人相处、与人合作能力的教育。

财富家族的家庭教育不应该给孩子灌输优越感，让他们认识到他们不比别人好也不比别人差；不比别人拥有更多，也不比别人拥有更少。孩提时代形成优越感的孩子，长大后再去改变就会非常困难。当下中国富豪家族子女教育的现实是，金钱成了富豪父母们表示关爱的第一选择，养成了继承人金钱能解决一切问题的扭曲心态；养成金钱至上、权力至上的畸形观念。

成功家庭教育的最终检验是什么？是子女考入最高学府？是他们毕业后找到一份高收入的工作？还是他们的功成名就？还是家族企业传承的成功？对于前三项对贫寒子弟来说或许是部分标准，但不是最终的检验，对财富家庭的孩子更不是。什么是家庭教育的最终标准呢？对财富家族的子女来说，或许就是婚姻的质量；是他们有生之年能否找到自己的灵魂伴侣，在精神层面共同成长；是他们的亲密关系能否带给他们身心的满足。据说当比尔·盖茨被问到他一生最大的成就是什么，他的答案不是微软，不是改变世界，而是他的妻子梅琳达（Melinda）。

为什么用婚姻的成功与否作为家族教育成功的一个重要指标呢。这是因为，孩子成年后吸引异性的能力，吸引什么样的异性，择偶的品位，还有对幸福的理解和追求的历程，是家庭教育水平的自然而然的反映。很多看不见的东西，比如气质、谈吐、思想，都是家庭教育"随风潜入夜，润物细无声"的过程中形成的；是自己从小读书，接触大自然，欣赏音乐、文学、舞蹈、电影还有艺术品等长期浸润的结果。

大家熟知的江苏卫视的《非诚勿扰》节目中有一位男孩问马诺，她愿意坐在他的单车后面过一辈子么，马诺回答"我宁愿坐在宝马车里哭，也不愿意坐在自行车上笑"。这一哭一笑，真实地反映了当下一些年轻女性的人生观和价值观，是"拜金女"集体形象的生动概括。如今能坐上宝马，谁还稀罕自行车。其实，马诺的这一犀利观点，不过是莫里吉奥妻子帕特里亚的名言的翻版。帕特里亚从小被母亲教育要嫁入豪门，她有一句名言："我宁可在劳斯莱斯里哭，也不在自行车上笑"。1995 年，莫里吉奥在花费 10 年时间和无数律师费之后，总算把婚给离了。帕特里亚悲愤欲绝，雇佣了一个来自西西里岛的年轻人，将自己的前夫枪杀在办公室的楼梯上，帕特里亚被判 26 年监禁。

一般来说，在孩子成人之后，需要相对独立作出的选择主要就是两项：就业和婚姻。对于富豪家族而言，就业不是难度，但婚姻是。财富是促进婚姻的一个强大推动力，可以称为烈性"春药"，也可以成为幻觉的放大器，还可以成为家庭教育的试金石。婚姻是一个承诺，不仅关系到自己每日的生活质量，还关系到家族企业与家族财富的传承，是一个涉及家族子孙后代的百年大计。

GUCCI 第三代掌门人的婚姻是失败的，也折射了财富家庭教育的失败。GUCCI 家族成功的品牌传承、失败的家企传承的教训是值得我们铭记的。

三、家企传承的社会责任：李锦记的五代传承

（一）李锦记：一个成功的传承案例

据美国一所家族企业学院的研究表明，约有 70% 的家族企业未能传到下一代，88% 未能传到第三代，只有 3% 的家族企业在第四代以后还持续经营。1888 年，广东南水，贫寒青年李锦裳第一次在自家店铺挂上"李锦记"的招牌至今作为一家百年家族企业，正在创造一个华人家族企业基业长青难得的神话。随着中国家族企业进入大规模的一二代传承交接之际，李锦记——这家五代传承的家族企业，则显得格外有借鉴意义。我们有必要分析李锦记家企传承方面有何独到之处？

香港中文大学郑宏泰编著的《家族企业治理：华人家族企业传承研究》里指出了李锦记集团在保持基业长青、家族企业有效传承方面具有三个独具匠心的创新秘笈：确立家族核心价值观、设立家族委员会、制定家族"宪法"。除了多位专家与媒体强调设立家族委员会与制定家族"宪法"外，我更认为是李锦记核心价值观的企业社会责任的承担导致百年传承的神话。李锦记在 100 多年发展中提炼的"思利及人"治家和经商的信条既可以理解为承担家族责任、企业责任，更可以理解为承担社会责任的初级表达。[①]

（二）成功的传承在于责任的传承

在李锦记传承故事中，"人"不仅包括李家传人，也包括员工、消费者、

---

① 郑宏泰，周文港. 家族企业治理：华人家族企业传承研究 ［M］. 北京：人民东方出版社，2013.

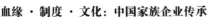

上下游的商业合作伙伴，甚至竞争对手等，都属于"我们"的概念。在第三代传承人的培育下，家族第四代又进一步将"思利及人"解读为"换位思考""关注对方感受""直升机思维"三个要点。特别是"直升机思维"，则要求家族成员站在整个国家、民族、社会的高度去思考问题。换言之，在李锦记家族内部，每个成员都被要求从家族立场出发，而非个人角度考虑问题，自然就能减少内部矛盾的产生，促进家族和谐。按现在的话说，就是为利益相关者承担应有的家族责任、企业责任与社会责任。

企业社会责任是指企业在创造利润、对股东承担法律责任的同时，还要承担对员工、消费者、社区和环境的责任，企业的社会责任要求企业必须超越把利润作为唯一目标的传统理念，强调要在生产过程中对人的价值的关注，强调对环境、消费者、对社会的贡献。近年来，随着中国环境运动、食品安全事件、劳工抗争等公共事件的频繁发生，企业社会责任开始受到广泛的关注。

在短短三十多年的改革开放中，中国家族企业主要的兴奋点只有一个：财富的创造。我们知道，家族企业被社会所诟病的主要原因就是将家族短期利益置于企业长期发展和社会责任之上；即使家族企业成长到主动承担社会责任，更多地关注相关利益者，实际上也仅仅是作为家族企业一种差异化战略的手段。而李锦记传承的成功案例就是超越传统家企传承的基因，把承担社会责任放在家族责任与家族企业的责任之上。正如李锦记传人，全国政协委员、健康产品集团主席兼行政总裁李惠森所指出的，一些成熟的家族企业应通过不断累积企业自身的道德资本，积极参与公益事业、教育、扶贫与发展、医疗卫生、环保，为消费者和社会树立标杆，提高正面形象和影响力，这将会对社会产生不可估量的影响。如果用国际家族企业协会亚太分会主席、新加坡万邦集团主席曹慰德先生的家族的例子可以进一步佐证这个真理。曹慰德先生说，真正的家族企业是希望世世代代延续下去的企业，他们所持的观念必须是持续发展的，而持续发展就离不开责任感，家族企业超越家族本身承担社会的责任是家族企业延续发展的应尽之义。国际长寿企业研究专家、日本学者后藤俊夫把持续存活200年以上的企业称作长寿企业。其研究表明，长寿企业的特征中有四条都涉及了企业的社会责任。

家族企业为什么必须承担社会责任？因为家族企业承担社会责任，实现企业经济责任、社会责任和环境责任的动态平衡，会提升企业的竞争力。管理大师德鲁克认为，企业处在一定的社会环境中，是构成整体社会环境的一个细胞，企业创造顾客不仅仅是满足顾客的物质需求，也要满足顾客的精神需求，也就是企业要承担社会责任。这个论述，是适合中国大陆的家族企业及家族企业传承的。

家族企业创办人创办企业之初，或许是为了生存，或许是为了价值的实现，或许是为了家族荣光，当时还顾及不到社会责任的承担，或者说自己或自己的家庭与家族能够生存下去就是最好的承担社会的责任的话，那么，当家族企业发展起来时，在传承过程中就不能仅仅传承家族责任、家族财富，还要考虑家族企业员工生存状态的改善，家族企业利益相关者的关系的改善。我认为，这是家族企业传承的前提。

家族企业传承过程中要承担社会的责任，首先是要通过股权多元化承担共同富裕的责任。家族企业最大的问题就是股权集中在家族成员手中。家族企业创办之初，股权完全或绝大部分在家族成员中是可以理解的，也是必然的。但家族发展到在家族企业治理结构中一股独大的状态，以致影响地区经济发展与社会民生问题的时候，这就不利于利益相关人权益的维护。不利于家族力量和非家族力量团结起来，不利于形成利益相关者对企业强烈的归属感和认同感。如果在家族企业治理结构的大框架下，传承过程中推行员工持股制度，我认为更有利于家族企业形成完善的治理结构，保证家族企业的基业长青。

家族企业传承的过程也是家族企业不断去个人意气、霸气的过程；更是去独裁、去个人说了算、个人崇拜的过程，是坚持家族企业民主管理的过程；更是优化产权、尊重人权的过程。尊重人权不仅是政治层面的、社会层面的，更是企业层面的。德鲁克在《公司的概念》中指出，"公司本质是一种社会组织，一种人文组织"。德鲁克指出，在工业社会的条件下，企业是社会稳定的基础，不是单纯的经济单位；企业是员工赖以生存和发展的组织，不是雇主借以挣钱的机器。企业的目的不是利润，企业的目的存在于社会责任之中。所以，家族企业在传承过程中要接受德鲁克关于公司的价值观，要逐步从最初的血缘为基础的家族式管理向契约式管理转变，处理好人治与法治，集权和分权的关系。从仅仅挣钱，仅仅承担经济责任、家族责任、企业责任向承担社会责任、文化责任转型。

当前中国家族企业传承中社会责任缺失也是中国经济发展阶段的必然体

现。正如美国19世纪后半叶，家族企业也有一个不断积累壮大并逐渐发现自身价值和意义的过程，当时美国一些超越时代的企业家，如安德鲁·卡耐基、约翰·洛克菲勒纷纷成立基金会，处理家族财富问题。家族企业经营历史越长、企业规模越大，企业社会责任投入就应越高。

2013年11月14日中国社科院发布的《企业社会责任蓝皮书（2013）》，显示中国企业目前的社会责任水平仍比较低，超过一半的企业仍在"旁观"。中国企业社会责任发展指数平均为26.4分，其中，民营企业得分为16.6分，低于国有企业的43.9分、外资企业的18.6分。其实，中国人是有承担社会责任的文化基因的。例如，中国传统士大夫的"穷则独善其身，达则兼济天下"理想；范仲淹的"先天下之忧而忧，后天下之乐而乐"的理念；中国历史上的徽商与晋商都是融汇在中国千年来的儒商的治家与经商的准则。现在，党的十八届三中全会，已经对各种所有制企业提出了承担社会责任的要求。可见中国家族企业承担的社会责任是远远不够的，所以，家族企业在传承中承担社会责任，并把这种承担作为家族企业传承的基因，是家族企业传承的必然选择。

第三节　旧人格与新要求：
家企传承的企业家转型

一、从东星航空的破产看企业家人格的缺陷

（一）从东星破产谈起

家族企业传承最多的话题是，第一代传承到第二代只有30%，第二代传承到第三代不过13%，而再传承下去不过3%。人们普遍认为，家企传承"富不过三代"的魔咒似乎只纠结在代际之间。其实，从企业基因理论的角度看传承，"富不过三代"的家企传承的命运在第一代的创业者身上就基本决定。我们借助东星航空破产的案例，看创业者是怎样把自身的雄心万丈或狂妄自大作为基因注入了自身创办的企业，并决定了家企代际传承的成功与失败。

据媒体报道，在过去的数年间，东星创始人俨然是中国版的理查德·布兰森（维珍航空创始人）一样的人物。当东星航空的创始人在做大旅行社业务后，非常渴望能控制航班来掌握旅游业的主动权。在政府的力挺下，东星很快拿到了梦寐以求的航空牌照。如同当今许多野蛮成长的创业者，有钱就任性，没有把国家发展的机遇与政府的扶持，看成是时代或者上帝赋予的机遇，反是更显示出迫不及待的疯狂与横空出世的狂妄。我们知道，一般民营航空公司都采用租赁方式引入 1~2 架飞机，但东星航空则宣布一举引入 20 架飞机。2000 年前的刘邦都知道，夫运筹策帷帐之中，决胜于千里之外，吾不如子房；镇国家，抚百姓，给馈饷，不绝粮道，吾不如萧何；连百万之军，战必胜，攻必取，吾不如韩信。但东星航空开始与飞机租赁方进行谈判时都没有邀请航空专业人士参与，视专家如粪土，结果是谈判得一头雾水，并主动签订了一个内行欺负外行的合同。

（二）从企业基因说看企业家人格缺陷

按生物遗传学的说法，隐藏在生命的基因是决定个体差别的最根本的原因；那么，决定家企传承的本质是否也是企业的基因。企业基因理论认为，企业基因是决定企业长成形态与成长的内在的根本性要素。企业基因的核心是创业者的 DNA。创业者的 DNA 决定了企业战略、行为与结果，也决定了企业的核心价值观。例如，淘宝的江湖气息，Facebook 的校园风格，Google 的工程师文化，等等。其实，一个公司的基因早在它最初的 18 个月就被决定了。此后公司不可能再有什么大的改变，如果 DNA 是对的，它就是一块金子；如果不对，就毁灭。红杉风投认为一个公司的基因在创办的一个月内就定型了，这也许有些夸张，但是一个成型的公司改变基因的可能却是非常小。

吴军博士在《浪潮之巅》一书中专门撰写基因决定定理。他指出，改变公司的基因和改变人的基因一样困难，可以看到一个公司的基因几乎决定了它转型的失败是必然的，成功反而是偶然的。他的结论是，一个在某个领域特别成功的大公司一定已经被优化得非常适应这个市场，它的文化、做事方式、商业模式、市场定位等已经非常适应。这使得获得成功的内在因素会渐渐地、深深地植入该公司，这就是公司的基因。当这个公司在海外发展分公司时，它首先会将这基因带到新的地方，克隆出一个新的公司。微软在中国的分公司一定

还是微软的风格，中国的谷歌一定继承了 Google 的文化。同时，它们又都像美国公司，而不是日本公司。①

欧洲工商管理学院教授曼弗雷德写了一本我们企业家不是十分热心阅读的书——《至高无上的囚徒》。他指出，作为我们这个时代最精英的阶层之一，企业家正越来越成为社会注目的中心。然而，上帝之手在赋予他们名誉、财富和事业的同时，也顺手拿走了阻挡精神洪水的闸门；让他们在运筹帷幄的同时，也成为自我心理障碍的囚徒。②③

曼弗雷德指出，创业者的行为都受"向上意志"的支配，因此羡慕别人、胜过别人、征服别人等行为都是追求优越的人格表现。在追求优越的过程中可能会产生两种结果，追求优越既可能成为向上的动力，激励人去追求更大的成功；另外也可能会由于追求自己个人优越，而忽略他人和社会的需要，变得骄傲、专横、虚荣自大、妄自尊大。从改革开放近 40 年来，中国创业者从不被社会接受和认可，到成为受人尊重的财富拥有者，他们再也没有以前的自卑，取而代之的则是自豪和自傲。但是，过犹不及，迅速的拔高也让他们陷入了过度的自恋之中，搞一些造神运动、企业英雄主义、轻度妄想症和赌徒心理。

看看近 40 年流星一般的企业，哪个企业不是几十倍、几百倍地增长，哪个企业没有上演过侏儒变巨人的神话。可就在他们无节制追逐利润的时候，企业危机四起，陷入困境。在东星航空毁灭过程中不同程度得到展现。当时的东星航空掌门人最终要实现的就是打通旅行社、酒店、景区、旅游车队和航空业，创造一种全价值链条的商业模式，进而引入战略投资者做大上市，迅速完成资本积累。这符合野蛮成长的创业者的本性，稳扎稳打做实业并不符合他们张狂做大的性格。

曼弗雷德指出，有 20% 的人由于经历了艰苦的童年。在缺乏关注中长大，或是太娇生惯养，就无法将内心的自我形象与外部真实世界相联系。当他们进入成年，就很难保持稳定的自我意识，可能一生都在追求被人欣赏和尊重的感觉，他们决心要证明自己的价值，形成自恋型人格特征。东星航空的创立者对于声名乃至财富的追逐或可以解释为其对贫困有着刻骨铭心的记忆，也有对极

① 吴军. 浪潮之巅［M］. 北京：电子工业出版社，2011.
②③ D. 曼弗雷德·凯茨·德·弗里斯. 至高无上的囚徒［M］. 北京：东方出版社，2011.

致成功的终极欲望、对军队式忠诚服从的向往，以及对建立领袖般个人崇拜的渴求。当东星航空 2006 年突然名声大噪时，掌门人的书架上尽是《总裁言论》《关注东星》这类小册子，并乐于把这些印着"内部资料，严禁外传"字样的小册子送给前来拜访的客户或自己的下属。2006 年，当东星航空创立者以 20 亿元身价位列福布斯中国富豪榜第 70 位时，他向外界宣称：福布斯把我低估了。或许这不过揶揄、幽默，但背后看到的却是过分自恋。

可见，企业不过是创业者自我的一种外在表现形式。有什么样的创业者，就有什么样的企业。经营企业，本质上是经营自我。如果"自我"出了问题，无论采取什么办法都不能从根本上解决问题。创业成功外求是迷、内求是悟。创业者欲要走出迷局，获得成功，首先就要从自我修炼开始，保持谦卑之心，把谦卑之心作为企业的基因沉淀并传承下去；这样才能走出失败、迈向辉煌。

我们看到很多成功的创业者身上具有的一种特质，即他们都有谦卑之心。有谦卑之心，才能自省与求索，才能自知与自变。有这样一个故事，一些巴西人致信给美国的多位折扣零售连锁店的首席执行官，希望向他们取经。唯有一人承诺见面。见面后，此人不停地询问关于在巴西和拉美开展零售业的情况，甚至在厨房洗碗碟的时候都还在咨询。巴西人后来发现，这个人原来就是沃尔玛的创始人山姆·沃尔顿。

犹太人有格言：你需要在口袋里经常放两张字条，一张写的是"我只是一粒尘埃"，另一张写的则是"世界为我而造"。对中国创业者来说，他们不缺精进之心、战斗之心，但缺谦卑之心，或者说"初心"。这个初心就是谦卑之心、一颗空的心、一颗准备去接受的心、一个虚怀若谷的心。谦卑之心就是能用上帝的眼光或者说用浩瀚的宇宙与绵绵不断的历史长河眼光看待自己及自己创办的企业。成功的创业者到了一定的阶段，一定是异常谦卑低调，企业做的越大，越是要修身顾忌。如日本、德国、美国的创业者莫不如此。宋厚亮先生在《告别土豪——中国慈善新时代》一书中采访黄怒波先生时，黄怒波先生说，在德国，他学到这个民族的内敛、不张扬。以企业家为例，德国的一些古堡、教堂，都是企业家家族在捐赠维修，但他们并不会大肆宣扬，与他们交流时，黄怒波看到的是绅士做派、谦和。①

---

① 宋厚亮. 告别土豪——中国慈善新时代［M］. 北京：同心出版社，2015.

不把自己看得太重，其实是一种修养，一种风度，一种高尚的境界，一种达观的处世姿态，是心态上的一种成熟。用这种心态做人，可以使自己更健康，更大度；用这种心态去创业，才可能把成熟的心态转化成企业健康的基因传承。为了让自己创办的企业生存与发展，为了让自己的家族企业传承富过三代，为了让自己创办的家族企业基业长青，首先就应该在创办的企业里注入进取与谦卑的基因，而不是冒进与狂妄的基因。冒进与狂妄的基因在传承中会产生凯恩斯的放大效应。

企业基因决定着企业的发展与传承，但基因也是可以演变与突变的。基因突变也是一种普遍的自然现象。东星航空的缔造者与毁灭者现在开始新一轮创业，应该说，现在是中国历史上创业的最好的时代，政府对创业环境也在不断改善，特别是李克强总理提出的"大众创业、万众创新"更体现政府为创业者服务的决心与态度。如果创业者把谦卑与进取的基因注入新创的企业，那么，神话可以再现，企业可以传承。从巨人到盛大的史玉柱；从红塔山到褚橙的褚时健是我们共同的榜样。

二、从德国汉高爱的传递看家企传承之本质

（一）中国家族企业传承困境之本质：缺乏爱的传承

中国家族企业传承问题已到了尖峰时刻和高潮时期，已经成为业界、学界、工商联、政府普遍关心的问题。众多研究者与媒体认为：创一代的产业过于传统、过于制造；为企业发展，陪喝酒、陪打牌、陪桑拿，生存过于低端；20世纪90年代学来的4P、4C的营销经验在当今以互动、口碑、时尚趋势的引领下基本失效。打造的实体经济在经济虚拟化、企业证券化速度大大加快之时，已经不是青年一代的首选。知识、创新、团队已经取代资本、人力作为移动互联与共享经济的基本要素，过往成功模式在移动互联经济的冲击下不是机遇、只是挑战，而且成功愈大、包袱愈重、转型愈难。这些研究、分析与报道是深刻的、精准的，但是不够的是过于侧重家族企业传承中的企业与财富传承，忽视了或者轻视了更为深刻、更为重要、更为核心的要素传承，那就是爱的传递。

我们不能说创一代不关心孩子，他们创业的冲动与使命或许就是为家人与孩子的富裕生活。他们为孩子提供了优越的生活与学习的条件，例如别墅、豪车、保姆、钢琴、家庭教师、贵族学校等，以致很早就送到海外留学。但是，问题的关键是创一代为了创业，为了搞好客户关系、政商关系，把大量的时间耗费到应酬中去了，很少坐在沙发上与家人在一起，很少与家人在一起吃饭、聊天与沟通。在富二代成长的过程中创一代缺席，给予孩子的只是或者仅仅是物质生活的保障与富裕的生活。

更不能忽视的是，创一代在服务客户的过程中、应酬客户与官员的过程中，自己也沉醉于灯红酒绿、美女如云之中。于是，以事业为重、应酬为名、夜不归宿；二奶、二房悄然而生。一位学者型的民营企业家尖锐地指出，中国最腐败的群体就是这些民营企业家，实际上就是家族企业主。认真想想，你天天行恶、天天醉生梦死，给孩子的榜样在哪里？怎样让自己的孩子接受你的教诲？耳濡目染，大多数富二代真可谓花钱很多、学习不好；相互间比拼的是香车、美女；海外留学更多的不过是"装牛"而不是"真牛"。

家族企业传承的核心在于"传"与"承"。传什么？传爱心，承什么？承接责任。一个成功的案例就是德国汉高公司。德国汉高公司创办于1876年，创始人为弗里茨·汉高（Fritz Henkel）。公司至今已有140多年的历史，业务遍及欧洲、北美洲、亚太区和拉丁美洲，有4.7万名员工，是世界500强。旗下的知名品牌包括"妥善""赛力特""美德兰""汉高百得""汉高霸力""百特""乐泰""美居得""熊猫"，等等。2015年汉高销售收入与利润收入都呈现两位数的增长。汉高优先股被列入德国DAX指数。

德国汉高成功经验在于公司的价值观：一是一切以客户为中心；二是尊重、激励、奖励员工；三是致力于实现卓越的可持续性发展的财务政绩；四是致力于确保可持续性发展领域的领导地位；五是以家族式的业务为基石，开创美好未来。这五条价值观不仅是说到、更是做到；特别是以爱的传递为特征的家族企业传承模式更值得我们借鉴。

（二）学会爱的传递，首先要学会两代人的沟通

创始人弗里茨·汉高出生于1848年，在1899年51岁时，把企业权杖全部托付给儿子。弗里茨·汉高在1899年12月22日给儿子是这样写信的：我

亲爱的弗里茨・杜塞尔多夫，借这封信我将公司授权给你，在我心里，我认为这毫无疑问会让你觉得自豪。将公司交给你我也感到很骄傲。你知道吗，我亲爱的儿子，你需要承担很多责任，就像我一样。现在你被召唤来努力扩大我们的业务并将我肩上的部分工作移交出去。我由衷地感到开心和轻松，在你身上感觉到了忠实。一生爱你的父亲。

这是第一代给第二代的信，充满信任与爱。在传承企业时传递爱，是通过爱传承企业。家族第二代的掌门人杜塞尔多夫，1899 年接班，1929 年把家族企业权杖传承给下一代。看他怎样给儿子写信的：我亲爱的儿子弗里茨（雷根斯多夫），今天是你的生日，祝贺你！25 年前，我将你作为合作伙伴带进企业。自那时起，我们就一直认真并开心地共事，我想由衷第感谢你的忠实合作。现在，汉高是德国发展最好、最健康的企业之一，并在国内外备受推崇。我亲爱的儿子，我们想要一起继续承担我们的责任，为我们公司美好未来愉快地工作。一生爱你的父亲。

从这封信不仅可以看出，后代很早进入了公司与父辈共同打造企业，而且更为重要的是一代一代在传递爱的信息。这也是德国汉高公司百年不衰、全球发展的真经。①

这就涉及什么是爱，爱的本质。著名心理学家弗罗姆在那本流传已久的经典之作《爱的艺术》中指出，"爱领导人类进步"。人类文明五千年的历史，也就是一部爱的历史，如果说是种族和语言的不同和差异让世界充满纷争，那么正是爱让来自五湖四海的人们结成团结和友谊，所以说爱是联结国家、种族、民族和人的桥梁与纽带。当人们说"上帝与我同在"时，那么爱也是始终与我们同在。爱的基本要素是"给予"，有爱，就能给予、就能承担责任。如同汉高家族企业传承的是爱的传递，也是责任的传承。

实际上，家族在企业传承与财富传承的过程中，矛盾是客观存在的。可以武断地说，这种矛盾存在于每个家族企业的传承中。因为，这个矛盾是来自两个时代的矛盾，是打着各自时代烙印主体间的矛盾。80 后、90 后不知道计划经济时代粮票、布票应怎样使用，更不知道十年浩劫的苦难。创一代一生下来就是为一个"穷"字而挣扎，为一个"钱"字而奋斗，并没有精神层面的追

① 艾米・M・舒曼等. 家庭教育［M］. 北京：电子工业出版社，2014.

求；而年青一代一生下来就是不愁吃、不愁穿，他们最大的痛苦不是没饭吃、没衣穿，而是衣食无忧后面的精神苦闷与迷茫。西方国家花 200 年的时间走过的经济发展与现代化进程，中国仅仅花费 30 多年，就在经济上超越。这种快速发展，一方面是物质现代化，另一方面则是我们的思维、价值观与行为方式还停留在农耕时代或工业时代的初期阶段。

移动互联时代的到来、智能手机的广泛使用应该更便于两代人沟通的。但实际情况是，父子沟通几乎不是面对面的，而是通过手机的微信与信息。即使在一起进餐，孩子也是以玩手机与 ipad 逃避沟通。不少创一代表示，孩子们对自己很疏远，但是他们却无可奈何。创一代早就把孩子送到海外留学，希望改变自身受教育不足的遗憾，然而没有想到的是孩子接受西方现代教育的同时，也接受西方的民主、平等、共赢、创新的价值观。创一代与富二代两代人之间在价值观与行为方式上几乎没有交集。没有以父子间的沟通对话为基础，怎样加深理解彼此间的立场，怎样传承家族企业。

（三）爱的本质是信任、责任，是做个多向度的人

创一代本质上是单向度的人。什么是单向度的人呢？按马尔库塞在《单向度的人》中所指出的，就是一味认同于现实的人，是不会去追求较高精神层面生活，甚至没有能力去想象追求较高层面精神能力的人。按我的理解，就是缺乏爱，缺乏责任，只知道挣钱的人、资本拜物教的人。为什么创一代会成为单向度的人呢？因为他们生活在一个单向度的社会。这个单向度的社会使得他们冷漠、自私，只知道挣钱、缺乏关爱、缺少责任。

爱，说到底就是对所爱对象的生命和成长的积极关心。如果缺乏这种积极的关心，自然就缺乏责任感。责任感完全是人的一种由心里驾驭的自觉行为，是"我"对另一个具有生命意义的客体表达出来或尚未表达出来的愿望和反应。爱的责任感，就是建立在对他人的负责就像对自己负责一样的基础上的。现在，我们被太多眼前的功利所误导，放弃爱、放弃责任。

所以，富二代接班不仅是血缘的承接、财富的承接、更是爱的传递。这个传递是一个长期的过程，是一个演化的过程，特别是孩子价值观形成的关键时刻，创业者要到位、要跟进。典型案例之一是海鑫钢铁的李海仓意外身亡，海外留学的 22 岁的李兆会仓促接班，导致百亿财富化为乌有。典型案例之二是

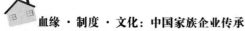

傻子瓜子父子对簿公堂。

"种瓜得瓜，种豆得豆"，只有撒下爱的种子，接班人才能长出责任的树木，才能把家族企业传承下去。中国家族企业，说是家族的企业，实际上是无家族的企业、无家庭的企业。因为，土改已经铲除了家族存在的经济基础与法理基础；城镇化进一步铲除了家的基础、家的伦理与家的文化。中国这样的家族背景下的家族企业还是家族企业吗？而西方把家族企业起个非常生活的名字：沙发上的企业。就是说，家族企业的决策、经营是在家中客厅的沙发上决定的。

我们所能建议的是，创一代应该亡羊补牢，在家中客厅的沙发多坐坐，把日常运行的事交给职业经理人，不要为琐碎的事耽误了孩子的健康成长与家族企业的传承。家族企业传承计划也需尽早规划和启动，不仅送孩子海外留学，更要从娃娃时期抓传承。从娃娃时期抓传承是可以在两代人中进行有效沟通的。你的家族企业与家族财富无论怎样传承，只有给予下一代更多的爱、更多的有效沟通，你的孩子才能健康成长，才能承担更多的责任，家族企业才能基业长青。

参考文献

一、中文部分

［1］陈建林. 家族治理与中小企业私募股权融资的互动关系研究述评［J］. 软科学，2014（6）.

［2］陈凯. 俏江南：资本之殇［J］. 财富管理，2015（5）.

［3］顾宁，孙彦林. 私募股权基金与家族企业股权结构优化研究［J］. 经济视角旬刊，2014（9）.

［4］何传启. 第六次科技革命的中国战略机遇［J］. 决策与信息，2012（6）.

［5］马一德. 创新驱动发展与知识产权战略实施［J］. 中国法学，2013（4）.

［6］美国人口统计局. 家族定义［J］. 国外社会科学，1986（6）.

［7］冒建华. 论《红楼梦》宗法文化与中国现代小说［J］. 红楼梦学刊，2008（5）.

［8］李靖. 我国私募股权资本运行的理论述评［J］. 华北金融，2016（2）.

［9］浦永春. 从家族的观点看［J］. 浙江大学学报（社科版），1997（2）.

［10］黄亚玲. 私募股权基金文献综述［J］. 国际金融研究，2009（3）.

［11］阚景阳. 西方 PE 基金理论研究综述［J］. 吉林金融研究，2016（1）.

［12］苏启林，蒲惠荧. 家族控制、PE 股权制衡与公司价值［J］. 预测，2015（1）.

［13］苏启林，欧晓明. 西方家族企业接班模型评介［J］. 外国经济与管理，2003（7）.

［14］吴晓灵. 发展私募股权基金需要研究的几个问题［J］. 中国金融，2007（11）.

［15］武力. 中国当代私营经济发展六十年［J］. 河北学刊，2009（1）.

［16］王晟. 技术创新制度研究评述与理论比较［J］. 科技进步与对策，

2013 (11).

[17] 翁宵暐. 家族成员参与管理对 IPO 抑价率的影响 [J]. 管理世界, 2014 (1).

[18] 徐则荣. 西方技术创新经济学的新发展 [J]. 福建论坛·人文社会科学版, 2013 (5).

[19] 熊剑锋. 大陆遗产税风波 [J]. 凤凰周刊, 2014 (5).

[20] 叶银华. 家族控股集团、核心企业与报酬互动之研究——台湾与香港证券市场之比较 [J]. 管理评论, 1999 (2).

[21] 曾晓文, 刘金山. 广东产业生态化的发展战略与路径 [J]. 广东财经大学学报, 2016 (5).

[22] 仲继银. 中国公司制度的百年徘徊 [J]. 中国新时代, 2013 (7).

[23] 张正玉, 姜强. 创新经济学理论比较研究 [J]. 当代经济, 2007 (7上).

[24] 张忠民. 近代中国公司制度的逻辑演进与历史启示 [J]. 改革, 1996 (5).

[25] 周立新. 家族控制、企业目标与家族企业股权融资——基于浙江和重庆两地家族企业的实证 [J]. 软科学, 2008 (4).

[26] 周新川, 陈劲. 创新研究趋势探讨 [J]. 科学学与科学技术管理, 2007 (5).

[27] 甘德安. 从海鑫申请破产看家企传承中的企业家精神的丧失 [J]. 中国慈善家, 2015 (5).

[28] 甘德安. 从方太传承看两代人之间的博弈双赢 [J]. 中国慈善家, 2015 (6).

[29] 甘德安. 从李锦记百年传承看家企传承的社会责任 [J]. 中国慈善家, 2015 (7).

[30] 甘德安. 从沃尔玛三代传承看组织精神在传承中的核心意义 [J]. 中国慈善家, 2015 (8).

[31] 甘德安. 从制度变迁看荣氏家族企业传承的无奈与挣扎 [J]. 中国慈善家, 2015 (9).

[32] 甘德安. 从傻子瓜子的三代传承看家文化的有效与有限 [J]. 中国

慈善家，2015（10）．

[33] 甘德安. IBM：从传子到传贤，从传技到传道 [J]. 中国慈善家，2015（11）．

[34] 甘德安. 创业者基因决定着企业的生存与传承——从东星航空的破产谈起 [J]. 中国慈善家，2015（12）．

[35] 甘德安. 无转型难传承：从丰田传承看中国家企转型之必然 [J]. 中国慈善家，2016（1）．

[36] 甘德安. 从杜邦跨越两个世纪传承看中国家企组织转型之必然 [J]. 中国慈善家，2016（2）．

[37] 甘德安. 从国美电器到国美在线看家族企业转型之困 [J]. 中国慈善家，2016（3）．

[38] 甘德安. 内脑善断、外脑善谋：洛克菲勒家族六代传承的秘诀 [J]. 中国慈善家，2016（4）．

[39] 甘德安. 爱的传递：从汉高看家族企业传承之本质 [J]. 中国慈善家，2016（5）．

[40] 甘德安. 从 GUCCI 家族传承失败看家庭教育 [J]. 中国慈善家，2016（6）．

[41] 甘德安. 工匠精神：保时捷家企传承之魂 [J]. 中国慈善家，2016（7）．

[42] 甘德安. 创新激情：西门子百年传承的一条金带 [J]. 中国慈善家，2016（8）．

[43] 甘德安. 卢作孚的家国情怀 [J]. 中国慈善家，2016（9）．

[44] 甘德安. 范旭东的永久黄：技术创新才是企业传承之要 [J]. 中国慈善家，2016（10）．

[45] 甘德安. 从血缘到契约—松下百年传承之路径 [J]. 中国慈善家，2016（11）．

[46] 甘德安. 王安电脑公司：辉煌崛起与传承失败的再反思 [J]. 中国慈善家，2016（12）．

[47] 甘德安. 家族企业为什么会引起如此多的关注？ [J]. 中国高新区，2010（3）．

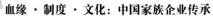
［48］甘德安. 如何界定家族企业？［J］. 中国高新区，2010（4）.

［49］甘德安. 为什么家族企业比非家族企业更容易诞生［J］. 中国高新区，2010（5）.

［50］甘德安. 家族企业的三条演化路径［J］. 中国高新区，2010（6）.

［51］阿尔弗雷德·钱德勒著. 万岩，邱艳娟译. 信息改变了美国：驱动国家转型的力量［M］. 上海：上海远东出版社，2008.

［52］莫顿·班纳德森，范博宏. 家族企业规划图［M］. 北京：东方出版社，2015.

［53］马克思. 中国革命与欧洲革命［A］. 见：《马克思恩格斯选集第2卷》. 北京：人民出版社，1972.

［54］曹兴权. 公司法的现代化：方法与制度［M］. 北京：法律出版社，2007.

［55］范博宏. 交托之重——范博宏论交租企业传承01［M］. 北京：人民东方出版社，2014.

［56］范博宏. 关键时代——范博宏论交租企业传承02［M］. 北京：人民东方出版社，2015.

［57］范文澜. 中国通史简编［M］. 北京：人民出版社，1964.

［58］范忠信. 中国法律传统的基本精神［M］. 济南：山东人民出版社，2001.

［59］傅国涌. 大商人——影响中国的近代实业家们［M］. 北京：中信出版社，2011.

［60］管东贵. 从宗法封建制到皇帝郡县制的演变［M］. 北京：中华书局，2010.

［61］管清友等. 刀锋上起舞——直面危机的中国经济［M］. 杭州：浙江大学出版社，2012.

［62］郭亦乐等. 共赢——企业与资本的博弈［M］. 北京：北京大学出版社，2016.

［63］韩良. 家族信托——法理与案例精析［M］. 北京：中国法制出版社，2015.

［64］江平. 新编公司法教程［M］. 北京：法律出版社，1994.

［65］加布里埃尔·塔尔德. 模仿律［M］. 北京：中国人民大学出版社，2008.

［66］凯文·凯利. 失控：机器、社会与经济的新生物学［M］. 北京：电子工业出版社，2016.

［67］康芒斯. 制度经济学［M］. 北京：商务印书馆，1962.

［68］梁能. 公司治理结构：中国的实践与美国的经验［M］. 北京：人民大学出版社，2000.

［69］罗星星. 论新《公司法》修订实施后的公司法未来前景［D］. 江西财经大学，2016.

［70］李克. 转型升级——中国企业怎么办?［M］. 北京：新华出版社，2014.

［71］里查德·道金斯著，卢允中等译. 自私的基因［M］. 吉林人民出版社，1998.

［72］鲁迅. 家庭为中国之基本,《鲁迅全集》（第4卷）［M］. 北京：人民文学出版社，1981.

［73］刘俊海. 新公司法的制度创新［M］. 北京：法律出版社，2006.

［74］. 刘建强，边杰. 中国式继承［M］. 中信出版社，2005.

［75］［荷］曼弗雷德·凯茨·德·弗里斯. 至高无上的囚徒［M］. 北京：东方出版社，2011.

［76］马克思恩格斯全集（第30卷）［M］. 北京：人民出版社，1985.

［77］M. 兰德曼. 哲学人类学［M］. 贵阳：贵州人民出版社，2006.

［78］克里斯·安德森. 创客——新工业革命［M］. 北京：中信出版社，2012.

［79］艾米·M·舒曼等. 家庭教育［M］. 北京：电子工业出版社，2014.

［80］雷小山著，吴怡瑶译. 山寨中国的终结［M］. 上海：上海译文出版社，2016.

［81］克雷格·E·阿伦诺夫等. 传承的力量［M］. 北京：电子工业出版社，2014.

［82］克雷格·E·阿伦诺夫等. 放权的艺术［M］. 北京：电子工业出版

社，2014.

［83］克雷格·E·阿伦诺夫等．家族领导力——培养继任领导人［M］．北京：电子工业出版社，2014.

［84］兰德尔·S·卡洛克．梁卿译．家族企业战略计划［M］．中信出版社，2002.

［85］伊查克·爱迪思．企业生命周期［M］．北京：华夏出版社，2004.

［86］叶恩华，布鲁斯·马科恩．创新驱动中国［M］．北京：中信出版社，2016.

［87］弗朗西斯·福山．信任——社会美德与创造经济繁荣［M］．海口：海南出版社，2001.

［88］伊查克·爱迪思．企业生命周期［M］．北京：中国社会科学出版社，1997.

［89］塞耶·奇塔姆·威利斯．家族财富传承——驶出财富阴暗带［M］．北京：东方出版社，2013.

［90］克鲁柯亨．文化概念［A］．杭州：浙江人民出版社，1987.

［91］W.古德．家庭［M］．北京：社会科学文献出版社，1987.

［92］阿道夫.A.伯利，加德纳.C.米恩斯．现代公司与私有财产［M］．北京：商务印书馆 2007.

［93］鲁斯·本尼迪克特．菊花与剑［M］．北京：光明日报出版社，2005.

［94］费正清．剑桥中华民国史·第一卷（1800–1949）［M］．上海：上海三联书店，1993.

［95］薛波．元照英美法词典［M］．北京：法律出版社，2003.

［96］上子武次等．理想家庭探索［M］．台湾：台湾中央研究院民族研究所，1984.

［97］丹尼斯·H·凯尼恩–沪卫奈等．传承的智慧［M］．北京：电子工业出版社，2014.

［98］萨孟武：红楼梦与中国旧家庭［M］．桂林：广西师范大学出版社，2005.

［99］小艾尔弗雷德·钱德勒．看得见的手——美国企业的管理革命

[M]．北京：商务印书馆，1987.

[100] 苏小和．局限——发现中国本土企业的命运［M］．北京：中国发展出版社，2007.

[101] 苏国勋．理性化及其限制［M］．上海：上海人民出版社，1988.

[102]．苏珊·布莱克摩尔，高春申等译．谜米机器——文化之社会传递过程的"基因学"［M］．长春：吉林人民出版社，2001：4－5.

[103] 唐伟，车红．种下股权的苹果树——56 大股权场景实操［M］．北京：机械工业出版社，2016.

[104] 王保树，崔勤之．中国公司法原理［M］．北京：中国社会科学出版社，1998.

[105] 王保树．全球竞争体制下的公司法改革［M］．北京：社会科学出版社，2003.

[106] 王学义．家族财富［M］．成都：四川科学技术出版社，1999.

[107] 王育琨．企业家的梦想与痴醉［M］．北京：北京理工大学出版社，2006.

[108] 吴晓波．大败局［M］．杭州：浙江人民出版社，2010.

[109] 吴晓波．跌荡一百年：中国企业 1870 – 1977［M］．北京：中信出版社，2007.

[110] 吴晓波．激荡三十年：中国企业 1978 – 2008［M］．北京：中信出版社，2007.

[111] 吴军．浪潮之巅［M］．北京：电子工业出版社，2011.

[112] 吴敬琏等．双创驱动——激活中国经济新动能［M］．北京：中信出版社，2016.

[113] 文贯中．吾民无土——城市化、土地政策与户籍制度的内在逻辑［M］．北京：人民东方出版社，2015.

[114] 许倬云．中国古代文化的特质［M］．北京：新星出版社，2006.

[115] 薛金福，詹志方．公司的力量［M］．太原：山西教育出版社，2011.

[116] 晓亮，甘德安．民营企业手册［C］．北京：现代教育出版社，2007.

[117] 罗思义．一盘大棋——中国新命运解析［M］．南京：江苏凤凰文艺出版社，2016.

［118］亚历克斯·本特利等著. 窃言盗行——模仿的科学与艺术［M］. 清华大学出版社，2013.

［119］爱德华·泰勒. 原始文化［M］. 南宁：广西师范大学出版社，2005.

［120］林伟贤，杨屯山. 低碳经济带来的新商业机会［M］. 北京：北京大学出版社，2013.

［121］林耀华，庄孔韶：父系家族公社形态研究［M］. 宁夏：青海人民出版社，1984.

［122］朱荫贵. 中国近代股份制企业研究［M］. 上海：上海财经大学出版社，2008.

［123］郑宏泰，周文港. 家族企业治理：华人家族企业传承研究［M］. 北京：人民东方出版社，2013.

［124］《简明不列颠百科全书》第 7 卷. 北京：中国大百科全书出版社，1986.

［125］詹文明. 管理未来：卓有成效的德鲁克［M］. 北京：东方出版社，2012.

［126］曾庆敏. 法学大辞典［M］. 上海：上海辞书出社，1998.

［127］张忠民. 艰难的变迁——近代中国公司制度研究［M］. 上海：上海社会科学出版社，2002.

［128］张宏杰. 中国国民性演变历程［M］. 长沙：湖南人民出版社，2013.

［129］张大春. 大唐李白［A］. 桂林：广西师范大学出版社，2014.

［130］张家镇. 中国商事习惯与商事立法理由书［M］. 北京：中国政法大学出版社，2003.

［131］张国辉. 洋务运动与中国近代企业［M］. 北京：中国社会科学出版社，1979.

［132］朱凤瀚. 商周家族形态［M］. 天津：天津古籍出版社，1990.

［133］约瑟夫·熊彼特. 经济变化分析［A］. 见：外国经济学说研究会. 现代国外经济学论文选（第十辑）［C］. 北京：商务印书馆，1986.

［134］福雷斯特. 创新与经济变化［A］. 见：外国经济学说研究会. 现

代国外经济学论文选（第十辑）［C］. 北京：商务印书馆，1986.

［135］中国民营经济研究会家族企业委员会. 中国家族企业发展报告（2015）［R］. 北京：中信出版社，2015.

［136］中国民（私）营经济研究会家族企业研究课题组. 中国家族企业发展报告（2011）［R］. 中信出版社，2011.

［137］北京师范大学中国收入分配研究院. 遗产税制度及其对我国收入分配改革的启示［R］. 2013 - 3 - 4，中国行业研究网 http：// www. chinairn. com.

［138］湖北省工商业联合会，湖北省总商会. 湖北省民营经济发展报告（2015）［R］. 内部资料.

［139］陈凯. 李嘉诚分家，欲破解传承难题［N］. 北京日报，2012 年 6 月 13 日，第 18 版.

［140］黄汉明. 1930 年代上海和全国工业产值的估计［J］. 中国经济史论坛；http：//economy. guoxue. com/？p = 6884.

［141］马立诚. 中国私营经济不平凡的二十四年［N］. 新民周刊. http：//finance. sina. com. cn 2002 - 12 - 09.

［142］前瞻产业研究院. 2015 - 2020 年中国钢铁行业发展前景与投资战略规划分析报告［R］：http：//bg. qianzhan. com/report/detail/682a70fa2e324b52. html.

［143］史竞男. "十三五"时期中国养老产业迎来发展机遇［N］. 新华网 2015 - 11 - 22.

［144］王雪，孙珺. 武汉"新生代"企业家："富二代"光环满载压力［N］. 长江网 - 武汉晚报，2015 - 5 - 10.

［145］招商银行，贝恩公司. 2015 中国私人财富报告［R］. 新华网，2015 - 5 - 16.

［146］朱磊. 广告导报：山寨代言是非多［EB/OL］. 新华网，2009 - 04 - 07.

［147］武汉市人民代表大会委员会. "十三五"规划专项调研汇编（修订版）.

［148］查理德·派普斯. 财产论［M］. 北京：经济科学出版社，2003.

［149］赵文洪. 私人财产权利体系的发展［M］. 北京：中国社会科学出版社，1998.

［150］姜士林，陈炜．世界宪法大全［M］．上卷：中国广播电视出版社，1989．

［151］甘德安．中国家族企业研究［M］．北京：中国社会科学出版社，2002．

［152］甘德安．复杂性的家族企业演化理论［M］．北京：经济科学出版社，2010．

［153］甘德安．家族企业复杂性理论深化研究［M］．北京：经济科学出版社，2011．

［154］甘德安．成长中的中国企业家［M］．武汉：华中科技大学出版社，1997．

［155］甘德安．中国成语批判［M］．北京：华文出版社，2014．

［156］甘德安．咖啡屋：创客的后花园［M］．北京：华文出版社，2016．

［157］甘德安．知识经济与技术创新［M］．武汉：武汉出版社，2000．

［158］甘德安．凤凰涅槃——二十一世纪中国民营经济发展战略研讨会论文集［C］．北京：企业管理出版社，2000．

［159］甘德安，黄镇宇．创新型城市建设的路径选择——武汉市实证研究［M］．经济科学出版社，2009．

二、英文部分

［160］Achleitner A, Lutz1 E, Schraml1 S. Influence of Internal Factors on the Use of Equity-and Mezzanine - Based Financing in Family Firms［DB/OL］. SSRN, 2010.

［161］Achleitner A, Schraml S, Tappeiner F. Private Equity Minority Investments in Large Family Firms：What Influences the Attitude of Family Firm Owners? ［EB/OL］SSRN, 2008.

［162］Achleitner A, Betzer A, Gider J. Do Corporate Governance Motives Drive Hedge Fund and Private Equity Fund Activities? ［J］. European Financial Management, 2010, 16 (5).

［163］Cressya R, Munarib F, Malipieroc A. Playing to Their Strengths? Evidence that Specialization in the Private Equity Industry Confers Competitive Advantage［J］. Journal of Corporate Finance, 2007, 13 (4).

［164］ Dawson A. Private Equity Investment Decisions in Family Firms: The Role of Human Resources and Agency Costs ［J］. Journal of Business Venturing, 2011, （26）.

［165］ Dyck B, Mauws M. Passing the baton: the importance of sequence, timing, technique, and communication in executive succession ［J］. Journal of Business Venturing, 2002 （17）.

［166］ Handlerw C. Succession in family firms: amutual role adjustment between entrepreneur and next-generation family members ［J］. Entrepreneurship: Theory and Practice, 1990, 15 （1）.

［167］ Lambrecht J. Multigenerational transition in family businesses: a new explanatory model ［J］. Family Business Review, 2005, 18 （4）.

［168］ Beckhard R, Dyer W G. Managing Continuity in the Family-Owned Business ［J］. Organizational Dynamics, 1983 （2）.

［169］ Harris R, Siegel D, Wright M. Assessing the Impact of Management Buyouts on Economic Efficiency: Plant - Level Evidence from the United Kingdom ［J］. The Review of Economics and Statis-tics, 2005, （87）.

［170］ Jensen M. The Eclipse of the Public Corporation ［J］. Harvard Business Review, 1989, （5）.

［171］ Martí J, Requejo S, Rottke M. The Impact of Venture Capital on Family Businesses: Evidence from Spain ［EB/OL］. SSRN, 2011.

［172］ Myers S. The Capital Structure Puzzle ［J］. Journal of Finance, 1984, 39 （3）.

［173］ Poutziouris P Z. The Views of Family Companies on Venture Capital: Empirical Evidence from the UK Small to Medium -Size Enterprising Economy ［J］. Family Business Review, 2002, 14 （2）.

［174］ Schulze W, Lubatkin M, Dino R. et al. Agency Relationships in Family Firms: Theory and Evidence ［J］. Organization Science, 2001 （12）.

［175］ See Drejer, Andersen, Distributed Innovation in Integrated Production Systems: the Case of Offshore Wind Farms ［DB / OL］. http: //www. druid. dk/uploads/tx_picturedb/ds2005-1548. pd, f2007 - 12 - 18.

| 后　记 |

我发现专著写作的过程是一个理性的过程，是一个审视的过程，是一个批判中创新的过程；而后记则是一个感性的结果，是一个研究过程的情感回顾的结果。

从20世纪90年代初开始研究家族企业，一边在大学教学，一边通过到家族企业打工了解家族企业也有20多年了。

曾承接国家社科的第一个家族企业研究的资助课题，也得到华夏英才基金出版资助。出版了《中国家族企业研究》（中国社会科学出版社，2002)、《复杂性的家族企业演化理论》、《家族企业复杂性理论深化研究》（经济科学出版社，2010、2011)，也发表了60余篇家族企业的学术论文与理论随笔，以为金盆洗手不再研究家族企业这个问题。

感谢《中国高新区》的项耀汉社长的垂爱，希望我能写一些家族企业理论研究的随笔，并开家族企业理论随笔的专栏，于是有了研究成果学术通俗化的历程。只是一直在当民办大学校长，没有专心于家族企业的通俗化历程。

2015年，《中国慈善家》宋厚亮主编因民办大学问题采访认识后，邀请我写家族企业传承案例分析，由此一发不可收，一年半的时间写了20多篇家族企业传承案例分析。2015年，回到家乡，又承接了武汉研究院《家族企业传承与转型研究》的课题。

本专著是我在耗10年时光构建的复杂性家族企业演化理论框架下，以《中国高新区》的家族企业随笔、《中国慈善家》家族企业传承专栏文章、《接力》杂志客座主编与采访作血肉，以武汉研究院的《家族企业传承与转型研究》课题为助推器下，在前三部专著及一系列文章的基础上撰写的一部专著。

专著出版过程中，特别要感谢的还是我的老师李京文院士，20 多年来他一直给予我各方面的关爱与支持，近几年专著的出版都获得老师鼎力相助，撰写序与推荐词。也要感谢课题团队的成员：他们是中国社会科学院王一诺博士、北京工业大学博士后杨正东、博士生袁页、李萍等。

还要感谢在课题调研工作中给予支持的原武汉市政府住上海办事处的主人王蓉女士，二十多年来一直给我义无反顾地支持与帮助；感谢中国（武汉）海宁皮革城的赵来民总裁、长三角诸多城市的朋友，特别是上海《接力》杂志张志峰、钟海泉两位年轻主编、楚商商会的王涛博士；感谢海宁商会的诸位会长在调研过程中的盛情接待，并就课题阶段性成果《家族企业传承纵深谈》受邀报告；感谢珠海职业技术学院刘华强院长及他的同事；感谢北京理工大学珠海学院田艳教授，就课题阶段性研究成果《从山寨中国到创客中国》受邀报告。

感谢原武汉市政协副主席杨付华、武汉妇女干部促进会会长就课题阶段性研究成果《断裂与涅槃——中国家文化的传承与创新》受邀报告；感谢原武汉市统战部副部长吕盛东的推荐及武汉女企业家协会何汉香会长就课题阶段性研究成果《从生老病死看中小企业转型》受邀报告。

感谢武汉研究院院长杨卫东教授的盛邀参与武汉研究院的工作。特别感谢武汉研究院名誉院长袁善腊市前副市长，多次参与本课题的开题与中期检查，并提出许多好的建议。感谢夏宏武副研究员、沈少兰副主任、闵丹博士生工作上给予的支持。最后要感谢经济科学出版社的范莹副编审，十多年一直对我家族企业研究的支持，为家族企业著作的系列出版费尽心血。

专著署名是作者，背后是说不完的友情与亲情，在此说一声谢谢。

甘德安

2017 年春节于武汉